宋單疏本周易正義

第一册

唐 孔穎達撰

中國國家圖書館藏宋刻遞修本（清 翁方綱跋、傅增湘跋）

山東人民出版社·濟南

圖書在版編目（CIP）數據

宋單疏本周易正義 /（唐）孔穎達撰 .— 濟南 : 山東人民出版社，
2024.3
（儒典）
ISBN 978-7-209-14343-1

Ⅰ．①宋… Ⅱ．①孔… Ⅲ．①《周易》- 注釋 Ⅳ．① B221.2

中國國家版本館 CIP 數據核字（2024）第 036057 號

項目統籌：胡長青
責任編輯：吕士遠
裝幀設計：武　斌
項目完成：文化藝術編輯室

宋單疏本周易正義
〔唐〕孔穎達撰

主管單位　山東出版傳媒股份有限公司
出版發行　山東人民出版社
出 版 人　胡長青
社　　址　濟南市市中區舜耕路517號
郵　　編　250003
電　　話　總編室（0531）82098914
　　　　　市場部（0531）82098027
網　　址　http://www.sd-book.com.cn
印　　裝　山東華立印務有限公司
經　　銷　新華書店

規　　格　16開（160mm×240mm）
印　　張　29.5
字　　數　236千字
版　　次　2024年3月第1版
印　　次　2024年3月第1次
ISBN　978-7-209-14343-1
定　　價　70.00圓（全二册）

#《儒典》選刊工作團隊

學術顧問　杜澤遜　李振聚　徐　泳

項目統籌　胡長青

責任編輯　劉　晨　劉嬌嬌　張艷艷

呂士遠　趙　菲　劉一星

前言

中國是一個文明古國、文化大國，中華文化源遠流長，博大精深。在中國歷史上影響較大的是孔子創立的儒家思想，因此整理儒家經典、注解儒家經典，爲儒家經典的現代化闡釋提供权威、典范、精粹的典籍文本，是推進中華優秀傳統文化創造性轉化、創新性發展的奠基性工作和重要任務。

中國經學史是中國學術史的核心，歷史上創造的文本方面和經解方面的輝煌成果，大量失傳了。西漢是經學的第一個興盛期，除了當時非主流的《詩經》毛傳以外，其他經師的注釋後來全部失傳了。東漢的經解祇有鄭玄、何休等少數人的著作留存下來，其餘也大都失傳了。南北朝至隋朝興盛的義疏之學，其成果僅有皇侃《論語疏》幸存於日本。五代時期精心校刻的《九經》、北宋時期國子監重刻的《九經》以及校刻的單疏本，也全部失傳。南宋國子監刻的單疏本，我國僅存《周易正義》、《爾雅疏》、《春秋公羊疏》（三十卷殘存七卷）、《春秋穀梁疏》（十二卷殘存七卷），日本保存了《尚書正義》、《毛詩正義》、《禮記正義》（七十卷殘存八卷）、《周禮疏》（日本傳抄本）、《春秋公羊疏》（日本傳抄本）、《春秋正義》（日本傳抄本）。南宋兩浙東路茶鹽司刻八行本，我國保存下來的有《周禮疏》、《禮記正義》、《春秋左傳正義》（紹興府刻）、《論語注疏解經》（二十卷殘存十卷）、《孟子注疏解經》（存臺北『故宫』），日本保存有《尚書正義》（凡兩部，其中一部被清楊守敬購歸）。南宋福建刻十行本，我國僅存《春秋穀梁注疏》、《春秋左傳注疏》（六十卷，一半在大陸，一半在臺灣），日本保存有《毛詩注疏》《春秋左傳注疏》。從這些情況可以看出，經書代表性的早期注釋和早期版本國内失傳嚴重，有的僅保存在東鄰日本。

鑒於這樣的現實，一百多年來我國學術界、出版界努力搜集影印了多種珍貴版本，但是在系統性、全面性和準確性方面都還存在一定的差距。例如唐代開成石經共十二部經典，石碑在明代嘉靖年間地震中受到損害，明代萬曆初年西安府學等學校師生曾把損失的文字補刻在另外的小石上，立於唐碑之旁。近年影印出版唐石經拓本多次，都是以唐代石刻與明代補刻割裂配補的裱本爲底本。由於明代補刻采用的是唐碑的字形，這種配補本難以區分唐刻與明代補刻，不便使用，亟需單獨影印唐碑拓本。

爲把幸存於世的、具有代表性的早期經解成果以及早期經典文本收集起來，系統地影印出版，我們規劃了《儒典》編纂出版項目。

《儒典》出版後受到文化學術界廣泛關注和好評，爲了滿足廣大讀者的需求，現陸續出版平裝單行本。共收録一百十一種元典，共計三百九十七册，收録底本大體可分爲八個系列：經注本（以開成石經、宋刊本爲主。開成石經僅有經文，無注，但它是用經注本删去注文形成的）、經注附釋文本、纂圖互注本、單疏本、八行本、十行本、宋元人經注系列、明清人經注系列。

《儒典》是王志民、杜澤遜先生主編的。本次出版單行本，特請杜澤遜、李振聚、徐泳先生幫助酌定選目。特此説明。

二〇二四年二月二十八日

目録

第一册

第二册

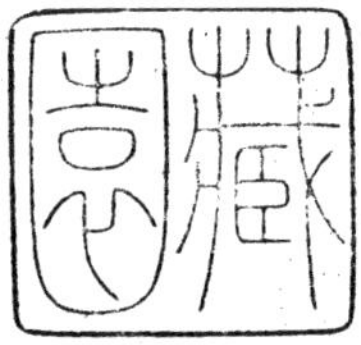

五經正義表

臣无忌等言臣聞混元初闢三極之道分焉醇德既醨六籍之文著矣於是龜書浮於温洛爰演九疇龍圖出於滎河以彰八卦故能範圍天地埏埴陰陽道濟四溟知周萬物所以七教八政垂烱誡於百王五始六虛貽徽範於千古詠歌明得失之跡雅頌表興廢之由寔刑政之紀綱乃人倫之隱括昔雲官司契之后火紀建極之君雖步驟不同質文有異莫不開茲膠序樂以典墳敦稽古以弘風闡儒雅以立訓啓含靈之耳目贊神化之丹青姬孔發揮於前荀孟抑揚於後馬鄭迭進成均之望鬱興蕭戴同昇石渠之業愈峻歷夷險其教不墜經隆替其道彌尊斯乃邦家之基王化之本者也伏惟

皇帝陛下得一繼明通三撫運乘天地之正齊日月之暉敷四術而緯俗經邦蘊九德而辨方軌物御紫宸而訪道坐玄扈以裁仁化被丹澤政洽幽陵三秀六穗之祥府无虛月集囿巢閣之瑞史不絕書照金鏡而泰階平運玉衡而景宿麗可謂鴻名軼於軒昊茂績冠於勳華而垂拱无為遊心經典以爲聖教幽賾妙理深玄訓詁紛綸文

疏踳駮先儒競生別見後進爭出異端未辨三家之疑莫袪五日之
惑故祭酒上護軍曲阜縣開國子孔穎達宏才碩學名振當時貞觀
年中奉
勑修撰雖加討覈尚有未周爰降絲綸更令刊定
勑太尉楊州都督監修國史上柱國趙國公臣无忌司空上柱國英
國公臣勣尚書左僕射兼太子少師監修國史上柱國燕國公臣志
寧尚書右僕射兼太子少傅監修國史上護軍曲阜縣開國公臣行
成光祿大夫侍中兼太子少保監修國史上護軍蓨縣開國公臣季
輔光祿大夫吏部尚書監修國史上柱國河南郡開國公臣褚遂良
銀青光祿大夫守中書令監修國史上騎都尉臣柳奭前諫議大夫
弘文館學士臣谷那律國子博士弘文館學士臣劉伯莊朝議大夫
國子博士臣王德韶朝散大夫行大學博士臣賈公彦朝散大夫行
大學博士弘文館直學士臣范義頵朝散大夫行太常博士臣柳宣
通直郎大學博士臣齊威宣德郎守國子助教臣史士弘宣德郎守
大學博士臣孔志約右內率府長史弘文館直學士臣薛伯珍大學

助教臣鄭祖玄徵事郎守大學助教臣隨德素徵事郎守四門博士臣趙君贊承務郎守大學助教臣周玄達承務郎守四門助教臣李玄植儒林郎守四門助教臣王眞儒等上稟

宸旨傍摭羣書釋左氏之膏肓翦古文之煩亂探曲臺之奧趣索連山之玄言囊括百家森羅萬有比之天象與七政而長懸方之地軸將五嶽而永久筆削已了繕寫如前臣等學謝伏恭業慙張禹雖罄庸淺懼乖典正謹以上聞伏增戰越謹言永徽四年二月二十四日

太尉揚州都督上柱國趙國公臣无忌等上

周易正義序

夫易者象也爻者效也聖人有以仰觀俯察象天地而育羣品雲行雨施效四時以生萬物若用之以順則兩儀序而百物和若行之以逆則六位傾而五行亂故王者動必則天地之道不使一物失其性行必叶陰陽之宜不使一物受其害故能彌綸宇宙酬酢神明宗社所以无窮風聲所以不朽非夫道極玄妙孰能與於此乎斯乃乾坤之大造生靈之所益也若夫龍出於河則八卦宣其象麟傷於澤則

十翼彰其用業資九聖時歷三古及秦亡金鏡未墜斯文漢理珠囊
重興儒雅其傳易者西都則有丁孟京田東都則有荀劉馬鄭大體
更相祖述非有絕倫唯魏世王輔嗣之注獨見古今所以江左諸儒
並傳其學河北學者罕能及之其江南義疏十有餘家皆辭尚虛玄
義多浮誕原夫易理難窮雖復玄之又玄至於垂範作則便是有而
教有若論住內住外之空就能就所之說斯乃義涉於釋氏非爲教
於孔門也既背其本又違於注至若復卦云七日來復並解云七日
當爲七月謂陽氣從五月建午而消至十一月建子始復所歷七辰
故云七月今案輔嗣注云陽氣始剝盡至來復時凡七日則是陽氣
剝盡之後凡經七日始復但陽氣雖建午始消至建戌之月陽氣猶
在何得稱七月來復故鄭康成引易緯之說建戌之月以陽氣既盡
建亥之月純陰用事至建子之月陽氣始生隔此純陰一卦卦主六
日七分舉其成數言之而云七日來復仲尼之緯分明輔嗣之注若
此康成之說遺跡可尋輔嗣注之於前諸儒背之於後考其義理其
可通乎又蠱卦云先甲三日後甲三日輔嗣注云甲者創制之令又

若漢世之時甲令乙令也輔嗣又云令洽乃誅故後之三日又巽卦云先庚三日後庚三日輔嗣注云申命令謂之庚輔嗣又云甲庚皆申命之謂也諸儒同於鄭氏之說以爲甲者宣令之日先之三日而用辛也欲取改辛之義後之三日而用丁也取其丁寧之義王氏注意本不如此而又不顧其注妄作異端今既奉
勑刪定考覈其事必以仲尼爲宗義理可詮先以輔嗣爲本去其華而取其實欲使信而有徵其文簡其理約寡而制衆變而能通仍恐鄙才短見意未周盡謹與朝散大夫行大學博士臣馬嘉運守大學助教臣趙乾叶等對共參議詳其可否至十六年又奉
勑與前修疏人及給事郎守四門博士上騎都尉臣蘇德融等對勑使趙弘智覆更詳審爲之正義凡十有四卷庶望上裨聖道下益將來故序其大略附之卷首爾

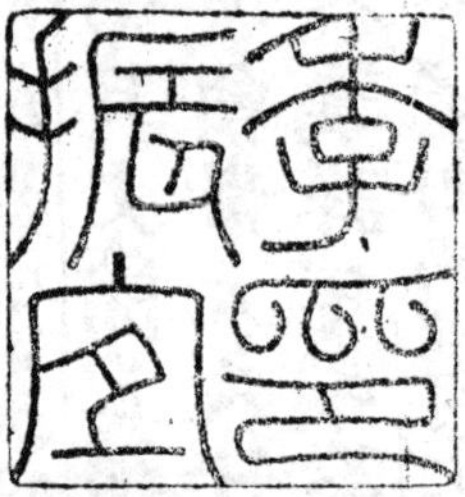

周易正義卷第一

國子祭酒上護軍曲阜縣開國子臣孔穎達奉
勑撰定

自此下分爲八段

第一論易之三名
第二論重卦之人
第三論三代易名
第四論卦辭爻辭誰作
第五論分上下二篇
第六論夫子十翼
第七論傳易之人
第八論誰加經字

第一論易之三名

正義曰夫易者變化之惣名改換之殊稱自天地開闢陰陽運行寒暑迭來日月更出孚萌庶類亭毒群品新新不停生生相續莫非資

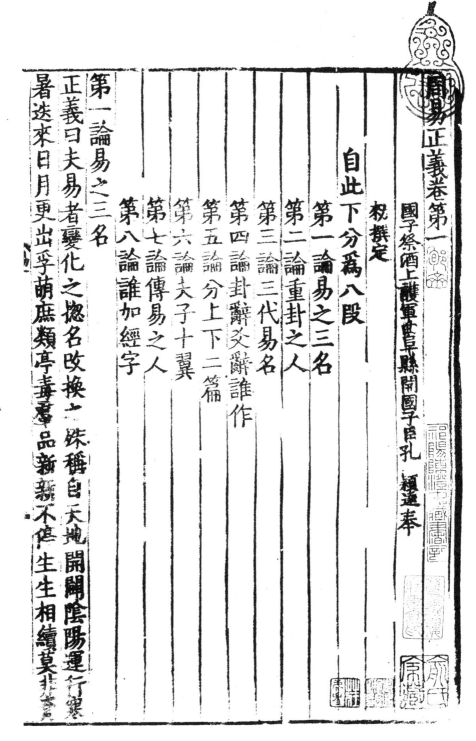

變化之力換代之功然變化運行在陰陽二氣故聖人初畫八卦設剛柔兩畫象二氣也布以三位象三才也謂之爲易取變化之義旣義摠變化而獨以易爲名者易緯乾鑿度云易一名而含三義所謂易也變易也不易也又云易者其德也光明四通簡易立節天以爛明日月星辰布設張列通精无門藏神无穴不煩不擾澹泊不失此其易也變易者其氣也天地不變不能通氣五行迭終四時更廢君臣取象變節相移能消者息必專者敗此其變易也不易者其位也天在上地在下君南面臣北面父坐子伏此其不易也鄭玄依此義作易贊及易論云易一名而含三義易簡一也變易二也不易三也故繫辭云乾坤其易之緼邪又云易之門戶邪又云夫乾確然示人易矣夫坤隤然示人簡矣易則易知簡則易從此言其易簡之法則也又云爲道也屢遷變動不居周流六虛上下无常剛柔相易不可爲典要唯變所適此言順時變易出入移動者也又云天尊地卑乾坤定矣卑高以陳貴賤位矣動靜有常剛柔斷矣此言其張設布列不易者也崔覲劉貞簡等並用此義云易者謂生生之德有易簡

之義不易者言天地定位不可相易變易者謂生生之道變而相續
皆以緯稱不煩不擾澹泊不失此明是易簡之義无爲之道故易者
易也作難易之音而周簡子云易者易(音亦)也不易也變易也易者易
代之名凡有无相代彼此相易皆是易義不易者常體之名有常有
體无常无體是不易之義變易者相變改之名兩有相變此爲變易
張氏何氏並用此義云易者換代之名待奪之義因於乾鑿度云易
者其德也或沒而不論或云德者得也萬法相形皆得相易不顧緯
文不煩不擾之言所謂用其文而背其義何不思之甚故今之所用
同鄭康成等易者易也音爲難易之音義爲簡易之義得緯文之本
實也蓋易之三義唯在於有然有從无出理則包无故乾鑿度云夫
有形者生於无形則乾坤安從而生故有太易有太初有太始有太
素太易者未見氣也太初者氣之始也太始者形之始也太素者質
之始也氣形質具而未相離謂之渾沌渾沌者言萬物相渾沌而未
相離也視之不見聽之不聞循之不得故曰易也是知易理備包有
无而易象唯在於有者蓋以聖人作易本以垂教教之所備本備於

有故繫辭云形而上者謂之道道即无也形而下者謂之器器即有
也故以无言之存乎道體以有言之存乎器用以變化言之存乎其
神以生成言之存乎其易以真言之存乎其性以邪言之存乎其情
以氣言之存乎陰陽以質言之存乎爻象以教言之存乎精義以人
言之存乎景行此等是也且易者象也物无不可象也作易所以垂
教者即乾鑿度云孔子曰上古之時人民无別羣物未殊未有衣食
器用之利伏犧乃仰觀象於天俯觀法於地中觀萬物之宜於是始
作八卦以通神明之德以類萬物之情故易者所以斷天地理人倫
而明王道是以畫八卦建五氣以立五常之行象法乾坤順陰陽以
正君臣父子夫婦之義度時制宜作為罔罟以佃以漁以贍民用於
是人民乃治君親以尊臣子以順羣生和洽各安其性此其作易垂
教之本意也

第二論重卦之人

繫辭云河出圖洛出書聖人則之又禮緯含文嘉曰伏犧德合上下
天應以鳥獸文章地應以河圖洛書伏犧則而象之乃作八卦故孔

安國馬融王肅姚信等並云伏犧得河圖而作易是則伏犧雖得河圖復須仰觀俯察以相參正然後畫卦伏犧初畫八卦萬物之象皆在其中故繫辭曰八卦成列象在其中矣是也雖有萬物之象其萬物變通之理猶自未備故因其八卦而更重之卦有六爻遂重爲六十四卦也繫辭曰因而重之爻在其中矣是也然重卦之人諸儒不同凡有四說王輔嗣等以爲伏犧重卦鄭玄之徒以爲神農重卦孫盛以爲夏禹重卦史遷等以爲文王重卦其言夏禹及文王重卦者案繫辭神農之時已有蓋取諸益與噬嗑以此論之不攻自破其言神農重卦亦未爲得今以諸文驗之案說卦云昔者聖人之作易也幽贊於神明而生蓍凡言作者創造之謂也神農以後便是述脩不可謂之作也則幽贊用蓍謂伏犧矣故乾鑿度云垂皇策者犧上繫論用蓍云四營而成易十有八變而成卦既言聖人作易十八變成卦明用蓍在六爻之後非三畫之時伏犧用蓍即伏犧已重卦矣說卦又云昔者聖人之作易也將以順性命之理是以立天之道曰陰與陽立地之道曰柔與剛立人之道曰仁與義兼三材而兩之故易

六畫而成卦既言聖人作易兼三材而兩之又非神農始重卦矣又上繫云易有聖人之道四焉以言者尚其辭以動者尚其變以制器者尚其象以卜筮者尚其占此之四事皆在六爻之後何者三畫之時未有彖繇不得有尚其辭因而重之始有變動三畫不動不得有尚其變揲蓍布爻方用之卜筮蓍起六爻之後三畫不得有尚其占自然中間以制器者尚其象亦非三畫之時今伏犧結繩而爲罔罟則是制器明伏犧已重卦矣又周禮小史掌三皇五帝之書明三皇已有書也下繫云上古結繩而治後世聖人易之以書契蓋取諸夬既象夬卦而造書契伏犧有書契則有夬卦矣故孔安國書序云古者伏犧氏之王天下也始畫八卦造書契以代結繩之政又曰伏犧神農皇帝之書謂之三墳是也又八卦小成爻象未備重三成六能事畢矣若言重卦起自神農其爲功也豈比繫辭而已哉何因易緯等數所歷三聖但云伏犧文王孔子竟不及神農明神農但有蓋取諸益不重卦矣故今依王輔嗣以伏犧既畫八卦即自重爲六十四卦爲得其實其重卦之意備在說卦此不具敘伏犧之時道尚質素

畫卦重爻足以垂法後代澆訛德不如古爻象不足以爲教故作繫辭以明之

第三論三代易名

案周禮太卜三易云一曰連山二曰歸藏三曰周易杜子春云連山伏犧歸藏黄帝鄭玄易贊及易論云夏曰連山殷曰歸藏周曰周易鄭玄又釋云連山者象山之出雲連連不絶歸藏者萬物莫不歸藏於其中周易者言易道周普无所不備鄭玄雖有此釋更无所據之文先儒因此遂爲文質之義皆煩而无用今所不取案世譜等羣書神農一曰連山氏亦曰列山氏黄帝一曰歸藏氏既連山歸藏並是代號則周易稱周取岐陽地名毛詩云周原膴膴是也又文王作易之時正在羑里周德未興猶是殷世也故題周別於殷以此文王所演故謂之周易其猶周書周禮題周以別餘代故易緯云因代以題周是也先儒又兼取鄭說云既指周代之名亦是普徧之義雖欲无所遐棄亦恐未可盡通其易題周因代以稱周是先儒更不別解唯皇甫謐云文王在羑里演六十四卦著七八九六之爻謂之周易以

此文王安周字其繫辭之文連山歸藏无以言也

第四論卦辭爻辭誰作

其周易繫辭凡有二說一說所以卦辭爻辭並是文王所作知者案繫辭云易之興也其於中古乎作易者其有憂患乎又曰易之興也其當殷之末世周之盛德邪當文王與紂之事邪又乾鑿度云垂皇策者犧卦道演德者文成命者孔通卦驗又云蒼牙通靈昌之成孔演命明道經準此諸文伏犧制卦文王繫辭孔子作十翼易歷三聖只謂此也故史遷云文王囚而演易即是作易者其有憂患乎鄭學之徒並依此說也二以爲驗爻辭多是文王後事案升卦六四王用亨於岐山武王剋殷之後始追號文王爲王若爻辭是文王所制不應云王用亨於岐山又明夷六五箕子之明夷武王觀兵之後箕子始被囚奴文王不宜豫言箕子之明夷又既濟九五東鄰殺牛不如西鄰之禴祭說者皆云西鄰謂文王東鄰謂紂文王之時紂尚南面豈容自言己德受福勝殷又欲抗君之國遂言東西相鄰而已又左傳韓宣子適魯見易象云吾乃知周公之德周公被流言之謗亦得

爲憂患也驗此諸說以爲卦辭文王爻辭周公馬融陸績等並同此說今依而用之所以只言三聖不數周公者以父統子業故也案禮稽命徵曰文王見禮壞樂崩道孤无主故設禮經三百威儀三千其三百三千即周公所制周官儀禮明文王本有此意周公述而成之故繫之文王然則易之爻辭蓋亦是文王本意故易緯但言文王也

第五論分上下二篇

案乾鑿度云孔子曰陽三陰四位之正也故易卦六十四分爲上下而象陰陽也夫陽道純而奇故上篇三十所以象陽也陰道不純而偶故下篇三十四所以法陰也乾坤者陰陽之本始萬物之祖宗故爲上篇之始而尊之也離爲日坎爲月日月之道陰陽之經所以始終萬物故以坎離爲上篇之終也咸恒者男女之始夫婦之道也人道之興必由夫婦所以奉承祖宗爲天地之主故爲下篇之始而貴之也既濟未濟爲最終者所以明戒愼而全王道也以此言之則上下二篇文王所定夫子作緯以釋其義也

第六論夫子十翼

其彖象等十翼之辭以爲孔子所作先儒更无異論但數十翼亦有多家既文王易經本分爲上下二篇則區域各别彖象釋卦亦當隨經而分故一家數十翼云上彖一下彖二上象三下象四上繫五下繫六文言七説卦八序卦九雜卦十鄭學之徒並同此説故今亦依之

第七論傳易之人

孔子既作十翼易道大明自商瞿已後傳授不絶案儒林傳云商瞿子木本受易於孔子以授魯橋庇子庸子庸授江東馯臂子弓子弓授燕周醜子家子家授東武孫虞子乘子乘授齊田何子莊及秦燔書易爲卜筮之書獨得不禁故傳授者不絶漢興田何授東武王同子中及雒陽周王孫梁人丁寬齊服生皆著易傳數篇同授菑川楊何字叔元叔元傳京房京房傳梁丘賀賀授子臨臨授御史大夫王駿其後丁寬又别授田王孫孫授施讎讎授張禹禹授彭宣此前漢大略傳授之人也其後漢則有馬融荀爽鄭玄劉表虞翻陸績等及王輔嗣也

第八論誰加經字

但子夏傳云雖分爲上下二篇未有經字經字是後人所加不知起自誰始案前漢孟喜易本云分上下二經是孟喜之前已題經字其篇題經字雖起於後其稱經之理則久在於前故禮記經解云絜靜精微易教也既在經解之篇是易有稱經之理案經解之篇備論六藝則詩書禮樂並合稱經而孝經緯稱易建八卦序六十四卦轉成三百八十四爻運機布度其氣轉易故稱經也但緯文鄙僞不可全信其八卦方位之所六爻上下之次七八九六之數內外承乘之象入經別釋此未具論也

周易正義卷第一

計五千三百六十七字

周易正義十四卷端拱元年進本有趙普呂蒙正諸人系銜曾為俞石磵季滄葦所藏此宋槧之最古者正義舊刻非一本如乾彖傳云彖者發首則歎美卦者昔嘗与靈抱經校此句抱經謂彖者者字舊本或作有今見此舊本却作者大有彖下監本汲古閣本皆云九二亦與五為體此宋槧本云九二在乾體又如繫辭上傳第三章下彖謂卦下之辭揔說乎一卦之象也監本汲古閣諸本皆脫去卦下之辭揔五字惟此本有此五字然揔字此本作言繫辭下傳恒雜而不厭下不被物之不正句監本汲古閣諸本皆作不正抱經云舊本作厭薄不如不正為長今此本却作厭薄若此類不可枚舉皆極有資於攷證者星伯館丈持以見示因書其卷前嘉慶十一年丙寅冬十二月朔北平翁方綱

周易正義卷第二

國子祭酒上護軍曲阜縣開國子臣孔　穎達奉

勑撰

☰☰乾下乾上　乾元亨利貞

正義曰乾者此卦之名謂之卦者易緯云卦者掛也言懸掛物象以示於人故謂之卦但二畫之體雖象陰陽之氣未成萬物之象未得成卦必三畫以象三才寫天地雷風水火山澤之象乃謂之卦也故繫辭云八卦成列象在其中矣是也但初有三畫雖有萬物之象於萬物變通之理猶有未盡故更重之而有六畫備萬物之形象窮天下之能事故六畫成卦也此乾卦本以象天天乃積諸陽氣而成天故此卦六爻皆陽畫成卦也此既象天何不謂之天而謂之乾者天者定體之名乾者體用之稱故說卦云乾健也言天之體以健為用聖人作易本以教人欲使人法天之用不法天之體故名乾不名天也天以健為用者運行不息應化無窮此天之自然之理故聖人當法此自然之象而施人事亦當應物成務云為不已終日乾乾無時

懈倦所以因天象以教人事於物象言之則純陽也天也於人事言之則君也父也以其居尊故在諸卦之首爲易理之初但聖人名卦體例不同或則以物象而爲卦名者若否泰剝頤鼎之屬是也或以象之所用而爲卦名者即乾坤之屬是也如此之類多矣雖取物象乃以人事而爲卦名者即家人歸妹謙履之屬是也所以如此不同者但物有萬象人有萬事若執一事不可包萬物之象若限局一象不可揔萬有之事故名有隱顯辭有踳駁不可一例求之不可一類取之故繫辭云上下無常剛柔相易不可爲典要韓康伯注云不可立定準是也元亨利貞者是乾之四德也子夏傳云元始也亨通也利和也貞正也言此卦之德有純陽之性自然能以陽氣始生萬物而得元始亨通能使物性和諧各有其利又能使物堅固貞正得終此卦自然令物有此四種使得其所故謂之四德言聖人亦當法此卦而行善道以長萬物物得生存而爲元也又當以嘉美之事會合萬物令使開通而爲亨也又當以義協和萬物使物各得其理而爲利也又當以貞固幹事使物各得其正而爲貞也是以聖人法乾而

行此四德故曰元亨利貞其委曲條例備在文言　初九潛龍勿
用　正義曰居第一之位故稱初以其陽爻故稱九潛者隱伏之
名龍者變化之物言天之自然之氣起於建子之月陰氣始盛陽氣
潛在地下故言初九潛龍也此自然之象聖人作法言於此潛龍之
時小人道盛聖人雖有龍德於此時唯宜潛藏勿可施用故言勿用
張氏云以道未可行故稱勿用以誡之於此小人道盛之時若其施
用則爲小人所害寡不敵衆弱不勝強禍害斯及故誡勿用若漢高
祖生於暴秦之世唯隱居爲泗水亭長是勿用也諸儒皆以爲舜始
漁於雷澤舜之時當堯之世堯君在上不得爲小人道盛此潛龍始
起在建子之月於義恐非也第一位言初第六位當言終第六位言
上第一位當言下所以文不同者莊氏云下言初則上有末義故大
過彖云棟橈本末弱是上有末義六言上則初當言下故小象云潛
龍勿用陽在下也則是初有下義互文相通義或然也且第一言初
者欲明萬物積漸從无入有所以言初不言一與下也六言上者欲
見位居卦上故不言六與末也此初九之等是乾之六爻之辭但乾

卦是陽生之世故六爻所述皆以聖人出處託之其餘卦六爻各因象明義隨義而發不必皆論聖人他皆放此謂之爻者繫辭云爻也者效此者也聖人畫爻以倣効萬物之象先儒云後代聖人以易占事之時先用蓍以求數得數以定爻累爻而成卦因卦以生辭則蓍爲爻卦之本爻卦爲蓍之末今案說卦云聖人之作易也幽贊於神明而生蓍三天兩地而倚數觀變於陰陽而立卦發揮於剛柔而生爻繫辭云成天下之亹亹者莫大乎蓍龜是故天生神物聖人則之又易乾鑿度云垂皇策者犧據此諸文皆是用蓍以求卦先儒之說理當然矣然陽爻稱九陰爻稱六其說有二一者乾體有三畫坤體有六畫陽得兼陰故其數九陰不得兼陽故其數六二者老陽數九老陰數六老陰老陽皆變周易以變者爲占故杜元凱注襄九年傳遇艮之八及鄭康成注易皆稱周易以變者爲占故稱九稱六所以老陽數九老陰數六者以揲蓍之數九遇揲則得老陽六遇揲則得老陰其少陽稱七少陰稱八義亦準此張氏以爲陽數有七有九陰數有八有六但七爲少陽八爲少陰質而不變爲爻之本體九爲老

陽六爲老陰文而從變故爲爻之别名且七既爲陽爻其畫已長今有九之老陽不可復畫爲陽所以重錢避少陽七數故稱九也八爲陰數而畫陰爻今六爲老陰不可復畫陰爻故交其錢避八而稱六但易含萬象所託多塗義或然也　九二見龍至大人　正義曰陽處二位故曰九二陽氣發見故曰見龍田是地上可營爲有益之處陽氣發在地上故曰在田且一之與二俱爲地道二在一上所以稱田見龍在田是自然之象利見大人以人事託之言龍見在田之時猶似聖人久潛稍出雖非君位而有君德故天下衆庶利見九二之大人故先儒云若夫子教於洙泗利益天下有人君之德故稱大人案文言云九二德博而化又云君德也王輔嗣注云雖非君位君之德也是九二有人君之德所以稱大人也輔嗣又云利見大人唯二五焉是二之與五俱是大人爲天下所利見也而褚氏張氏同鄭康成之説皆以爲九二利見九五之大人其義非也且大人之文不專在九五與九二故訟卦云利見大人又蹇卦利見大人此大人之文施處廣矣故輔嗣注謂九二也是大人非專九五　注云出

潛至五焉　正義曰處於地上故曰在田者先儒以爲重卦之時重於上下兩體故初與四相應二與五相應三與上相應是上下兩體論天地人各別但易含萬象爲例非一及其六位則一二爲地道三四爲人道五上爲天道二在一上是九二處於地上所田食之處唯在地上所以稱田也觀輔嗣之注意唯取地上稱田諸儒更廣而稱之言田之耕稼利益及於萬物盈滿有益於人猶若聖人益於萬物故稱田也德施周普者下小象文謂周而普偏居中不偏者九二居在下卦之中而於上於下其心一等是居中不偏也不偏則周普也雖非君位者二爲大夫巳居二位是非君位也君之德者以德施周普也文言云德博而化又云君德也是九二有人君之德也初則不彰者謂潛隱不彰顯也三則乾乾者危懼不安也四則或躍者謂進退懷疑也上則過亢過謂過甚亢謂亢極利見大人唯二五焉者言此據乾之一卦故云唯二五焉於別卦言之非唯二五而巳故訟卦蹇卦並云利見大人所以施處廣非唯二五也諸儒以爲九二當太蔟之月陽氣發見則九三爲建辰之月九四爲建午之月九五爲

建申之月爲陰氣始殺不宜稱飛龍在天上九爲建戌之月羣陰既盛上九不得言與時偕極於此時陽氣僅存何極之有諸儒此說於理稍乖此乾之陽氣漸生似聖人漸出宜據十一月之後至建巳之月已來此九二當據建丑建寅之閒於時地之萌牙初有出者即是陽氣發見之義乾卦之象其應然也但陰陽二氣共成歲功故陰興之時仍有陽在陽生之月尚有陰存所以六律六呂陰陽相閒取象論義與此不殊乾之初九則與復卦不殊乾之九二又與臨卦无别何以復臨二卦與此不同者但易論象復臨二卦既有羣陰見象於上即須論卦之象義各自爲文此乾卦初九九二只論居位一爻无羣陰見象故但自明當爻之理爲此與臨復不同　九三君子至无咎　正義曰以陽居三位故稱九三以居不得中故不稱大人陽而得位故稱君子在憂危之地故終日乾乾言每恒終竟此日健健自強勉力不有止息夕惕者謂終竟此日後至向夕之時猶懷憂惕若厲者若如也厲危也言尋常憂懼恒如傾危乃得无咎謂既能如此戒慎則无罪咎如其不然則有咎故繫辭云无咎者善補過也

此一爻因陽居九三之位皆以人事明其象　注處下至之災
正義曰處下體之極者極終也三是上卦之下下體之極故云極也又云居上體之下者四五與上是上體三居四下未入上體但居上體之下四則已入上體但居其上體之下故九四注云居上體之下與此別也云履重剛之險者上下皆有陽爻剛強好爲險難故云履重剛之險云上不在天未可以安其尊者若在天位其尊自然安處在上卦之下雖在下卦之上其尊未安故云未可以安其尊也下不在田未可以寧其居者田是所居之處又是中和之所既不在田故不得安其居純脩下道則居上之德廢者言若純脩下道以事上卦則已居下卦之上其德廢壞言其太卑柔也純脩上道則處下之禮曠者曠謂空曠言已純脩居下卦之上道以自驕矜則處上卦之下其禮終竟空曠夕惕猶若厲也者言雖至於夕恒懷惕懼猶如未夕之前常若厲也案此卦九三所居之處實有危厲又文言云雖危无咎是實有危也據其上下文勢若字宜爲語辭但諸儒並以若爲如如似有厲是實无厲也理恐未盡今且依如解之因時而惕不失其

幾者因時謂因可憂之時故文言云因時而惕又云知至至之可與幾也是因時而惕不失其幾也雖危而勞者若厲是雖危終日乾乾是而勞也故竭知力而後免於咎者王以九三與上九相並九三處下卦之極其位猶卑故竭知力而得免咎也上九在上卦之上其位極尊雖竭知力不免亢極言下勝於上卑勝於尊　九四或躍在淵无咎　正義曰或疑也躍跳躍也言九四陽氣漸進似若龍體欲飛猶疑或也躍在於淵未即飛也此自然之象猶若聖人位漸尊高欲進於王位猶豫遲疑在於故位未即進也云无咎者以其遲疑進退不即果敢以取尊位故无咎也若其貪利務進時未可行而行則物所不與故有咎也若周西伯內執王心外率諸侯以事紂也注去下體至无咎也　正義曰去下體之極者離下體入上體但在下體之上故云去下體之極注九三云處下體之極彼仍處九三與此別也云乾道革之時者革變也九四去下體入上體是乾道革之時云上不在天下不在田中不在人者易之爲體三與四爲人道人近在下不近於上故九四云中不在人異於九三也　云而无定位

所處者九四以陽居陰上既不在於天下復不在於地中又不當於人上下皆无定住所處也斯誠進退无常之時者文言云上下无常進退无恒是也欲進其道迫乎在下非躍所及者謂欲進已聖道而居王位但逼迫在下羣衆未許非已獨躍所能進及也欲靜其居居非所安遲疑猶豫未敢決志者謂志欲靜其居處百姓既未離禍患須當拯救所以不得安居故遲疑猶豫未敢決斷其志而苟進也用心存公進不在私者本爲救亂除患不爲於已是進不在私也疑以爲慮不謬於果者謬謂謬錯果謂果敢若不思慮苟欲求進當錯謬於果敢之事而致敗亡若疑惑以爲思慮則不錯謬於果敢之事其錯謬者若宋襄公與楚人戰而致敗亡是也

九五飛龍在天利見大人　正義曰言九五陽氣盛至於天故云飛龍在天此自然之象猶若聖人有龍德飛騰而居天位德備天下爲萬物所瞻覩故天下利見此居王位之大人　注不行至亦宜乎　正義曰龍德在天則大人之路亨謂若聖人有龍德居在天位則大人道路得亨通猶若文王拘在羑里是大人道路未亨也夫位以德興者位謂

王位以聖德之人能興王位也德以位叙者謂有聖德之人得居王位乃能叙其聖德若孔子雖有聖德而无其位是德不能以位叙也

上九亢龍有悔　正義曰上九亢陽之至天上而極盛故曰亢龍此自然之象以人事言之似聖人有龍德上居天位久而亢極物極則反故有悔也純陽雖極未至大凶但有悔吝而已繫辭云悔吝者言乎其小疵也故鄭引堯之末年四凶在朝是以有悔未大凶也凡悔之爲文既是小疵不單稱悔也必以餘字配之其悔若在則言有悔謂當有此悔則此經是也其悔若无則言悔亡言其悔已亡也若恒卦九二悔亡是也其悔雖亡或是更取他文結之若復卦初九不遠復无祇悔之類是也但聖人至極終始无虧故文言云知進退存亡而不失其正者其唯聖人乎是知大聖之人本无此悔但九五天位有大聖而居者亦有非大聖而居者不能不有驕亢故聖人設法以戒之也

用九見羣龍无首吉　正義曰用九見羣龍者此一句說乾元能用天德也九天德也若體乾元聖人能用天德則見羣龍之義羣龍之義以无首爲吉故曰用九見羣龍无首吉也

注九天之德也　正義曰九天之德者言六爻俱九乃共成天德非是一爻之九則爲天德也　彖曰大哉至咸寧　正義曰夫子所作彖辭統論一卦之義或說其卦之德或說其卦之義或說其卦之名故略例云彖者何也統論一卦之體明其所由之主案褚氏莊氏並云彖斷也斷定一卦之義所以明爲彖也但此彖釋乾與元亨利貞之德但諸儒所說此彖分解四德意各不同今案莊氏之說於理稍密依而用之大哉乾元萬物資始乃統天者此三句揔釋乾與元也乾是卦名元是乾德之首故以元德配乾釋之大哉乾元者陽氣昊大乾體廣遠又以元大始生萬物故曰大哉乾元萬物資始者釋其乾元稱大之義以萬象之物皆資取乾元而各得始生不失其宜所以稱大也乃統天者以其至健而爲物始以此乃能統領於天天是有形之物以其至健能揔統有形是乾元之德也雲行雨施品物流形者此二句釋亨之德也言乾能用天之德使雲氣流行雨澤施布故品類之物流布成形各得亨通无所壅蔽是其亨也大明終始六位時成者此二句揔結乾卦之德也以乾之爲德大明曉乎

萬物終始之道始則潛伏終則飛躍可潛則潛可飛則飛是明達乎
始終之道故六爻之位依時而成若其不明終始之道應潛而飛應
飛而潛應生而殺應殺而生六位不以時而成也時乘六龍以御天
者此二句申明乾元乃統天之義言乾之爲德以依時乘駕六爻之
陽氣以控御於天體六龍即六位之龍也以所居上下言之謂之六
位也陽氣升降謂之六龍也上文以至健无始揔明乾德故云乃統
天也此明乘駕六龍各分其事故云以御天也乾道變化各正性命
者此二句更申明乾元資始之義道體无形自然使物開通謂之爲
道言乾卦之德自然通物故云乾道也變謂後來改前以漸移改謂
之變也化謂一有一无忽然而改謂之爲化言乾之爲道使物漸變
者使物卒化者各能正定物之性命性者天生之質若剛柔遲速之
別命者人所稟受若貴賤夭壽之屬是也保合大和乃利貞者此二
句釋利貞也純陽剛暴若无和順則物不得利又失其正以能保安
合會大和之道乃能利貞於萬物言萬物得利而貞正也首出庶物
萬國咸寧者自上已來皆論乾德自然養萬物之道此二句論聖人

上法乾德生養萬物言聖人爲君在衆物之上最尊高於物以頭首出於衆物之上各置君長以領萬國故萬國皆得寧也人君位實尊高故於此云首出於庶物者也志須卑下故前經云无首吉也但前文說乾用天德其事既詳故此文聖人以人事象乾於文略也以此言之聖人亦當令萬物資始統領於天位而雲行雨施布散恩澤使兆庶衆物各流布其形又大明乎盛衰終始之道使天地四時貴賤高下各以時而成又任用羣賢以奉行聖化使物各正性命此聖人所以象乾而立化　注天也至者邪　正義曰夫形也者物之累也凡有形之物以形爲累是含生之屬各憂性命而天地雖復有形常能永保无虧爲物之首豈非統用之者至極健哉若非至健何能使天形无累見其无累則知至健也乘變化而御大器者乘變化則乘潛龍飛龍之屬是也而御大器大器謂天也乘此潛龍飛龍而控御天體所以運動不息故云而御大器也靜專動直不失大和者謂乾之爲體其靜住之時則專一不轉移也其運動之時則正直不傾邪也故上繫辭云夫乾其靜也專其動也直是以大生焉韓康伯

注云專專一也直剛正也不失大和則下文保合大和是也豈非正性命之情者邪以乾能正定物之性命故云豈非正性命之情者邪謂物之性命各有情非天之情也天本无情何情之有而物之性命各有情也所稟生者謂之性隨時念慮謂之情无識无情今據有識而言故稱曰情也夫子爲彖之體斷明一卦之義體例不同莊氏以爲凡有一十二體今則略舉大綱不可事事繁說莊氏云彖者發首則歎美卦者則此乾彖云大哉乾元坤彖云至哉坤元以乾坤德大故先歎美之乃後詳說其義或有先疊文解義而後歎者則豫卦彖云豫之時義大矣哉之類是也或有先釋卦名之義後以卦名結之者則同人彖云柔得位得中而應乎乾曰同人大有彖云柔得尊位大中而上下應之曰大有之例是也或有特疊卦名而稱其卦者則同人彖云同人曰同人于野亨注云同人于野亨利涉大川非二之所能也是乾之所行故特曰同人曰此等之屬爲文不同唯同人之彖特稱同人曰注又別釋其餘諸卦之彖或詳或略或先或後故上下參差體例不同或難其解或易略解若一一比並曲生節例非

聖人之本趣恐學者之徒勞心不曉也今皆略而不言必有其義於
卦下而具說　象曰天行至不息　正義曰此大象也十翼之
中第三翼揔象一卦故謂之大象釋爲物之體自然各有形象聖人
設卦以寫萬物之象今夫子釋其卦之所象故言象曰天有純剛故
有健用今畫純陽之卦以比擬之故謂之象象在彖後者彖詳而象
略也是以過半之義思在彖而不在象有由而然也天行健者行者
運動之稱健者強壯之名乾是衆健之訓今大象不取餘健爲釋偏
說天者萬物壯健皆有衰怠唯天運動日過一度蓋運轉混沒未曾
休息故云天行健健是乾之訓也順者坤之訓也坤則云地勢坤此
不言天行乾而言健者劉表云詳其名也然則天是體名乾是用名
健是其訓三者並見最爲詳悉所以尊乾異於他卦凡六十四卦說
象不同或揔舉象之所由不論象之實體又揔包六爻不顯上體下
體則乾坤二卦是也或直舉上下二體者若雲雷屯也天地交泰也
天地不交否也雷電噬嗑也雷風恒也雷雨作解也風雷益也雷電
皆至豐也洊雷震也隨風巽也習坎坎也明兩作離也兼山艮也麗

澤兌也凡此一十四卦皆總舉兩體而結義也取兩體俱成或有
舉兩體上下相對者天與水違行訟也上天下澤履也天與火同人
也上火下澤睽也凡此四卦或取兩體相違或取兩體相合或取兩
體上下相承而爲卦也故兩體相對而俱言也雖上下二體共成一
卦或直指上體而爲文者若雲上於天需也風行天上小畜也火在
天上大有也雷出地奮豫也風行地上觀也山附於地剥也澤滅木
大過也雷在天上大壯也明出地上晉也風自火出家人也澤上於
天夬也澤上於地萃也風行水上渙也水在火上既濟也火在水上
未濟也凡此十五卦皆先舉上象而連於下亦意取上象以立卦名
也亦有雖意在上象而先舉下象以出上象者地上有水比也澤上
有地臨也山上有澤咸也山上有火旅也木上有水井也木上有火
鼎也山上有木漸也澤上有雷歸妹也山上有水蹇也澤上有水節
也澤上有風中孚也山上有雷小過也凡此十二卦皆先舉下象以
出上象亦意取上象共下象而成卦也或先舉上象而出下象義取
下象以成卦義者山下出泉蒙也地中有水師也山下有風蠱也山

下有火賁也天下雷行无妄也山下有雷頤也天下有山遯也山下有澤損也天下有風姤也地中有山謙也澤中有雷隨也地中生木升也澤中有火革也凡此十三卦皆先舉上體後明下體也其上體是天天與山則稱下也若上體是地地與澤則稱中也或有雖先舉下象稱在上象之下者若雷在地中復也天在山中大畜也明入地中明夷也澤无水困也是先舉下象而稱在上象之下亦義取下象以立卦也所論之例者皆大判而言之其間委曲各於卦下別更詳之先儒所云此等象辭或有實象或有假象實象者若地上有水比也地中生木升也皆非虛故言實也假象者若天在山中風自火出如此之類實无此象假而爲義故謂之假也雖有實象假象皆以義示人揔謂之象也天行健者謂天體之行晝夜不息周而復始无時虧退故云天行健此謂天之自然之象君子以自彊不息此以人事法天所行言君子之人用此卦象自彊勉力不有止息言君子者謂君臨上位子愛下民通天子諸侯兼公卿大夫有地者凡言君子義皆然也但位尊者象卦之義多也位卑者象卦之義少也但須量力

而行各法其卦也所以諸卦並稱君子若卦體之義唯施於天子不兼包在下者則言先王也若比卦稱先王以建萬國豫卦稱先王以作樂崇德觀卦稱先王以省方觀民設教噬嗑稱先王以明罰勑法復卦稱先王以至日閉關无妄稱先王以茂對時育萬物渙卦稱先王以享於帝立廟泰卦稱后以財成天地之道姤卦稱后以施命誥四方稱后兼諸侯也自外卦並稱君子

潛龍至不可久　正義曰自此已下至盈不可久是夫子釋六爻之象辭謂之小象以初九陽潛地中故云陽在下也經言龍而象言陽者明經之稱龍則陽氣也此一爻之象專明天之自然之氣也見龍在田德施普者此以人事言之用龍德在田似聖人已出在世道德恩施能普徧也比初九勿用是其周普也若比九五則猶狹也終日乾乾反復道者此亦以人事言之君子終日乾乾自彊不息故反之與覆皆合其道反謂進反在上也處下卦之上能不驕逸是反能合道也覆謂從上倒覆而下居上卦之下能不憂懼是覆能合道也或躍在淵進无咎者此亦人事言之進則跳躍在上退則潛處在淵猶聖人疑或而在於貴

位也心所欲進意在於公非是爲私故進无咎也飛龍在天大人造
者此亦人事言之飛龍在天猶聖人之在王位造爲也唯大人能爲
之而成就也姚信陸績之屬皆以造爲造至之造今案象辭皆上下
爲韻則姚信之義其讀非也亢龍有悔盈不可久者此亦人事言之
九五是盈也盈而不已則至上九而致亢極有悔恨也故云盈不可
久也但此六爻象辭第一爻言陽在下是舉自然之象明其餘五爻
皆有自然之象舉初以見末五爻並論人事則知初爻亦有人事互
文相通也　用九天德不可爲首也　正義曰此一節釋經之
用九之象辭經稱用九故象更疊云用九云天德不可爲首者此夫
子釋辭也九是天之德也天德剛健當以柔和接待於下不可更懷
尊剛爲物之首故云天德不可爲首也　文言曰至利貞　正
義曰文言者是夫子第七翼也以乾坤其易之門戶邪其餘諸卦及
爻皆從乾坤而出義理深奥故特作文言以開釋之莊氏云文謂文
飾以乾坤德大故特文飾以爲文言今謂夫子但贊明易道申說義
理非是文飾華彩當謂釋二卦之經文故稱文言從此至元亨利貞

明乾之四德爲第一節從初九曰潛龍勿用至動而有悔明六爻之義爲第二節自潛龍勿用下至天下治也論六爻之人事爲第三節自潛龍勿用陽氣潛藏至乃見天則論六爻自然之氣爲第四節自乾元者至天下平也此一節復説乾元之四德之義爲第五節自君子以成德爲行至其唯聖人乎此一節更廣明六爻之義爲第六節今各依文解之此第一節論乾之四德也元者善之長也此巳下論乾之四德但乾之爲體是天之用凡天地運化自然而爾因无而生有也无爲而自爲天本无心豈造元亨利貞之德也天本无名豈造元亨利貞之名也但聖人以人事託之謂此自然之功爲天之四德垂教於下使後代聖人法天之所爲故立天四德以設教也莊氏云第一節元者善之長者謂天之體性生養萬物善之大者莫善施生元爲施生之宗故言元者善之長也亨者嘉之會者嘉美也言天能通暢萬物使物嘉美之會聚故云嘉之會也利者義之和者言天能利益庶物使物各得其宜而和同也貞者事之幹者言天能以中正之氣成就萬物使物皆得幹濟莊氏之意以此四句明天之德也而

配四時元是物始於時配春春爲發生故下云體仁仁則春也亨是
通暢萬物於是配夏故下云合禮禮則夏也利爲和義於時配秋秋
旣物成各合其宜貞爲事幹於時配冬冬旣收藏事皆幹了也於五
行之氣唯少土也土則分王四季四氣之行非土不載故不言也君
子體仁足以長人者自此已下明人法天之行此四德言君子之人
體包仁道汎愛施生足以尊長於人也仁則善也謂行仁德法天之
元德也嘉會足以合禮者言君子能使萬物嘉美集會足以配合於
禮謂法天之亨也利物足以和義者言君子利益萬物使物各得其
宜足以和合於義法天之利也貞固足以幹事者言君子能堅固貞
正令物得成使事皆幹濟此法天之貞也施於五事言之元則仁也
亨則禮也利則義也貞則信也不論智者行此四事並須資於知且
乾鑿度云水土二行兼信與知也故略知不言也君子行此四德者
故曰乾元亨利貞以君子之人當行此四種之德是以文王作易稱
元亨利貞之德欲使君子法之但行此四德則與天同功非聖人不
可唯云君子者但易之爲道廣爲垂法若限局聖人恐不逮餘下故

摠云君子使諸侯公卿之等悉皆行之但聖人行此四德能盡其極也君子行此四德各量力而爲多少各有其分但乾卦象天故以此四德皆爲天德但陰陽合會二象相成皆能有德非獨乾之一卦是以諸卦之中亦有四德但餘卦四德有劣於乾故乾卦直云四德更无所言欲見乾之四德无所不包其餘卦四德之下則更有餘事以四德狹劣故以餘事繫之即坤卦之類是也亦有四德之上即論餘事若革卦云巳日乃孚元亨利貞悔亡也由乃孚之後有元亨利貞乃得悔亡也有四德者即乾坤屯臨隨无妄革七卦是也亦有其卦非善而有四德者以其卦凶故有四德乃可也故隨卦有元亨利貞乃得无咎是也四德具者其卦未必善也亦有三德者即離咸萃兑渙小過凡六卦就三德之中爲文不一或揔稱三德於上更别陳餘事於下若離咸之屬是也就三德之中上下不一離則云利貞亨由利貞乃得亨也亦有先云亨更陳餘事乃始云利貞者以有餘事乃得利貞故也有二德者大有蠱漸大畜升困中孚凡七卦此二德或在事上言之或在事後言之由後有事乃致此二德故也亦有一德

者若蒙師小畜履復泰謙噬嗑賁復大過震豐節既濟未濟凡十五卦
皆一德也並是亨也或多在事上言之或在事後者履卦云履虎尾
不咥人亨由有事乃得亨以前所論德者皆於經文挺然特明德者
乃言之也其有因事相連而言德者則不數之也若需卦云需有孚
光亨貞吉雖有亨貞二德連事起文故不數也遯卦云亨小利貞雖
有三德亦不數也旅卦云旅小亨旅貞吉雖有亨貞二德亦連他事
不數也比卦云原筮元永貞无咎否卦云否之匪人不利君子貞雖
有貞字亦連他文言之又非本卦德亦不數之同人云同人于野亨
坎卦云有孚維心亨損卦云无咎可貞此等雖有一德皆連事而言
之故亦不數所以然者但易含萬象事義非一隨時曲變不可爲典
要故也其有意義各於卦下詳之亦有卦善而德少者若泰與謙復
之類雖善唯一德也亦有全无德者若豫觀剥晉蹇解夬姤井艮歸
妹凡十一卦也大略唯有凶卦无德者若剥蹇夬姤之屬是也亦有
卦善而无德者晉解之屬是也各於卦下詳之凡四德者亨之與貞
其德特行若元之與利則配連他事其意以元配亨以利配貞雖配

他事爲文元是元大也始首也利是利益也合和也以當分言之各是其一德也唯配亨貞俱爲四德元雖配亨亦配他事故比卦云元永貞坤六五黃裳元吉是也利亦非獨利貞亦所利餘事多矣若利涉大川利建侯利見大人利君子貞如此之屬是利字所施處廣故諸卦謂他事之利不數以爲德也此四德非唯卦下有之亦於爻下言之但爻下其事稍少故黃裳元吉及何天之衢亨小貞吉大貞凶此皆於爻下言之其利則諸爻皆有

初九曰潛龍勿用至潛龍也

正義曰此第一節釋初九爻辭也初九曰潛龍勿用何謂也者此夫子疊經初九爻辭故言初九曰方釋其義假設問辭故言潛龍勿用何謂也子曰龍德而隱者也此夫子以人事釋潛龍之義聖人有龍德隱居者也不易乎世者不移易其心在於世俗雖逢險難不易本志也不成乎名者言自隱默不成就於令名使人知也遯世无悶者謂逃遯避世雖逢无道心无所悶不見是而无悶者言舉世皆非雖不見善而心亦无悶上云遯世无悶心處僻陋不見是而无悶此因見世俗行惡是亦无悶故再起无悶之文樂則行之憂則違

之者心以爲樂己則行之心以爲憂己則違之確乎其不可拔者身雖逐物推移潛隱避世心志守道確乎堅實其不可拔此是潛龍之義也　九二曰見龍至君德也　正義曰此釋九二爻辭子曰龍德而正中者九二居中不偏然不如九五居尊得位故但云龍德而正中者也庸言之信庸行之謹者庸謂中庸庸常也從始至末常言之信實常行之謹慎閑邪存其誠者言防閑邪惡當自存其誠實也善世而不伐者謂爲善於世而不自伐其功德博而化者言德能廣博而變化於世俗初爻則全隱遯避世二爻則漸見德行以化於俗也若舜漁於雷澤陶於河濱以器不窳民漸化之是也易曰見龍在田利見大人君德者以其異於諸爻故特稱易曰見龍在田未是君位但云君德也　九三曰君子至雖危无咎矣　正義曰此釋九三爻辭也子曰君子進德脩業者德謂德行業謂功業九三所以終日乾乾者欲進益道德脩營功業故終日乾乾匪懈也進德則知至將進也脩業則知終存義也忠信所以進德者復解進德之事推忠於人以信待物人則親而尊之其德日進是進德也脩辭立其

誠所以居業者辭謂文教誠謂誠實也外則脩理文教內則立其誠
實內外相成則有功業可居故云居業也上云進德下復云進德上
云脩業下變云居業者以其間有脩辭之文故避其脩文而云居業
且功業宜云居也知至至之可與幾者九三處一體之極方至上卦
之下是至也既居上卦之下而不犯凶咎是知至也既能知是將至
則是識幾知理可與共論幾事幾者去无入有有理而未形之時此
九三既知時節將至知理欲到可與共營幾也知終終之可與存義
者居一體之盡而全其終竟是知終也既能知此終竟是終盡之時
可與保存其義義者宜也保全其位不有失喪於事得宜九三既能
知其自全故可存義然九三唯是一爻或使之欲進知幾也或使之
欲退存義也一進一退其意不同以九三處進退之時若可進則進
可退則退兩意並行是故居上位而不驕者謂居下體之上位而不
驕也以其知終故不敢懷驕慢在下位而不憂者處上卦之下故稱
下位以其知事將至務幾欲進故不可憂也故乾乾因其時而惕雖
危无咎者九三以此之故恒乾乾也因其已終已至之時而心懷惕

懼雖危不寧以其知終知至故无咎　注處一體至知終者乎

正義曰處一體之極是至也者莊氏云極即至也三在下卦之上是至極褚氏云一體之極是至者是下卦已極將至上卦之下至謂至上卦也下云在下位而不憂注云知夫至至故不憂此以人事言之既云下位明知在上卦之下欲至上卦故不憂是知將至上卦若莊氏之說直云下卦上極是至極儻无上卦之體何可至也何須與幾也是知至者據上卦爲文莊說非也處事之至而不犯咎是知至者謂三近上卦事之將至能以禮知屈而不觸犯上卦之咎則是知事之將至故可與成務者務謂事務既識事之先幾可與以成其事務與猶許也言可許之事不謂此人共彼相與也進物之速者義不若利者利則隨幾而發見利則行也義者依分而動不妄求進故進物速疾義不如利由義靜而利動故也存物之終者利不及義者保全已成之物不妄興動故利不及義也故靡不有初鮮克有終者見利則行不顧在後是靡不有初不能守成其業是鮮克有終　注明夫至不憂也　正義曰明夫終斃故不驕者解知終也知夫至至

故不憂者解知至也前經知至在前知終在後此經先解知終後解知至者隨文便而言之也　注處事至无咎　正義曰處事之極失時則廢者謂三在下卦之上體是處事之極至也若失時不進則幾務廢闕所以乾乾須進也懈怠則曠者既處事極極則終也當保守己終之業若懈怠驕逸則功業空曠所以乾乾也失時則廢解知至也懈怠則曠解知終也　九四曰或躍至故无咎　正義曰此明九四爻辭也子曰上下无常非爲邪者上而欲躍下而欲退是无常也意在於公非是爲邪也進退无恒非離羣者何氏云所以進退无恒者時使之然非苟欲離羣也何氏又云言上下者據位也進退者據爻也所謂非離羣者言雖進退无恒猶依羣衆而行和光俯仰並同於衆非是卓絶獨離羣也君子進德脩業欲及時者進德則欲上欲進也脩業則欲下欲退也進者棄位欲躍是進德之謂也退者仍退在淵是脩業之謂也其意與九三同但九四於前進多於九三故云欲及時也九三則不云及時但可與言幾而已　九五曰飛龍至其類也　正義曰此明九五爻之義同聲相應已下至

各從其類也飛龍在天者言天能廣感衆物衆物應之所以利見大人因大人與衆物感應故廣陳衆物相感應以明聖人之作而萬物睹觀以結之也同聲相應者若彈宫而宫應彈角而角動是也同氣相求者若天欲雨而柱礎潤是也此二者聲氣相感也水流濕火就燥者此二者以形象相感水流於地先就濕處火焚其薪先就燥處此同氣水火皆无識而相感先明自然之物故發初言之也雲從龍風從虎者龍是水畜雲是水氣故龍吟則景雲出是雲從龍也虎是威猛之獸風是震動之氣此亦是同類相感故虎嘯則谷風生是風從虎也此二句明有識之物感无識故以次言之漸就有識而言也聖人作而萬物覩者此二句正釋飛龍在天利見大人之義聖人作則飛龍在天也萬物覩則利見大人也陳上數事之名本明於此是有識感有識也此亦同類相感聖人有生養之德萬物有生養之情故相感應也本乎天者親上本乎地者親下者在上雖陳感應唯明數事而已此則廣解天地之間共相感應之義莊氏云天地絪緼和合二氣共生萬物然萬物之體有感於天氣偏多者有感於地氣偏

多者故周禮大宗伯有天産地産大司徒云動物植物本受氣於天者是動物含靈之屬天體運動含靈之物亦運動是親附於上也本受氣於地者是植物无識之屬地體凝滯植物亦不移動是親附於下也則各從其類者言天地之間共相感應各從其氣類此類因聖人感萬物以同類故以同類言之其造化之性陶甄之器非唯同類相感亦有異類相感者若磁石引針琥珀拾芥蠶吐絲而商弦絶銅山崩而洛鐘應其類煩多難一一言也皆冥理自然不知其所以然也感者動也應者報也皆先者爲感後者爲應非唯近事則相感亦有遠事遥相感者若周時獲麟乃爲漢高之應漢時黄星後爲曹公之兆感應之事廣非片言可悉今意在釋理故略舉大綱而已

上九曰亢龍至有悔　正義曰此明上九爻辭也子曰貴而无位者以上九非位而上九居之是无位也高而无民者六爻皆无陰是无民也賢人在下位而无輔者賢人雖在下位不爲之輔助也是以動而有悔者聖人設誡居此之時不可動作也　注夫上至其義

正義曰夫乾者統行四事者也君子以自強不息行此四者注意以

乾爲四德之主文言之首應先說乾而先說四德者故自發問而釋之以乾體當分无功唯統行此四德之事行此四德乃是乾之功故文言先說君子以自強不息行此四德者故先言之發首不論乾也但能四德既備乾功自成故下始云乾元亨利貞　潛龍勿用至天下治也　正義曰此一節是文言第三節說六爻人事所治之義潛龍勿用下也者言聖人於此潛龍之時在卑下也見龍在田時舍者舍謂通舍九二以見龍在田是時之通舍也終日乾乾行事者言行此知至知終之事也或躍在淵自試者言聖人逼近五位不敢果決而進唯漸漸自試意欲前進遲疑不定故云自試也飛龍在天上治者言聖人居上位而治理也亢龍有悔窮之災者言位窮而致災災則悔也非爲大禍災也乾元用九天下治者易經上稱用九用九之文揔是乾德又乾字不可獨言故舉元德以配乾也言此乾元用九德而天下治九五止是一爻觀見事狹但云上治乾元揔包六爻觀見事闊故云天下治也　注此一章至可知也　正義曰此一章全以人事明之者下云陽氣潛藏又云乃位乎天德又云乃

見天則此一章但云天下治是皆以人事說之也夫能全用剛直放遠善柔非天下至理未之能也者以乾元用九六爻皆陽是全用剛直放遠善柔謂放棄善柔之人善能柔諂貌恭心很使人不知其惡識之爲難此用九純陽者是全用剛直更无餘陰柔善之人堯尚病之故云非天下之至理未之能也夫識物之動則其所以然之理皆可知者此欲明在下龍潛見之義故張氏云識物之動謂龍之動也則其所以然之理皆可知者謂識龍之所以潛所以見然此之理皆可知也龍之爲德不爲妄者言龍靈異於他獸不妄舉動可潛則潛可見則見是不虛妄也見而在田必以時之通舍者經唯云時舍也注云必以時之通舍者則輔嗣以通解舍舍是通義也初九潛藏不見九二既見而在田是時之通舍之義也以爻爲人以位爲時者爻居其位猶若人遇其時故文王明夷則主可知矣主則時也謂當時无道故明傷也仲尼旅人則國可知矣國亦時也若見仲尼羇旅於人則知國君无道令其羇旅出外引文王仲尼者明

潛龍勿用至見天則　正義曰此一節是文言第四節明六爻天氣之義天

下文明者陽氣在田始生萬物故天下有文章而光明也與時偕行者此以天道釋爻象也所以九三乾乾不息終日自戒者同於天時生物不息言與時偕行也偕俱也諸儒以爲建辰之月萬物生長不有止息與天時而俱行若以不息言之是建寅之月三陽用事三當生物之初生物不息同於天時生物不息故言與時偕行也乾道乃革者去下體入上體故云乃革也乃位乎天德者位當天德之位言九五陽居於天照臨廣大故云天德也乃見天則者陽是剛亢之物能用此純剛唯天乃然故云乃見天則　乾元至天下平也

正義曰此一節是第五節復明上初章及乾四德之義也乾元者始而亨者也以乾非自當分有德以元亨利貞爲德元是四德之首故夫子恒以元配乾而言之欲見乾元相將之義也以有乾之元德故能爲物之始而亨通也此解元亨二德也利貞者性情也者所以能利益於物而得正者由性制於情也乾始能以美利利天下不言所利大矣哉者此復説始而亨利貞之義乾始謂乾能始生萬物解元也能以美利利天下解利也謂能以生長美善之道利益天下也不

復說亨貞者前文亨既連始貞又連利舉始舉利則通包亨貞也不言所利大矣哉者若坤卦云利牝馬之貞及利建侯利涉大川皆言所利之事此直云利貞不言所利之事欲見无不利也非唯止一事而已故云不言所利大矣哉其實此利爲无所不利此貞亦无所不貞是乾德大也大哉乾乎剛健中正純粹精者此正論乾德不兼通元也故直云大哉乾乎剛健中正謂純陽剛健其性剛强其行勁健中謂二與五也正謂五與三也故云剛健中正六爻俱陽是純粹也純粹不雜是精靈故云純粹精也六爻發揮旁通情者發謂發越也揮謂揮散也言六爻發越揮散旁通萬物之情也時乘六龍以御天者重取乾彖之文以贊美此乾之義雲行雨施天下平者言天下普得其利而均平不偏陂

注不爲至性情也　正義曰乾之元氣其德廣大故能徧通諸物之始若餘卦元德雖能始生萬物德不周普故云不爲乾元何能通物之始其實坤元亦能通諸物之始以此文言論乾元之德故注連言乾元也不性其情何能久行其正者性者天生之質正而不邪情者性之欲也言若不能以性制情使其

情如性則不能久行其正其六爻發揮之義案略例云爻者言乎變者也故合散屈伸與體相乖形躁好靜質柔愛剛體與情反質與願違是爻者所以明情故六爻發散旁通萬物之情輔嗣之意以初爲无用之地上爲盡末之境其居位者唯二三四五故繫辭唯論此四爻初末雖无正位統而論之爻亦始末之位故乾彖云六位時成二四爲陰位陰居爲得位陽居爲失位三五爲陽位陽居爲得位陰居爲失位略例云陽之所求者陰也陰之所求者陽也一與四二與五三與上若一陰一陽爲有應若俱陰俱陽爲无應此其六爻之大略其義具於繫辭於此略言之

君子以成至弗用也　正義曰此一節是文言第六節更復明六爻之義此節明初九爻辭周氏云上第六節乾元者始而亨者也是廣明乾與四德之義此君子以成德爲行亦是第六節明六爻之義揔屬第六節不更爲第七節義或當然也君子以成德爲行者明初九潛龍之義故先開此語也言君子之人當以成就道德爲行令其德行彰顯使人日可見其德行之事此君子之常也不應潛隱所以今日潛者以時未可見故須潛也

潛之爲言也隱而未見行而未成此夫子解潛龍之義此經中潛龍
之言是德之幽隱而未宣見所行之行未可成就是以君子弗用者
德既幽隱行又未成是君子於時不用以逢衆陰未可用也周氏云
德出於己在身内之物故云成行被於人在外之事故云爲行下文
即云行而未成是行亦稱成周氏之説恐義非也成德爲行者言君
子成就道德以爲其行其成德爲行未必文相對　君子學以至
君德　正義曰此復明九二之德君子學以聚之者九二從微而
進未在君位故且習學以畜其德問以辯之者學有未了更詳問其
事以辯決於疑也寬以居之者當用寬裕之道居處其位也仁以行
之者以仁恩之心行之被物易曰見龍在田利見大人君德者既陳
其德於上然後引易本文以結之易之所云是君德寛以居之仁以
行之是也但有君德未是君位　九三重剛至无咎　正義曰
此明九二爻辭上之初九九二皆豫陳其德於上不發首云初九九
二此九三九四則發首先言九三九四其九五全不引易文上九則
發首云亢之爲言也上下不爲例者夫子意在釋經義便則言以潛

見須言其始故豫張本於上三四俱言重剛不中恐其義同故並先云爻位并重剛不中之事九五前章已備故不復引易但云大人也上九亦前章備顯故此直言亢之爲言也案初九云潛之爲言上爻云亢之爲言獨二爻云言者褚氏以初上居无位之地故稱言也其餘四爻是有位故不云言義或然也重剛者上下俱陽故重剛也不中者不在二五之位故不中也上不在天謂非五位下不在田謂非二位也故乾乾因其時而惕雖危无咎矣者居危之地以乾乾夕惕戒懼不息得无咎也　九四重剛至故无咎　正義曰此明九四爻辭也其重剛不中上不在天下不在田並與九三同也中不在人者三之與四俱爲人道但人道之中人下近於地上遠於天九三近二是下近於地正是人道故九三不云中不在人九四則上近於天下遠於地非人所處故特云中不在人故或之者以其上下无定故心或之也或之者疑之也者此夫子釋經或字經稱或是疑惑之辭欲進欲退猶豫不定故疑之也九三中雖在人但位卑近下向上爲難故危惕其憂深也九四則陽德漸盛去五彌近前進稍易故但

疑惑憂則浅也　夫大人至鬼神乎　正義曰此明九五爻辭但上節明大人與萬物相感此論大人之德无所不合廣言所合之事與天地合其德者莊氏云謂覆載也與日月合其明者謂照臨也與四時合其序者若賞以春夏刑以秋冬之類也與鬼神合其吉凶者若福善禍淫也先天而天弗違者若在天時之先行事天乃在後不違是天合大人也後天而奉天時者若在天時之後行事能奉順上天是大人合天也天且弗違而況於人乎況於鬼神乎者夫子以天且不違遂明大人之德言尊而遠者尚不違況小而近者可有違乎況於人乎況於鬼神乎

亢之爲至聖人乎　正義曰此明上九之義也知進而不知退知存而不知亡知得而不知喪者言此上九所以亢極有悔者正由有此三事若能三事備知雖居上位不至於亢也此設誡辭莊氏云進退據心存亡據身得喪據位其唯聖人乎知進退存亡者言唯聖人乃能知進退存亡也何不云得喪者得喪輕於存亡舉重略輕也而不失其正者其唯聖人乎者聖人非但只知進退存亡又能不失其正道其唯聖人乎此經再稱其唯聖

人乎者上稱聖人爲知進退存亡發文下稱其唯聖人乎者爲不失其正發文言聖人非但知進退存亡又能不失其正故再發聖人之文也

周易正義卷第二

計壹萬肆阡玖伯柒拾捌字

周易正義卷第三

國子祭酒上護軍曲阜縣開國子臣孔　穎達奉
勑撰

䷁坤下坤上　坤元亨至安貞吉

正義曰此一節是文王於坤卦之下陳坤德之辭但乾坤合體之物故乾後次坤言地之爲體亦能始生萬物各得亨通故云元亨與乾同也利牝馬之貞者此與乾異乾之所利利於萬事爲貞此唯云利牝馬之貞坤是陰道當以柔順爲貞假借柔順之象以明柔順之德也牝對牡爲柔馬對龍爲順假借此柔順以明柔道故云利牝馬之貞牝馬外物自然之象此亦聖人因坤元亨利牝馬之貞自然之德以垂教也不云牛而云馬者牛雖柔順不能行地无疆无以見坤廣生之德馬雖比龍爲劣所行亦能廣遠象地之廣育君子有攸往者以其柔順利貞故君子利有所往先迷後得主利者以其至陰當待唱而後和凡有所爲若在物之先即迷惑若在物之後即得主利以陰不可先唱猶臣不可先君卑不可先尊故也西南得朋者此假象

以明人事西南坤位是陰也今以陰詣陰是得朋俱是陰類不獲吉
也猶人既懷陰柔之行又向陰柔之所是純陰柔弱故非吉也東北
喪朋安貞吉者西南既爲陰東北反西南即爲陽也以柔順之道往
詣於陽是喪失陰朋故得安靜貞正之吉以陰而兼有陽故也若以
人事言之象人臣離其黨而入君之朝女子離其家而入夫之室莊
氏云先迷後得主利者唯據臣事君也得朋喪朋唯據婦適夫也其
理褊狹非易弘通之道　注坤貞至牝馬之貞　正義曰至順
而後乃亨故唯利於牝馬之貞者案牝馬是至順牝馬在元亨之下
在貞之上應云至順而後乃貞今云至順而後乃亨倒取上文者輔
嗣之意下句既云牝馬之貞避此貞文故云乃亨但亨貞相將之物
故云至順之貞亦是至順之亨此坤德以牝馬至順乃得貞也下文
又云東北喪朋去陰就陽乃得貞吉上下義反者但易含萬象一屈
一伸此句與乾相對不可純剛敵乾故利牝馬下句論凡所交接不
可純陰當須剛柔交錯故喪朋吉也　注西南至貞吉　正義
曰坤位在西南說卦云坤也者地也萬物皆致養焉坤既養物若向

西南與坤同道也陰之爲物必離其黨之於反類而後獲安貞吉者若二女同居其志不同必之於陽是之于反類乃得吉也凡言朋者非唯人爲其黨性行相同亦爲其黨假令人是陰柔而之剛正亦是離其黨

彖曰至哉至无疆

正義曰至哉坤元至德合无疆此五句揔明坤義及元德之首也但元是坤德之首故連言之猶乾之元德與乾相連共文也至哉坤元者歎美坤德故云至哉至謂至極也言地能生養至極與天同也但天亦至極包籠於地非但至極又大於地故乾言大哉坤言至哉萬物資生者言萬物資地而生初禀其氣謂之始成形謂之生乾本氣初故云資始坤據成形故云資生乃順承天者乾是剛健能統領於天坤是陰柔以和順承奉於天坤厚載物德合无疆者以其廣厚故能載物有此生長之德合會无疆凡言无疆者其有二義一是廣博无疆二是長久无疆也自此已上論坤元之德也含弘光大品物咸亨者包含以厚光著盛大故品類之物皆得亨通但坤比乾即不得大名若比衆物其實大也故曰含弘光大者也此二句釋亨也牝馬地類行地无疆者以其柔順故云

地類以柔順爲體終无禍患故行地无疆不復窮已此二句釋利貞
也故上文云利牝馬之貞是也柔順利貞君子攸行者重釋利貞之
義是君子之所行兼釋前文君子有攸往先迷失道者以陰在物之
先失其爲陰之道後順得常者以陰在物之後陽唱而陰和乃得主
利是後順得常西南得朋乃與類行者以陰而造坤位是乃與類俱
行東北喪朋乃終有慶者以陰而詣陽初雖離羣乃終久有慶善也
安貞之吉應地无疆者安謂安靜貞謂貞正地體安靜而貞正人若
得靜而能正即得其吉應合地之无疆是慶善之事也　注若夫
行至難矣　正義曰行之不以牝馬牝馬謂柔順也利之不以永
貞永貞謂貞固剛正也言坤既至柔順而利之即不兼剛正也方而
又剛者言體既方正而性又剛強即太剛也所以須牝馬也柔而又
圓者謂性既柔順體又圓曲謂太柔也故須永貞也若其坤无牝馬
又无永貞求安難矣云永貞者是下用六爻辭也東北喪朋去陰就
陽是利之永貞　象曰地勢至載物　正義曰君子用此地之
厚德容載萬物言君子者亦包公卿諸侯之等但厚德載物隨分多少

少非如至聖載物之極也　注地形不順其勢順　正義曰地
體方直是不順也其勢承天是其順也　初六履霜堅冰至
正義曰初六陰氣之微似若初寒之始但履踐其霜微而積漸故堅
冰乃至義取所謂陰道初雖柔順漸漸積著乃至堅剛凡易者象也
以物象而明人事若詩之比喻也或取天地陰陽之象以明義者若
乾之潛龍見龍坤之履霜堅冰龍戰之屬是也或取萬物雜象以明
義者若屯之六三即鹿无虞六四乘馬班如之屬是也如此之類易
中多矣或直以人事不取物象以明義者若乾之九三君子終日乾
乾坤之六三含章可貞之例是也聖人之意可以取象者則取象也
可以取人事者則取人事也[illegible]九二獨以君子爲目
者何也乾乾夕惕非[illegible]德也故以人事明之是其義也　象曰履
霜至冰也　正義曰夫子所作象辭元在六爻經辭之後以自卑
退不敢干亂先聖正經之辭及至輔嗣之意以爲象者本釋經文宜
相附近其義易了故分文之象辭各附其當爻下言之猶如元凱注
左傳分經之年與傳相附陰始凝也者釋履霜之義言陰氣始凝結

而爲霜也馴致其道至堅冰也者馴猶狎順也若鳥獸馴狎然言順其陰柔之道習而不已乃至堅冰也褚氏云履霜者從初六至六三堅冰者從六四至上六陰陽之氣无爲故積馴履霜必至於堅冰以明人事有爲不可不制其尊度故於履霜而逆以堅冰爲戒所以防漸慮微慎終于始也

六二直方至光也　正義曰直方大不習无不利者文言云直其正也二得其位極地之質故亦同地也俱包三德生物不邪謂之直也地體安靜是其方也无物不載是其大也既有三德極地之美自然而生不假修營故云不習无不利物皆自成无所不利以此爻居中得正極於地體故盡極地之義此因自然之性以明人事居在此位亦當如地之所爲象曰六二之動直以方者言六二之體所有興動任其自然之性故云直以方也不習无不利地道光者言所以不假修習物无不利猶地道光大故也

注居中至地質　正義曰質謂形質地之形質直方又大此六二居中得正是盡極地之體質也所以直者言氣至即生物由是體正直之性其運動生物之時又能任其質性直而且方故象云六二之

動直以方也　注動而至質也　正義曰是質以直方動又直方是質之與行内外相副物有内外不相副者故略例云形躁好靜質柔愛剛此之類是也　六三含章至光大也　正義曰含章可貞者六三處下卦之極而能不被疑於陽章美也既居陰極能自降退不爲事始唯内含章美之道待命乃行可以得正故曰含章可貞或從王事无成有終者言六三爲臣或順從於王事故不敢爲事之首主成於物故云无成唯上唱下和奉行其終故云有終象曰含章可貞以時發者夫子釋含章之義以身居陰極不敢爲物之首但内含章美之道待時而發是以時發也或從王事知光大者釋无成有終也既隨從王事不敢主成物始但奉終而行是知慮光大不自擅其美唯奉於上　注三處至有終也　正義曰三處下卦之極者欲見三雖陰爻其位尊也不疑於陽者陰之尊極將與陽敵體必被陽所忌今不被疑於陽言陽不害也應斯義者斯此也若能應此義唯行含章可貞已下之事乃應斯義此爻全以人事明之

六四括囊至不害也　正義曰括結也囊所以貯物以譬心藏知

也閉其知而不用故曰括囊功不顯物故曰无譽不與物忤故曰无咎象曰慎不害者釋所以括囊无咎之義由其謹慎不與物競故不被害也　注處陰至之道　正義曰不造陽事无含章之美者六三以陰居陽位是造爲陽事但不爲事始待唱乃行是陽事猶在故云含章章即陽之美也今六四以陰處陰内无陽事是不造陽事无含章之美當括結否閉之時是賢人乃隱唯施謹慎則可非通泰之道也　六五黄裳至文在中　正義曰黄裳元吉者黄是中之色裳是下之飾坤爲臣道五居君位是臣之極貴者也能以中和通於物理居於臣職故云黄裳元吉元大也以其德能如此故得大吉也象曰黄裳元吉文在中者釋所以黄裳元吉之義以其文德在中故也既有中和又奉臣職通達文理故云文在中言不用威武也

注黄中至美之至也　正義曰黄中之色裳下之飾者左氏昭十二年傳文也裳下之飾則上衣比君下裳法臣也垂黄裳以獲元吉非用武者以體无剛健是非用威武也以内有文德通達物理故象云文在中也　上六龍戰至道窮也　正義曰龍戰于野其血

玄黃者以陽謂之龍上六是陰之至極陰盛似陽故稱龍焉盛而不已固陽之地陽所不堪故陽氣之龍與陰之交戰即說卦云戰乎乾是也戰於卦外故曰于野陰陽相傷故其血玄黃 注陰之至戰于野

正義曰盛而不已固陽之地者固爲占固陰去則陽來陰乃盛而不去占固此陽所生之地故陽氣之龍與之交戰 用六至大終也

正義曰用六利永貞者此坤之六爻總辭也言坤之所用用此衆爻之六六是柔順不可純柔故利在永貞永長也貞正也言長能貞正也象曰以大終者釋永貞之義既能用此柔順長守貞正所以廣大而終也若不用永貞則是柔而又圓即前注云求安難矣此永貞即坤卦之下安貞吉是也 文言至將行 正義曰此一節是第一節明坤之德也自積善之家以下是第二節也分釋六爻之義坤至柔而動也剛者六爻皆陰是至柔也體雖至柔而運動也剛柔而積漸乃至堅剛則上云履霜堅氷是也又地能生物初雖柔弱後至堅剛而成就至靜而德方者地體不動是至靜生物不邪是德能方正後得主而有常者陰主卑退若在事之後不爲物先即得主也此

陰之恒理故云有常含萬物而化光者自明彖辭含弘光大言含養
萬物而德化光大也坤道其順乎承天而時行者言坤道柔順承奉
於天以量時而行即不敢爲物之先恒相時而動　積善至言順也
正義曰此一節明初六爻辭也積善之家必有餘慶積不善之家必
有餘殃者欲明初六其惡有漸故先明其所行善惡事由久而積漸
故致後之吉凶其所由來者漸矣者言弑君弑父非一朝一夕率然
而起其禍患所從來者積漸久遠矣由辯之不早辯者臣子所以久
包禍心由君父欲辯明之事不早分辯故也此戒君父防臣子之惡
蓋言順者言此履霜堅冰至蓋言順習陰惡之道積微而不已乃致
此弑害稱蓋者是疑之辭凡萬事之起皆從小至大從微至著故上
文善惡並言今獨言弑君弑父有漸者以陰主柔順積柔不已乃終
至禍亂故特於坤之初六言之欲戒其防柔弱之初又陰爲弑害故
寄此以明義　直其正至疑其所行　正義曰此一節釋六二
爻辭直其正者經稱直是其正也方其義者經稱方是其義也義者
宜也於事得宜故曰義君子敬以直內者覆釋直其正也言君子用

敬以直内内謂心也用此恭敬以直内心義以方外者用此義事以
方正外物言君子法地正直而生萬物皆得所宜各以方正然即前
云直其正也方其義也下云義以方外即此應云正以直内改云
以直内者欲見正則能敬故變正爲敬也敬義立而德不孤者身有
敬義以接於人則人亦敬義以應之是德不孤也直則不邪正則謙
恭義則與物无競方則凝重不躁既不習无不利則所行不須疑慮
故曰即不疑其所行　陰雖有美至必有終　正義曰此一節
明六三爻辭言陰雖有美含之以從王事者釋含章可貞之義也言
六三之陰雖有美道包含之德若或從王事不敢爲主先成之也地
道也妻道也臣道也言欲明坤道處卑待唱乃和故歷言此三事皆
卑應於尊下順於上也地道无成而代有終者其地道卑柔无敢先
唱成物必待陽始先唱而後代陽有終也　天地變化至蓋言謹也
正義曰此一節明六四爻辭天地變化謂二氣交通生養萬物故草
木蕃滋天地閉賢人隱者謂二氣不相交通天地否閉賢人潛隱天
地通則草木蕃明天地閉草木不蕃天地閉賢人隱明天地通則賢

人出互而相通此乃括囊无咎故賢人隱屬天地閉也蓋言謹者謹
謂謹慎蓋言賢人君子於此之時須謹慎也　君子黃至之至也
正義曰此一節明六五爻辭也黃中通理者以黃居中兼四方之色
奉承臣職是通曉物理也正位居體者居中得正是正位也處上體
之中是居體也黃中通理是美在其中有美在於中必通暢於外故
云暢於四支四支猶人手足比于四方物務也外內俱善能宜發於
事業所營謂之事事成謂之業美莫過之故云美之至也　陰疑
於至地黃　正義曰此一節明上六爻辭陰疑於陽必戰者陰盛
爲陽所疑陽乃發動欲除去此陰陰既強盛不肯退避故必戰也爲
其嫌於无陽故稱龍焉者上六陰盛似陽爲嫌純陰非陽故稱龍以
明之猶未離其類也故稱血焉者言上六雖陰盛似陽然猶未能離
其陰類故爲陽所傷而見滅也夫玄黃者天地之雜也天玄而地黃
者釋其血玄黃之義莊氏云上六之爻兼有天地雜氣所以上六被
傷其血玄黃也天色玄地色黃故血有天地之色今輔嗣注云猶與
陽戰而相傷是言陰陽俱傷也恐莊氏之言非王之本意今所不取也

䷂震下坎上屯元亨至建侯

正義曰屯難也剛柔始交而難生初相逢遇故云屯難也以陰陽始交而爲難因難物始大通故元亨也萬物大亨乃得利益而貞正故利貞也但屯之四德劣於乾之四德故屯乃元亨亨乃利貞乾之四德无所不包此即勿用有攸往又别言利建侯不如乾之无所不利此已上説屯之自然之四德聖人當法之勿用有攸往利建侯者以其屯難之世世道初創其物未寧故宜利建侯以寧之此二句釋人事也

彖曰屯剛至不寧

正義曰屯剛柔始交而難生者此一句釋屯之名以剛柔二氣始欲相交未相通感情意未得故難生也若剛柔已交之後物皆通泰非復難也唯初始交時而有難故云剛柔始交而難生動乎險中大亨貞者此釋四德也坎爲險震爲動震在坎下是動於險中初動險中故屯難動而不已將出於險故得大亨貞也大亨即元亨也不言利者利屬於貞故直言大亨貞雷雨之動滿盈者周氏云此一句覆釋亨也但屯有二義一難也二盈也上既以剛柔始交釋屯難也此又以雷雨二象解盈也言雷雨二氣

初相交動以生養萬物故得滿盈即是亨之義也覆釋亨者以屯難之世不宜亨通恐亨義難曉故特釋之此巳下説屯之自然之象也天造草昧宜建侯而不寧者釋利建侯也草謂草創昧謂冥昧言天造萬物於草創之始如在冥昧之時也于此草昧之時王者當法此屯卦宜建立諸侯以撫恤萬方之物而不得安居无事此二句以人事釋屯之義　注雷雨至所爲　正義曰雷雨之動乃得滿盈者周氏褚氏云釋亨也萬物盈滿則亨通也皆剛柔始交之所爲者雷雨之動亦陰陽始交也萬物盈滿亦陰陽而致之故云皆剛柔始交之所爲也若取屯難則坎爲險則上云動乎險中是也若取亨通則坎爲雨震爲動此云雷雨之動是也隨義而取象其例不一

注屯體至建侯　正義曰屯體不寧者以此屯遭險難其體不寧故宜建侯也造物之始始于冥昧者造物之始即天造草昧也草謂草創初始之義始於冥昧者言物之初造其形未著其體未彰故在幽冥闇昧也　象曰雲雷至經綸　正義曰經謂經緯綸謂繩綸言君子法此屯象有爲之時以經綸天下約束於物故云君子以

經綸也姚信云綸謂緯也以織綜經緯也此君子之事非其義也劉表鄭玄云以綸爲論字非王本意也

初九磐桓至得民也

正義曰磐桓不進之貌處屯之初動即難生故磐桓也不可進唯宜利居處貞正亦宜建立諸侯象曰雖磐桓志行正者言初九雖磐桓不進非苟求宴安志欲以靜息亂故居處貞也非是苟貪逸樂唯志行守正也以貴下賤大得民者貴謂陽也賤謂陰也言初九之陽在三陰之下是以貴下賤屯難之世民思其主之時既能以貴下賤所以大得民心也

注處屯至得民也

正義曰息亂以靜者解利居貞也守靜以侯者解利建侯也安民在正者解貞也弘正在謙者取象其以貴下賤也言弘大此屯正在於謙也陰求於陽弱求於强者解大得民也

注不可至行正也

正義曰非爲宴安棄成務者言已止爲前進有難故磐桓且住非是苟求宴安棄此所成之務而不爲也言身雖住但欲以靜息亂也

六二屯如至反常也

正義曰屯如邅如者屯是屯難邅是邅迴如是語辭也言六二欲應於九五即畏初九逼之不敢前進故屯如邅如也乘馬班如者子夏

傳云班如者謂相牽不進也馬季長云班班旋不進也言二欲乘馬往適於五正道未通故班旋而不進也匪寇婚媾者寇謂初也言二非有初九與己作寇害則得共五爲婚媾矣馬季長云重婚曰媾鄭玄云媾猶會也女子貞不字者貞正也女子謂六二也女子以守貞正不受初九之愛字訓愛也十年乃字者十年難息之後即初不害己也乃得往適於五受五之字愛十者數之極數極則變故云十年也象曰六二之難乘剛也者釋所以屯如邅如也有畏難者以其乘陵初剛不肯從之故有難也十年乃字反常者謂十年之後屯難止息得反常者謂反常道即二適于五是其得常也已前有難不得行常十年難息得反歸於常以適于五也此爻因六二之象以明女子婚媾之事即其餘人事亦當法此猶如有人逼近於強雖遠有外應未敢苟進被近者所陵經久之後乃得與應相合是知萬事皆象於此非唯男女而已諸爻所云陰陽男女之象義皆倣於此　六三即鹿至吝窮也　正義曰即鹿无虞者即就也虞謂虞官如人之田獵欲從就於鹿當有虞官助己商度形勢可否乃始得鹿若无虞官

即鹿入于林木之中必不得鹿故云唯入于林中此是假物爲喻今六三欲往從五如就鹿也五自應二今乃不自揆度彼五之情納已以否是无虞也即徒往向五五所不納是徒入于林中君子幾不如舍者幾辭也夫君子之動自知可否豈取恨辱哉見此形勢即不如休舍也言六三不如舍此求五之心勿往也往吝者若往求五即有悔吝也象曰即鹿无虞以從禽者言就鹿當有虞官即有鹿也若无虞官以從逐于禽亦不可得也君子舍之往吝窮者君子見此之時當舍而不往若往則有悔吝窮苦也　注三既近五至吝窮也

正義曰見路之易不揆其志者三雖比四四不害己身无屯邅是路之平易即意欲向五而不預先揆度五之情意納已以否是无虞也獵人先遣虞官商度鹿之所在猶若三欲適五先遣人測度五之情意幾爲語辭不爲義也知此幾不爲事之幾微凡幾微者乃從无向有其事未見乃爲幾也今即鹿无虞是已成之事事已顯著故不得爲幾微之幾　六四乘馬至往明也　正義曰乘馬班如求婚媾往吉无不利者六四應初故乘馬也慮二妨已路故初時班如旋

也二既不從於初故四求之爲婚必得媾合所以往吉无不利象曰求而往明者言求初而往婚媾明識初與二之情狀知初納己知二不害己志是其明矣　九五屯其至施未光也　正義曰屯其膏者膏謂膏澤恩惠之類言九五既居尊位當恢弘博施唯繫應在二而所施者褊狹是屯難其膏小貞吉大貞凶者貞正也出納之吝謂之有司是小正爲吉若大人不能恢弘博施是大正爲凶

注處屯至貞之凶　正義曰固志同好不容他間者間者厠也五應在二是堅固其志在于同好不容他人間厠其間也　上六乘馬至何可長也　正義曰處險難之極而下无應援若欲前進即无所之適故乘馬班如窮困闉厄无所委仰故泣血漣如象曰何可長者言窮困泣血何可久長也

䷃ 坎下艮上 蒙亨至利貞

正義曰蒙者微昧闇弱之名物皆蒙昧唯願亨通故云蒙亨匪我求童蒙童蒙求我者物既闇弱而意願亨通即明者不求於闇即匪我師德之高明往求童蒙之闇但闇者求明明者不諮於闇故云童蒙

求我也初筮告者初者發始之辭筮者決疑之物童蒙旣來求我我當以初始一理剖決告之再三瀆瀆則不告者師若遲疑不定或再或三是褻瀆瀆則不告童蒙來問本爲決疑師若以廣深二義再三之言告之即童蒙聞之轉亦瀆亂故不如不告也自此已上解蒙亨之義順此上事乃得亨也故亨文在此事之上也不云元者謂時當蒙弱未有元也利貞者貞正也言蒙之爲義利以養正故彖云蒙以養正乃聖功也若養正以明即失其道也

注筮者至夫疑者也　正義曰初筮則告者童蒙旣來求我我當以初心所念所筮之義一理而則告之再三則瀆瀆蒙也者若以棄此初本之意而猶豫遲疑歧頭別說則童蒙之人聞之褻瀆而煩亂也故再三則瀆瀆蒙也能爲初筮其唯二乎者以彖云初筮告以剛中者剛而得中故知是二也

注蒙之至失其道矣　正義曰然則養正以明失其道者言人雖懷聖德若隱默不言人則莫測其淺深不知其大小所以聖德彌遠而難測矣若彰顯其德苟自發明即人知其所爲識其淺深故明夷注云明夷莅衆顯明於外巧所避是也此卦繫辭皆以人事明之

彖曰蒙山至聖功也　正義曰山下有險者坎在艮下是山下有
險艮為止坎上遇止是險而止也恐進退不可故蒙昧也此釋蒙卦
之名蒙亨以亨行時中者疊蒙亨之義言居蒙之時人皆願亨若以
亨道行之于時則得中也故云時中也匪我求童蒙童蒙求我志應
者以童蒙闇昧之志而求應會明者故云志應也再三瀆瀆則不告
瀆蒙者所以再三不告恐瀆亂蒙者自此已上彖辭揔釋蒙亨之義
蒙以養正聖功也者能以蒙昧隱默自養正道乃成至聖之功此一
句釋經之利貞　象曰山下至育德　正義曰山下出泉蒙者
山下出泉未有所適之處是險而止故蒙昧之象也君子以果行育
德者君子當法此蒙道以果決其行告示蒙者則初筮之義育德謂
隱默懷藏不自彰顯以育養其德果行育德者自相違錯若童蒙來
問則果行也尋常處衆則育德是不相須也　初六發蒙至以正
法也　正義曰發蒙者以初近於九二二以陽處中而明能照闇
故初六以能發去其蒙也利用刑人用說桎梏者蒙既發去无所疑
滯故利用刑戮于人又利用說去罪人桎梏以蒙既發去疑事顯明

刑人說梏皆得當在足曰桎在手曰梏小雅云杻謂之梏械謂之桎
以往吝者若以正道而往即其事益善矣若以刑人之道出往行之
即有鄙吝象曰利用刑人以正法者且刑人之道乃賊害於物是道
之所惡以利用刑人者以正其法制不可不刑矣故刑罰不可不施
於國鞭扑不可不弛於家案此經刑人說二事象直云利用刑人
一者但舉刑重故也　九二包蒙至柔接也　正義曰包蒙吉
納婦吉子克家者包謂包含九二以剛居中羣蒙悉來歸己九二能
含容而不距皆與之決疑故得吉也九二以剛居中陰來應之婦謂
配也故納此匹配而得吉也此爻在下體之中能包蒙納婦在內理
中幹了其任即是子孫能克荷家事故云子克家也象曰子克家剛
柔接者以陽居於卦內接待羣陰是剛柔相接故克幹家事也
任以剛至之義　正義曰親而得中也言九二居下卦之中央上
下俱陰以己之剛陽迎接上下二陰陰來歸己故云親而得中也能
幹其任者既能包蒙又能納匹是能幹其任　六三勿用至不順也
正義曰勿用取女者女謂六三言勿用取此六三之女所以不須取

者此童蒙之世陰求於陽是求䝉之時也見金夫者謂上九以其剛陽故稱金夫此六三之女自往求見金夫女之爲體正行以待命而嫁今先求於夫是爲女不能自保其躬固守貞信乃非禮而動行既不順若欲取之无所利益故云不有躬无攸利也象曰勿用取女行不順者釋勿用取女之義所以勿用取此女者以女行不順故也

六四困蒙至遠實也　正義曰此釋六四爻辭也六四在兩陰之中去九二既遠无人發去其童蒙故曰困于蒙昧而有鄙吝象曰獨遠實者實謂九二之陽也九二以陽故稱實也六三近九二六五近上九又應九二唯此六四既不近二又不近上故云獨遠實也

注陽稱實者　正義曰陽主生息故稱實陰主消損故不得言實

六五童蒙至以巽也　正義曰童蒙吉者言六五以陰居於尊位其應在二二剛而得中五則以事委任於二不勞己之聰明猶若童稚蒙昧之人故所以得吉也象曰順以巽者釋童蒙之吉巽亦順也猶委物於二順謂心順巽謂貌順故褚氏云順者心不違也巽者外迹相卑下也

注委物至以巽也　正義曰委物以能謂委付

事物與有能之人謂委二也不先不爲者五雖居尊位而事委任於二不在二先而首唱是順於二也不爲者謂不自造爲是委任二也不先於二是心順也不自造爲是貌巽也　上九擊蒙至上下順也

正義曰擊蒙不利爲寇利禦寇者處蒙之終以剛居上能擊去衆陰之蒙合上下之願故莫不順從也若因物之來即欲取之而爲寇害物皆叛矣故不利爲寇也若物從外來爲之扞禦即物咸附之故利用禦寇也象曰利用禦寇上下順者所宜利爲物禦寇者由上下順從故也言此爻既能發去衆蒙以合上下之願又能爲之禦寇故上下彌更順從也

䷄乾下坎上需有孚至大川

正義曰此需卦繇辭也需者待也物初蒙稚待養而成无信即不立所待唯信也故云需有孚言需之爲體唯有信也光亨貞吉者若能有信即需道光明物得亨通于正則吉故云光亨貞吉也利涉大川者以剛健而進即不息於險乾德乃亨故云利涉大川　彖曰需須至有功也　正義曰此釋需卦繇辭需須也險在前者釋需卦

之名也是需待之義故云需須也險在前釋所以需待由險難在前故有待乃進也剛健而不陷其義不困窮矣者解需道所以得亨由乾之剛健前雖遇險而不被陷滯是其需待之義不有困窮矣故得光亨貞吉由乾之德也需有孚光亨貞吉位乎天位以中正者此疊出需卦繇辭然後釋之也言此需體非但得乾之剛彊而不陷又由中正之力也以九五居乎天子之位又以陽居陽正而得中故能有信光明亨通而貞吉也剛健而不陷只由二象之德位乎天位以正中是九五之德也凡卦之爲體或直取象而爲卦德者或直取爻而爲卦德者或以兼象兼爻而爲卦德者此卦之例是也利涉大川往有功者釋利涉大川之義以乾剛健故行險有功也　注謂五至貞吉　正義曰需道畢矣者凡需待之義先須於信後乃光明亨通於物而貞吉能備此事是須道終畢五即居於天位以陽居尊中則不偏正則无邪以此待物即所爲皆成故須道畢矣　注乾德至輒亨也　正義曰前云剛健而不陷此云往有功剛健即乾也故乾德獲進往而有功即是往輒亨通也此雖釋利涉大川兼釋上

光亨之義由是光亨乃得利涉大川故於利涉大川乃明亨也

象曰雲上至宴樂　正義曰坎既爲險又爲雨　今不言險雨者此象不取險難之義也故不云險也雨是已下之物不是須待之義故不云雨也不言天上有雲而言雲上於天者若是天上有雲无以見欲雨之義故云雲上於天若言雲上於天是天之欲雨待時而落所以明需天惠將施而盛德又亨故君子於此之時以飲食宴樂

初九需于郊至未失常也　正義曰但難在於坎初九去難既遠故待時在于郊郊者是境上之地亦去水遠也利用恒无咎者恒常也遠難待時以避其害故宜利保守其常所以无咎猶不能見幾遠進但得无咎而已象曰不犯難行者去難既遠故不犯難而行未失常者不敢速進遠難待時是未失常也

九二需于至吉終　正義曰沙是水傍之地去水漸近待時于沙故難稍近雖未致寇而小有言以相責讓近不逼難遠不後時但履健居中以待要會雖小有責讓之言而終得其吉也象曰須于沙衍在中者衍謂寬衍去難雖近猶未逼于難而寬衍在其中也故雖小有言以吉終也

九三需于泥至不敗也　正義曰泥者水傍之地泥溺之處逼近於難欲進其道難必害己故致寇至猶且遲疑而需待時雖即有寇至亦未爲禍敗也象曰災在外者釋需于泥之義言爲需雖復在泥泥猶居水之外即災在身外之義未陷其剛之義故可用需以免自我致寇敬慎不敗者自由也由我欲進而致寇來己若敬慎則不有禍敗　六四需于血至以聽也　正義曰需于血者謂陰陽相傷故有血也九三之陽而欲上進此六四之陰而塞其路兩相妨害故稱血言待時于血猶待時於難中也出自穴者穴即陰之路也而處坎之始是居穴者也三來逼己四不能距故出此所居之穴以避之旦順以聽命而得免咎也故象云需於血順以聽命也　注凡稱血至自穴也　正義曰凡稱血者陰陽相傷者也即坤之上六其血玄黃是也穴者陰之路也者凡孔穴穿道皆是幽隱故云陰之路也處坎之始居穴者坎是坎險若處坎之上即是出穴者也處坎之始是居穴者也但易含萬象此六四一爻若以戰鬭言之其出則爲血也若以居處言之其處則爲穴也穴之與血各隨事義也

九五需于酒至中正也　正義曰需于酒食貞吉者五既爲需之主已得天位无所復需但以需待酒食以遞相宴樂而得貞吉象曰酒食貞吉以中正者釋酒食貞吉之義言九五居中得正需道亨通上下无事也

上六入于至大失也　正義曰上六入于穴者上六陰爻故亦稱穴也上六與三相應三來之已不爲禍害乃得爲己援助故上六无所畏忌乃入于穴而居也有不速之客三人來者速召也不須召喚之客有三人自來三人謂初九九二九三此三陽務欲前進但畏于險難不能前進其難既通三陽務欲上升不須召喚而自來故云有不速之客三人來也敬之終吉者上六居无位之地以一陰而爲三陽之主不可怠慢故須恭敬此三陽乃得終吉象曰雖不當位未大失者釋敬之終吉之義言己雖不當位而以一陰爲三陽之主若不敬之則有凶害今由己能敬之雖不當位亦未有大失言初時雖有小失終久乃獲吉故云未大失也且需之一卦須待難通其於六爻皆假他物之象以明人事待通而亨須待之義且凡人萬事或有去難遠近須出須處法此六爻即萬事盡矣不可皆

以人事曲細比之易之諸爻之例並皆倣此

䷅坎下乾上　訟有孚至大川

正義曰訟有孚窒惕中吉者窒塞也惕懼也凡訟者物有不和情相乖爭而致其訟凡訟之體不可妄興必有信實被物止塞而能惕懼中道而止乃得吉也終凶者訟不可長若終竟訟事雖復窒惕亦有凶也利見大人者物既有訟須大人決之故利見大人也不利涉大川者以訟不可長若以訟而往涉危難必有禍患故不利涉大川

彖曰訟上至于淵也　正義曰此釋繇辭之義訟上剛下險險而健訟者上剛即乾也下險即坎也猶人意懷險惡性又剛健所以訟也此二句因卦之象以顯有訟之所由案上需須也以釋卦之名此訟卦不釋訟名者訟義可知故不釋也諸卦其名難者則釋之其名易者則不釋之他皆倣此訟有孚窒惕中吉剛來而得中者先疊出訟之繇辭以剛來而得中者釋所以訟得其有孚窒惕中吉者言由九二之剛來向下體而處下卦之中爲訟之主而聽斷獄訟故訟者得其有孚窒惕中吉也終凶訟不可成者釋終凶之義以爭訟之事

不可使成故終凶也利見大人尚中正者釋利見大人之義所以於
訟之時利見此大人者以時方鬬爭貴尚居中得正之主而聽斷之
不利涉大川入于淵者釋不利涉大川之義若以訟事往涉于川即
必隊于深淵而陷于難也　注凡不和至應斯任　正義曰无
施而可者言若性好不和又與人鬬訟即无處施設而可也言所往
之處皆不可也涉難特甚焉者言好訟之人習常施爲已自不可若
更以訟涉難其不可特甚焉故云涉難特甚焉中乃吉者謂此訟事
以中途而止乃得吉也前注云可以獲中吉謂獲中止之吉不閉其
源使訟不至者若能謙虛退讓與物不競即此是閉塞訟之根源使
訟不至也今不能如此是不閉塞訟源使訟得至也雖每不枉而訟
至終竟者謂雖每訴訟陳其道理不有枉曲而訟至終竟此亦凶矣
象曰天與至謀始　正義曰天道西轉水流東注是天與水相違
而行相違而行象人彼此兩相乖戾故致訟也不云水與天違行者
凡訟之所起必剛健在先以爲訟始故云天與水違行也君子以作
事謀始者物既有訟言君子當防此訟源凡欲興作其事先須謀慮

其始若初始分職分明不相干涉即終无所訟也　注聽訟至不責於人　正義曰訟之所以起契之過者凡鬬訟之起只由初時契要之過謂作契要不分明有德司契者言上之有德司主契要而能使分明以斷於下亦不須責在下之人有爭訟也有德司契之文出老子經也　初六不永至辯明也　正義曰不永所事者永長也不可長久爲鬬訟之事以訟不可終也小有言終吉者言初六應于九四然九四剛陽先來非理犯己初六陰柔見犯乃訟雖不能不訟是不獲已而訟也故小有言以處訟之始不爲訟先故終吉象曰訟不可長者釋不永所事以訟不可長故一不長此鬬爭之事其辯明者釋小有言以訟必辯析分明四雖初時犯己已能辯訟道理分明故初時小有言也　注處訟之始不爲訟先者　正義曰處訟之始者始入訟境言訟事尚微故云處訟之始也不爲訟先者言己是陰柔待唱乃和故云不爲訟先也　九二不克至患至掇也　正義曰不克訟者克勝也以剛處訟不能下物自下訟上與五相敵不勝其訟言訟不得勝也歸而逋其邑者訟既不勝怖懼還歸逋竄

其邑若其邑強大則大都偶國非逋竄之道人三百戶无眚者若其邑狹少唯三百戶乃可也三百戶者鄭注禮記云小國下大夫之制又鄭注周禮小司徒云方十里爲成九百夫之地溝渠城郭道路三分去其一餘六百夫又以田有不易有一易有再易定受田三百家即此三百戶者一成之地也鄭注云不易之田歲種之一易之田休一歲乃種再易之地休二歲乃種言至薄也苟自藏隱不敢與五相敵則无災眚象曰歸逋竄者釋歸而逋邑以訟之不勝故退歸逋竄也患至掇也者掇猶拾掇也自下訟上悖逆之道故禍患來至若手自拾掇其物言患必來也故王肅云若手拾掇物然　注以剛至災未免也　正義曰若能以懼歸竄其邑乃可免災者如此注意則經稱其邑二字連上爲句人三百戶合下爲句　六三食舊至從上吉也　正義曰食舊德者六三以陰柔順從上九不爲上九侵奪故保全己之所有故食其舊日之德祿位貞厲者貞正也厲危也居爭訟之時處兩剛之閒故須貞正自危厲故曰貞厲然六三柔體不爭係應在上衆莫能傾故終吉也或從王事无成者三應於上上

則壯而又勝故六三或從上九之王事不敢觸忤无敢先成故云无
成象曰從上吉者釋所以食舊德以順從上九故得其吉食舊德也
九四不克至不失也　正義曰不克訟者九四既非理陵犯於初
初能分辯道理故九四訟不勝也復即命渝者復反也即就也九四
訟既不勝若能反就本理變前與初爭訟之命能自渝變休息不與
初訟故云復即命渝安貞吉者既能反從本理渝變往前爭訟之命
即得安居貞吉象曰安貞不失者釋復即命渝之義以其反理變命
故得安貞之吉不失其道　注處上至吉從之　正義曰若能
反從本理者釋復即之義復反也即從也本理謂原本不與初訟之
理當反從此原本不爭之　反從本理變前之命者解命渝也
渝變也但倒經渝字在命　變前之命前命者謂往前共初相
訟之命也今乃變之也安　者謂四安居貞正不復犯初故云
安貞不犯爲仁由己故吉從之　爲仁由己論語文初不犯己己莫
陵於初是爲仁義之道自由於己故云爲仁由己　九五訟元吉
以中正也　正義曰訟元吉者處得尊位中而且正以斷獄訟故

得元吉也象曰以中正也者釋元吉之義所以訟得大吉者以九五處中而得正位中則不有過差正則不有邪曲中正為德故元吉

注處得至元吉　正義曰處得尊位為訟之主者居九五之位當爭訟之時是主斷獄訟者也然此卦之內斷獄訟之人凡有二主案上注云善聽之主其在二乎是二為主也此注又云為訟之主用其中正以斷枉直是五又為主也一卦兩主者凡諸卦之內如此者多矣五是其卦尊位之主餘爻是其卦為義之主猶若復卦初九是復卦之主復義在于初九也六五亦居復之尊位為復卦尊位之主如此之例非一卦也所以然者五居尊位猶若天子揔統萬機與萬物為主故諸卦皆五居尊位諸爻則偏主一事猶若六卿春官主禮秋官主刑之類偏主一事則其餘諸爻各主一事也即六卿揔歸於天子諸卦之爻皆以九五為尊位也若卦由五位五又居尊正為一主也若比之九五之類是也今此訟卦二既為主五又為主皆有斷獄之德其五與二爻其義同然也故俱以為主也案上象辭剛來而得中今九五象辭云訟元吉以中正何知象辭剛來得中非據九五也

輔嗣必以爲九二者凡上下二象在於下象者則稱來故賁卦云柔來而文剛是離下艮上而稱柔來今此云剛來而得中故知九二也且凡云來者皆據異類而來九二在二陰之中故稱來九五在外卦又三爻俱陽不得稱來若於爻辭之中亦有從下卦向上卦稱來也故需上六有不速之客三人來謂下卦三陽來然需上六陰爻陽來詣之亦是往非類而稱來也以斷枉直者枉曲也凡二人來訟必一曲一直此九五聽訟能斷定曲直者故云以斷枉直　上九或錫至敬也　正義曰或錫之鞶帶者上九以剛居上是訟而得勝者若以謙讓蒙錫則可長保有若因訟而得勝雖或錫與鞶帶不可長久終一朝之間三被褫脫故云終朝三褫之象曰以訟受服亦不足敬者釋終朝三褫之義以其因訟得勝受此錫服非德而受亦不足可敬故終朝之間三被褫脫也凡言或者或之言有也言或有如此故言或則上云或從王事无成及坤之六三或從王事无成之類是也鞶帶謂大帶也故杜元凱桓二年傳鞶厲旒纓注云鞶大帶也此訟一卦及爻辭並以人事明之唯不利涉大川假外物之象以喻

人事

周易正義卷第三

計一萬二千八百三十二字

周易正義卷第四

國子祭酒上護軍曲阜縣開國子臣孔　穎達奉

勅撰

䷆坎下坤上師貞丈人吉无咎　正義曰師貞丈人吉无咎者師衆也貞正也丈人謂嚴莊尊重之人言爲師之正唯得嚴莊丈人監臨主領乃得吉无咎若不得丈人監臨之衆不畏懼不能齊衆必有咎害

注丈人至乃无咎也　正義曰興役動衆无功罪者監臨師衆當以威嚴則有功勞乃得无咎若其不以威嚴師必无功而有其罪故云興役動衆无功罪也

彖曰師衆至何咎矣　正義曰師衆也貞正也能以衆正可以王矣者此釋師卦之名并明用師有功之義但師訓既多或訓爲法或訓爲長恐此師名取法之與長故特明之師訓爲衆也貞爲正也貞之爲正其義已見於此復云貞正者欲見齊衆必須以正故訓貞爲正也與下文爲首引之勢故云能以衆正可以王矣剛中而應者剛中謂九二而應謂六五行險而順者行險謂下體坎也而順謂上體坤也若剛中而无應或有應而不剛中

或行險而不柔順皆不可行師得吉也以此毒天下而民從之吉又何咎矣者毒猶役也若用此諸德使役天下之衆人必從之以得其吉又何无功而咎責乎自剛中以下釋丈人吉无咎也言丈人能備此諸德也　象曰地中至畜衆　正義曰君子以容民畜衆者言君子法此師卦容納其民畜養其衆若爲人除害使衆得寧此則容民畜衆也又爲師之主雖尚威嚴當赦其小過不可純用威猛於軍師之中亦是容民畜衆之義所以象稱地中有水欲見地能包水水又衆大是容民畜衆之象若其不然或當云地在水上或云上地下水或云水上有地今云地中有水蓋取容畜之義也　初六師出至失律凶也　正義曰初六師出以律者律法也初六爲師之始是整齊師衆者也既齊整師衆使師出之時當須以其法制整齊之故云師出以律也否臧凶者若其失律行師无問否之與臧皆爲凶也否謂破敗臧謂有功然否臧破敗則是凶也何須更云否臧凶者本意所明雖臧亦凶臧文既單故以否配之欲盛言臧凶不可單言故云否之與臧皆爲凶也象曰失律凶者釋師出以律之義言所

以必須以律者以其失律則凶反經之文以明經義　注云爲師
至皆凶　正義曰爲師之始齊師者也者以師之初爻故云爲師
之始在師之首先唱發始是齊整師衆者也失律而臧何異於否者
若棄失法律不奉法而行雖有功而臧何異於否也失令有功法所
不赦者解何異於否之義令則法律也若失此法令雖有功勞軍法
所不容赦故云何異於否然閫外之事將軍所裁臨事制宜不必皆
依君命何得有功法所不赦者凡爲師之體理非一端量事制宜隨
時進退此則將軍所制隨時施行若苟順私情故違君命犯律觸法
則事不可赦耳　九二在師至萬邦也　正義曰在師中吉者
以剛居中而應於五是在師中吉也无咎者承上之寵爲師之主任
大役重无功則凶故吉乃无咎王三錫命者以其有功故王三加錫
命象曰承天寵者釋在師中吉之義也正謂承受五之恩寵故中吉
也懷萬邦也者以其有功能招懷萬邦故被王三錫命也　注以
剛至成命　正義曰在師而得中者觀注之意以在師中爲句其
吉字屬下觀象之文在師中吉承天寵者則似吉字屬上此吉之一

字上下兼該故注文屬下象文屬上但象略其无咎之字故吉屬師
中也故乃得成命者案曲禮云三賜不及車馬一命受爵再命受服
三命受車馬三賜三命而尊之得成故乃得成命也　六三師或
至无功也　正義曰師或輿尸凶者以陰處陽以柔乘剛進无所
應退无所守以此用師或有輿尸之凶象曰大无功也者釋輿尸之
義以其輿尸則大无功也　注以陰至之凶　正義曰退无所
守者倒退而下乘二之剛已又以陰居陽是退无所守　六四師
左至失常也　正義曰師左次无咎者六四得位而无應无應不
可以行得位則可以處故云師左次无咎故師在高險之左以次止
則无凶咎也象曰未失常者釋无咎之義以其雖未有功未失常道
注得位至故左次之　正義曰行師之法欲右背高者此兵法也
故漢書韓信云兵法欲右背山陵前左水澤　六五田有至不當也
正義曰田有禽利執言者柔得尊位陰不先唱柔不犯物犯而後應
往必得直故往即有功猶如田中有禽而來犯苗若往獵之則无咎
過也人之脩田非禽之所犯王者守國非叛者所亂禽之犯苗則可

猶取叛人亂國則可誅之此假他象以喻人事故利執言无咎已不直則有咎已今得直故可以執此言往問之而无咎也長子帥師弟子輿尸貞凶者以己是柔不可爲軍帥己又是陰身非剛武不可以親行故須役任長子弟子之等若任役長子則可以帥師若任用弟子則軍必破敗而輿尸是爲正之凶莊氏云長子謂九二德長於人弟子謂六三德劣於物今案象辭云長子帥師以中行也是九二居中也弟子輿尸使不當也謂六三失位也　注往必得直

正義曰往必得直者見犯乃行欲往征之則於理正直故云往必得直

上六大君至亂邦也　正義曰大君有命者上六處師之極是師之終竟也大君謂天子也言天子爵命此上六若其功大使之開國爲諸侯若其功小使之承家爲卿大夫小人勿用者言開國承家須用君子勿用小人也象曰大君有命以正功也者正此上六之功也小人勿用必亂邦也者若用小人必亂邦國故不得用小人也

䷇坤下坎上　比吉至後夫凶　正義曰比吉者謂能相親比而得其吉原筮元永貞无咎者欲相親比必能原窮其情筮決其意唯有元大

永長貞正乃得无咎元永貞者謂兩相親比皆須永貞不寧方來者比是寧樂之時若能與人親比則不寧之方皆悉歸來後夫凶者夫語辭也親比貴速若及早而來人皆親已故在先者吉若在後而至者人或疏已親比不成故後夫凶或以夫爲丈夫謂後來之人也

彖曰比吉至道窮也　正義曰比吉也者釋親比爲善言相親比而得吉也比輔也者釋比所以得吉由比者人來相輔助也下順從者在下之人順從於上是相輔助也謂衆陰順從九五也自此已上釋比名爲吉之義原筮元永貞无咎以剛中者釋原筮元永貞无咎之義所以得如此者以九五剛而處中故使比者皆得原筮元永貞无咎也不寧方來上下應者釋不寧方來之義以九五處中故上下羣陰皆來應之於此之時陰往比陽羣陰未得其所皆未寧也後夫凶其道窮者釋後夫凶他悉親比已獨後來比道窮困无人與親故其凶也此謂上六也　注處比至九五乎　正義曰將原筮以求无咎其唯元永貞乎者原謂原窮比者根本筮謂筮決求比之情以求久長无咎其唯元永貞乎元大也永長也爲已有大長貞正乃

能原筮相親比之情得久長而无咎謂彼此相親比也若不遇其主則雖永貞而猶未足免於咎者若不逢遇明主則彼此相求比者雖各懷永貞而猶未足免離於咎雖有永貞而无明主照察不被上知相親涉於朋黨故不免咎也使永貞而无咎者其唯九五乎者使比者得免咎保永貞久而无咎其唯九五乎以九五爲比之主剛而處中能識此者之情意故使比者得保永貞无凶咎也

注將合至以凶也　正義曰親成則誅者彼此相比皆速來爲親親道已成已獨在後而來衆則嫌其離貳所以被誅而凶也

象曰地上至諸侯　正義曰建萬國親諸侯非諸侯已下之所爲故特云先王也建萬國謂割土而封建之親諸侯謂爵賞恩澤而親友之萬國據其境域故曰建也諸侯謂其君身故云親也地上有水猶域中有萬國使之各相親比猶地上有水流通相潤及物故云地上有水比也

初六有孚至它吉也　正義曰有孚比之无咎者處比之始爲比之首若无誠信禍莫大焉必有誠信而相親比終始如一爲之誠信乃得无咎有孚盈缶終來有它吉者身處比之首應不在一心无私吝莫

不比之有此孚信盈溢質素之缶以此得物物皆歸向從始至終尋
常恒來非唯一人而已更有它人並來而得吉故云終來有它吉也
此假外象喻人事也　注應不在一心无私吝　正義曰應不
在一者初六无應是應不在一故心无私吝也若心有偏應即私有
愛吝也以應不在一故心无私吝也　六二比之至不自失也
正義曰比之自内貞吉者居中得位係應在五不能使它悉來唯親
比之道自在其内獨與五應但貞吉而已不如初六有它吉也象曰
不自失者釋比之自内之義不自失其所應之偶故云比之自内不
自失也　六三比之匪人至傷乎　正義曰比之匪人不亦傷
乎者言六三所比皆非己親之人四自外比二爲五應近不相得遠
又无應是所欲親比皆非其親是以悲傷也　六四外比之至從
上也　正義曰六四上比於五故外比也居得其位比不失賢所
以貞吉凡下體爲内上體爲外六四比五故云外比也象曰外比於
賢以從上也者九五居中得位故稱賢也五在四上四往比之是以
從上也　九五顯比至使中也　正義曰五應於二顯明比道

不能普徧相親是比道狹也王用三驅失前禽者此假田獵之道以喻顯比之事凡三驅之禮禽向己者則舍之背己者則射之是失於前禽也顯比之道與己相應者則親之與己不相應者則踈之與三驅田獵愛來惡去相似故云王用三驅失前禽也言顯比之道似於此也邑人不誡吉者雖不能廣普親比於自己相親之處不妄加討罰所以己邑之人不須防誡而有吉也至于邑人不誡而爲吉非是大人弘闊之道不可爲大人之身但可爲大人之使象曰顯比之吉位正中者所以顯比得吉者以所居之位正而且中故云顯比之吉舍逆取順失前禽也者禽逆來向己者則舍之而不害禽順去背己而走者則射而取之是失前禽也邑人不誡上使中者釋邑人不誡之義所以己邑之人不須防誡止由在上九五之使得其中正之人伐不加邑動必討叛不横加无罪止由在上使中也中謂九五也此九五雖不得爲王者之身堪爲王者之使以居中位故云上使中也

注爲比至之道　正義曰夫之與來皆无失者若比道弘闊不偏私於物唯賢是親則背己去者與來向己者皆悉親附无所失也言

去亦不失來亦不失夫三驅之禮者先儒皆云三度驅禽而射之也三度則已今亦從之去則射之褚氏諸儒皆以爲三面著人驅禽必知三面者禽唯有背己向己趣己故左右及於後皆有驅之愛於來而惡於去者來則舍之是愛於來也去則射之是惡於去也故其所施常失前禽者言獨比所應則所比爲失如三驅所施愛來憎去則失在前禽也用其中正征討有常伐不加邑動必討叛者此九五居中得正故云用其中正也心既中正不妄喜怒故征伐有常也所伐之事不加親己之邑興師動衆必欲討其叛逆二以其顯比親者伐所不加也叛者必欲征伐也云雖不得乎大人之吉是顯比之吉者以象云顯比之吉其比狹也若大人之吉則比道弘通也可以爲上之使非爲上之道者九五居上之位若爲行如此身雖爲王止可爲上使之人非是爲王之道故云非爲上之道

上六比之无首至所終　正義曰无首凶者謂无能爲頭首它人皆比己獨在後是親比於人无能爲頭首也它人皆比親道已成己獨在後衆人所棄宜其凶也象曰无所終者釋比之无首既不能爲比之初首被人所

棄故无能與之共終也

䷈乾下巽上小畜亨至西郊　正義曰小畜亨者但小有所畜唯畜九三而已初九九二猶剛健得行是以剛志上得亨通故云小畜亨也若大畜乾在於下艮在於上艮是陽卦又能止物能止此乾之剛健所畜者大故稱大畜此卦則巽在於上乾在於下巽是陰柔性又和順不能止畜在下之乾唯能畜止九三所畜狹小故名小畜密雲不雨者若陽之上升陰能畜止兩氣相薄則為雨也今唯能畜止九三其氣被畜但為密雲初九九二猶自上通所以不能為雨也自我西郊者所聚密雲由在我之西郊去我既遠潤澤不能行也但聚在西郊而已

彖曰小畜至未行也　正義曰柔得位而上下應之曰小畜者柔得位謂六四也以陰居陰故稱得位此卦唯有一陰上下諸陽皆來應之故曰小畜此釋小畜卦名也言此卦之畜六四唯畜其下九三初九九二猶不能擁畜而云上下應之者若細別而言小畜之義唯當畜止在下三陽猶不能畜盡但畜九三而已若大判而言之上下五陽揔應六四故云上下應之其四雖應何妨揔不能

畜止剛健也健而巽剛中而志行乃亨者内既剛健而外逢柔順剛
發於中不被擁抑而志意得行以此言之故剛健之志乃得亨通此
釋亨也密雲不雨尚往者所以密雲不雨者不能畜止諸陽初九九
二猶得上進陰陽氣通所以不雨釋密雲不雨也自我西郊施未行
者釋自我西郊之義所以密雲不雨從我西郊而積聚者猶所施潤
澤未得流行周徧故不覆國都但遠聚西郊也然雲在國都而不雨
亦是施未行也必云在西郊者若在國都雨雖未落猶有覆蔭之施
不得云施未行今言在西郊去施遠也　注小畜至既處
正義曰九三更以不能復爲劣者初九既得復道九二可牽以獲復
皆得剛健上通則是陰不能固陽而九三劣弱又不能自復則是陽
不薄陰是以皆不雨也且小畜之義貴於上往而九三不能自復更
爲劣弱故言九三更不能復爲劣也能固其路而安於上者謂上九
能閉固九三之道路不被九三所陵得安於上所以既雨既處也故
舉一卦而論之能爲小畜密雲而已者此明卦之與爻其義别也但
卦揔二象明上體不能閉固下體所以密雲不能爲雨爻則止明一

爻之事上九能固九三所以上九而有雨也所以卦與爻其義異也諸卦多然若比卦云比吉上六則云比之无首凶也復卦云復亨上六云迷復凶也此皆卦之與爻義相違反它皆倣此　象曰風行至文德　正義曰君子以懿文德者懿美也以於其時施未得行喻君子之人但脩美文德待時而發風爲號令若風行天下則施附於物不得云施未行也今風在天上去物既遠无所施及故曰風行天上凡大象君子所取之義或取二卦之象而法之者若地中有水師君子以容民畜衆取卦象包容之義若履卦象云上天下澤履君子以辯上下取上下尊卑之義如此之類皆取二象君子法以爲行也或直取卦名因其卦義所有君子法之須合卦義行事者若訟卦云君子以作事謀始防其所訟之源不取天與水違行之象若小畜君子以懿文德不取風行天上之象餘皆倣此　初九復自至其義吉也　正義曰處乾之始以升巽初四爲己應以陽升陰反復於上自用己道四則順而无違於己无咎故云復自道何其咎吉象曰其義吉者以陽升陰以剛應柔其義於理吉也　九二牽復至

自失也　正義曰牽復吉者牽謂牽連復謂反復二欲往五五非止畜之極不閉固於己可自牽連反復於上而得吉也象曰牽復在中亦不自失者既彊牽連而復在下卦之中以其得中不被閉固亦於己不自有失解牽復吉也　九三輿説輻至正室　正義曰九三欲復而進上九固而止之不可以行故車輿説其輻夫妻反目者上九體巽爲長女之陰今九三之陽被長女閉固不能自復夫妻乖戾故反目相視象曰不能正室者釋夫妻反目之義以九三之夫不能正上九之室故反目也此假象以喻人事也　六四有孚至合志　正義曰有孚血去惕出无咎者六四居九三之上乘陵於三三既務進而己固之懼三害己故有血也畏三侵陵故惕懼也但上九亦憎惡九三六四與上九同志共惡於三三不能害己故得其血去除其惕出散信能血去懼除乃得无咎象曰有孚惕出上合志者釋惕出之意所以惕出者由己與上九同合其志共惡於三也

注夫言至无咎也　正義曰夫言血者陽犯陰也者謂此卦言血陽犯陰也夫者發語之端非是摠凡之辭故需六四云需於血注云

凡稱血者陰陽相傷也則稱血者非唯陽犯陰也　九五有孚至獨富　正義曰有孚攣如者五居尊位不疑於二來而不距二既牽挽而來己又攀攣而迎接志意合同不有專固相逼是有信而相牽攣也如語辭非義類富以其鄰者五是陽爻即必富實心不專固故能用富以與其鄰鄰謂二也象曰不獨富也者釋攣如之義所以攀攣於二者以其不獨自專固於富欲分與二也　上九既雨至所疑也　正義曰既雨既處者九三欲進己能固之陰陽不通故已得其雨也既處者三不能侵不憂危害故已得其處也尚德載者體巽處上剛不敢犯爲陰之長能畜止剛健慕尚此德之積聚而運載也故云尚德載也言慕尚此道德之積載也婦貞厲者上九制九三是婦制其夫臣制其君雖復貞正而近危厲也月幾望者婦人之制夫猶如月在望時盛極以敵日也幾辭也已從上釋故於此不復言也君子征凶者陰疑於陽必見戰伐雖復君子之行而亦凶也象曰既雨既處德積載者釋既雨既處之義言所以得既雨既處者以上九道德積聚可以運載使人慕尚故云既雨既處也君子征凶有

所疑者釋君子征凶之義言所以征凶者陰氣盛滿被陽有所疑忌
必見戰伐故征凶也　注處小畜至征凶　正義曰處小畜之
極能畜者也者已處小畜盛極是閉畜者也陽不獲亨故既雨也者
陽若亨通則不雨也所以卦繇辭云小畜亨密雲不雨今九三之陽
被上九所固不獲亨通故既雨也　注夫處至征之輻　正義
曰夫巽雖不能若艮之善畜者謂雖不能如大畜艮卦在上善畜下
之乾也巽雖不能如艮之善畜故其畜小也猶不肯爲坤之順從者
謂猶不肯如泰卦坤在於上順從乾也故可得少進者謂初九九二
得前進也不可盡陵者九三欲陵上九被上九所固是不可得盡陵
也畜而不已畜極則通是以其畜之盛在于四五至于上九道乃大
行者此論大畜義也大畜畜而不已謂之大畜四爻五爻是畜之盛
極而不休已畜極則通四五畜道既極至於上九无可所畜故上九
道乃大行无所畜也小畜積極而後乃能畜者小畜之道既微積其
終極至於上九乃能畜也謂畜九三也是以四五可以進者四雖畜
初五雖畜二畜道既弱故初二可以進上九說征之輻者上九畜之

積極故能説此九三征行之輻案九三但有説輻无征之文而王氏言上九説征之輻者輿之有輻可以征行九三爻有征義今輿輻既説則是説征之輻因上九征凶之文征則行也文雖不言於義必有言輻者鄭注云謂輿下縛木與軸相連鉤心之木是也子夏傳云輻車劇也

☰☱ 兌下乾上 履虎尾不咥人亨　正義曰履虎尾不咥人亨者履卦之義以六三爲主六三以陰柔履踐九二之剛履危者也猶如履虎尾爲危之甚不咥人亨者以六三在兌體兌爲和説而應乾剛雖履其危而不見害故得亨通猶若履虎尾不見咥齧于人此假物之象以喻人事

彖曰履柔至光明也　正義曰履柔履剛者言履卦之義是柔之履剛則六三陰爻在九二陽爻之上故云柔履剛也履謂履踐也此釋履卦之義説而應乎乾是以履虎尾不咥人亨者釋不咥人亨之義六三在兌體兌爲和説應於上九上九在乾體兌自和説應乎乾剛以説應剛无所見害是以履踐虎尾不咥害於人而得亨通也若以和説之行而應於陰柔則是邪佞之道由以説應於剛

故得吉也剛中正履帝位者謂九五也以剛處中得其正位居五之尊是剛中正履帝位也而不疚光明者能以剛中而居帝位不有疚病由德之光明故也此二句賛明履卦德義之美於經无所釋也

象曰上天至民志　正義曰君子以辯上下定民志者天尊在上澤卑處下君子法此履卦之象以分辯上下尊卑以定正民之志意使尊卑有序也但此履卦名合二義若以爻言之則在上履踐於下六三履九二也若以二卦上下之象言之則履禮也在下以禮承事於上此象之所言取上下二卦卑承尊之義故云上天下澤履但易含萬象反覆取義不可定爲一體故也

初九素履至行願　正義曰初九素履往无咎者處履之始而用質素故往而无咎若不以質素則有咎也象曰獨行願者釋素履之往它人尚華已獨質素則何咎也故獨行所願則物无犯也

九二履道至不自亂也　正義曰履道坦坦者坦坦平易之貌九二以陽處陰履於謙退已能謙退故履道坦坦平易无險難也幽人貞吉者既无險難故在幽隱之人守正得吉象曰中不自亂者釋幽人貞吉以其居中不以危險

而自亂也既能謙退幽居何有危險自亂之事　注履復道至其吉
正義曰履復道尚謙者言履踐之道貴尚謙退然後乃能踐物履復又爲
禮故尚謙也居內履中隱顯同者履道尚謙不喜處盈然以陽處陰
尚於謙德居內履中以信爲道不以居外爲榮處內爲屈若居在外
亦能履中謙退隱之與顯在心齊等故曰隱顯同也在幽而貞宜其
吉者以其在內卦之中故云在幽也謙而得中是貞正也在幽能行
此正故曰宜其吉　六三眇能至志剛也　正義曰眇能視跛
能履者居履之時當須謙退今六三以陰居陽而又失其位以此視
物猶如眇目自爲能視不足爲明也以此履踐猶如跛足自爲能履
不足與之行也履虎尾咥人凶者以此履虎尾咥齧於人所以凶也
武人爲于大君者行此威武加陵於人欲自爲於大君以六三之微
欲行九五之志頑愚之甚象曰不足以有明者釋眇能視物目既隆
眇假使能視无多明也不足以與行者解跛能履足既蹇跛假使能
履行不能遠故云不足以與行也位不當者釋咥人之凶所以被咥
見凶者緣居位不當謂以陰處陽也志剛者釋武人爲于大君所以

陵武加人欲為大君以其志意剛猛以陰而處陽是志意剛也

九四履虎至志行也　正義曰履虎尾愬愬者逼近五之尊位是履虎尾近其危也以陽承陽處嫌隙之地故愬愬危懼也終吉者以陽居陰意能謙退故終得其吉也象曰志行者釋愬愬終吉初雖愬愬終得其吉以謙志得行故終吉也

九五夬履至正當也

正義曰夬履者夬者決也得位處尊以剛決正履道行正故夬履也貞厲者厲危也履道惡盈而五以陽居尊故危厲也象曰位正當者釋夬履貞厲之義所以夬履貞厲者以其位正當　處在九五之位不得不決斷其理不得不有其貞厲以位居此地故也

上九視履至有慶也　正義曰視履考祥者祥謂徵祥上九處履之極履道已成故視其所履之行善惡得失考其禍福之徵祥其旋元吉者旋謂旋反也上九處履之極下應兌說高而不危是其不墜於禮而能旋反行之禮道大成故元吉也象曰有大慶者解元吉在上之義既以元吉而在上九是大有福慶也以有福慶故在上元吉也

䷊乾下坤上泰小往大來吉亨　正義曰小往大來吉亨者陰去故小

往陽長故大來以此吉而亨通此卦亨通之極而四德不具者物既大通多失其節故不得以爲元始而利貞也所以象云財成輔相故四德不具　彖曰泰小往大來吉亨　正義曰泰小往大來吉亨則是天地交而萬物通者釋此卦小往大來吉亨名爲泰也所以得名爲泰者止由天地氣交而生養萬物物得大通故云泰也上下交而其志同者此以人事象天地之交上謂君也下謂臣也君臣交好故志意和同内陽而外陰内健而外順内健則内陽外順則外陰内陽外陰據其象内健外順明其性此説泰卦之德也陰陽言爻健順言卦此就卦爻釋小往大來吉亨也内君子而外小人君子道長小人道消者更就人事之中釋小往大來吉亨也　象曰天地至左右民　正義曰后以財成天地之道者由物皆通泰則上下失節后君也於此之時君當翦財成就天地之道輔相天地之宜者相助也當輔助天地所生之宜以左右民者左右助也以助養其人也天地之道者謂四時也冬寒夏暑春生秋殺之道若氣相交通則物失其節物失其節則冬温夏寒秋生春殺君當財節成就使寒暑得其

常生殺依其節此天地自然之氣故云天地之道也天地之宜者謂天地所生之物各有其宜若大司徒云其動物植物及職方云楊州其貢宜稻麥雍州其貢宜黍稷若天氣大同則所宜相反故人君輔助天地所宜之物各安其性得其宜據物言之故稱宜也此卦言后者以不兼公卿大夫故不云君子也兼通諸侯故不得直言先王欲見天子諸侯俱是南面之君故特言后也　初九拔茅至在外也

正義曰拔茅茹者初九欲往於上九二九三皆欲上行己去則從而似拔茅舉其根相牽茹也以其彙者彙類也以類相從征吉者征行也上坤而順下應於乾己去則納故征行而吉象曰志在外者釋拔茅征吉之義以其三陽志意皆在於外己行則從而似拔茅往行而得吉此假外物以明義也　九二包荒至光大也　正義曰包荒用馮河者體健居中而用乎泰能包含荒穢之物故云包荒也用馮河者无舟渡水馮陵於河是頑愚之人此九二能包含容受故曰用馮河也不遐遺者遐遠也遺棄也用心弘大无所疏遠棄遺於物朋亡者得中无偏所在皆納无私於朋黨之事亡无也故云朋亡也

得尚於中行者中行謂六五也處中而行以九二所爲如此尚配也得配六五之中也象曰包荒得尚于中行以光大也者釋得尚中行之義所以包荒得配此六五之中者以无私无偏存乎光大之道故此包荒皆假外物以明義也

九三无平至天地際也　正義曰无平不陂者九三處天地相交之際將各分復其所處乾體初雖在下今將復歸於上坤體初雖在上今欲復歸於下是初始平者必將有險陂也初始往者必將有反復也无有平而不陂无有往而不復者猶若无在下者而不在上无在上者而不歸下也艱貞无咎者己居變革之世應有危殆只爲己居得其正動有其應艱難貞正乃得无咎勿恤其孚于食有福者恤憂也孚信也信義先以誠著故不須憂其孚信也信義自明故於食祿之道自有福慶也象曰天地際者釋无往不復之義而三處天地交際之處天體將上地體將下故往者將復平者將陂

注乾本至有福也　正義曰將復其所處者以泰卦乾體在下此九三將棄三而向四是將復其乾之上體所處也泰卦坤體在上此六四今將去四而歸向初復其坤體所處

也處天地之將閉平路之將陂者天將處上地將處下閉而不通是天地之將閉也所以往前通泰路无險難自今已後時既否閉路有傾危是平路之將陂也此正三之向四是下欲上也則上六將歸於下是上欲下也故云復其所處也信義誠著者以九三居不失正動不失應是信義誠著也故不恤其孚而自明者解於食有福以信義自明故飲食有福　六四翩翩至心願也　正義曰六四翩翩者四主坤首而欲下復見命則退故翩翩而下也不富以其鄰者以用也鄰謂五與上也今已下復衆陰悉皆從之故不待財富而用其鄰不戒以孚者鄰皆從已共同志願不待戒告而自孚信以從己也象曰皆失實者解翩翩不富之義猶衆陰皆失其本實所居之處今既見命翩翩樂動不待財富並悉從之故云皆失實也不戒以孚中心願者解不戒以孚之義所以不待六四之戒告而六五上六皆已孚信者由中心皆願下復故不待戒而自孚也　六五帝乙至行願也　正義曰帝乙歸妹者女處尊位履中居順降身應二感以相與用其中情行其志願不失於禮爻備斯義者唯帝乙歸嫁于妹

而能然也故作易者引此帝乙歸妹以明之也以祉元吉者履順居中得行志願以獲祉福盡夫陰陽交配之道故大吉也象曰中以行願者釋以祉元吉之義止由中順行其志願故得福而元吉也

注婦人謂嫁曰歸　正義曰婦人謂嫁曰歸隱二年公羊傳文也

上六城復至命亂也　正義曰城復于隍者居泰上極各反所應泰道將滅上下不交卑不上承尊不下施猶若城復于隍也子夏傳云隍是城下池也城之爲體由基土陪扶乃得爲城今下不陪扶城則損壞以此崩倒反復於隍猶君之爲體由臣之輔翼今上下不交臣不扶君君道傾危故云城復于隍此假外象以喻人事勿用師者謂君道已傾不煩用師也自邑告命貞吝者否道已成物不順從唯於自己之邑而施告命下既不從故貞吝象曰其命亂者釋城復于隍之義若教命不亂臣當輔君猶土當扶城由其命錯亂下不奉上猶土不陪城使復于隍故云其命亂也　注卑道崩也　正義曰卑道向下不與上交故卑之道崩壞不承事於上也

䷋坤下乾上否之至小來　正義曰否之匪人者言否閉之世非是人道

交通之時故云匪人不利君子貞者由小人道長君子道消故不利
君子爲正也陽氣往而陰氣來故云大往小來陽主生息故稱大陰
主消耗故稱小　彖曰否之至道消　正義曰上下不交而天
下无邦者與泰卦反也泰卦云上下交而其志同此應云上下不交
則其志不同也非但其志不同上下乖隔則邦國滅亡故變云天下
无邦也内柔而外剛者欲取否塞之義故内至柔弱外禦剛彊所以
否閉若欲取通泰之義則云内健外順各隨義爲文故此云剛柔不
云健順　象曰天地至以祿　正義曰君子以儉德辟難者言君子
於此否塞之時以節儉爲德辟其危難不可榮華其身以居祿位此
若據諸侯公卿言之辟其羣小之難不可重受官賞若據王者言之
謂節儉爲德辟其陰陽厄運之難不可重自榮華而驕逸也
初六拔茅至在君也　正義曰拔茅茹者以居否之初處順之始
未可以動動則入邪不敢前進三陰皆然猶若拔茅牽連其根相茹
也己若不進餘皆從之故云拔茅茹也以其彙者以其同類共皆如
此貞吉亨者守正而居志在於君乃得吉而亨通象曰志在君者釋

拔茅貞吉之義所以居而守正者以其志意在君不敢懷諂苟進故得吉亨也此假外物以明人事　六二包承至亂羣也　正義曰包承者居否之世而得其位用其至順包承於上小人吉者否閉之時小人路通故於小人爲吉也大人否亨者否大人用此包承之德能否閉小人之吉其道乃亨故象曰大人否亨不亂羣者此釋所以大人否亨之意良由否閉小人防之以得其道小人雖盛不敢亂羣故言不亂羣也　六三包羞至位不當也　正義曰包羞者言羣陰俱用小人之道包承於上以失位不當所包承之事唯羞辱也　九四有命至志行也　正義曰有命无咎者九四處否之時其陰爻皆是小人若有命於小人則君子道消也今初六志在於君守正不進處于窮下今九四有命命之故无咎疇離祉者疇謂疇匹謂初六也離麗也麗謂附著也言九四命中初身既无咎初既被命附依祉福言初六得福也象曰有命无咎志行者釋有命无咎之義所以九四有命得无咎者由初六志意得行守正而應於上故九四之命得无咎　九五休否至正當也　正義曰休否者休美也謂能行

休美之事於否塞之時能施此否閉之道遏絶小人則是否之休美者也故云休否大人吉者唯大人乃能如此而得吉也若其凡人則不能其亡其亡繫于苞桑者在道消之世居於尊位而遏小人必近危難須恒自戒愼其意常懼其危言丁寧戒愼如此也繫于苞桑者苞本也凡物繫于桑之苞本則牢固也若能其亡其亡以自戒愼則有繫于苞桑之固无傾危也象曰大人之吉位正當者釋大人吉之義言九五居尊得位正所以當遏絶小人得其吉　注居尊至得固也　正義曰心存將危解其亡其亡之義身雖安靜心意常存將有危難恒念其亡其亡乃得固者即繫于苞桑也必云苞桑者取會韻之義又桑之爲物其根衆也衆則牢固之義　上九傾否至可長也　正義曰傾否先否後喜者處否之極否道已終此上九能傾毀其否故云傾否也先否後喜者否道未傾之時是先否之道否道已傾之後其事得通故云後有喜也象曰否終則傾何可長者釋傾否之義否道已終通道將至故否之終極則傾損其否何得長久故云何可長也

䷌離下乾上同人于野至君子貞　正義曰同人謂和同於人于野亨者野是廣遠之處借其野名喻其廣遠言和同於人必須寬廣无所不同用心无私處非近狹遠至于野乃得亨通故云同人于野亨與人同心足以涉難故曰利涉大川也與人和同義涉邪僻故利君子貞也此利涉大川假物象以明人事　彖曰同人至之志

正義曰同人柔得位得中而應乎乾曰同人者此釋所以能同於人之義柔得位得中者謂六二也上應九五是應於乾也同人曰同人于野亨利涉大川乾行者釋同人于野亨利涉大川之義所以能如此者由乾之所行也言乾能行此德非六二之所能也故特云同人曰乃云同人于野亨與諸卦別也文明以健中正而應君子正者此釋君子貞也此以二象明之故云文明以健中正而應謂六二九五皆居中得正而又相應是君子之正道也故云君子正也若以威武而爲健邪僻而相應則非君子之正也唯君子爲能通天下之志者此更贊明君子貞正之義唯君子之人於同人之時能以正道通達天下之志故利君子之貞　注所以乃能至同人曰　正義曰

故特曰同人曰者謂卦之彖辭發首即疊卦名以釋其義則以例言之此發首應云同人于野亨今此同人于野亨之上别云同人曰者是其義有異此同人卦名以六二爲主故同人卦名繫屬六二故稱同人曰猶言同人卦曰也同人于野亨利涉大川雖是同人卦下之辭不關六二之義故更疊同人于野亨之文乃是乾之所行也

注君子以文明爲德　正義曰若非君子則用威武今卦之下體爲離故彖云文明又云唯君子能通天下之志是君子用文明爲德也謂文理通明也象曰天與至辨物　正義曰天體在上火又炎上取其性同故云天與火同人君子以類族辨物者族聚也言君子法此同人以類而聚也辨物謂分辨事物各同其黨使自相同不間雜也

初九同人于門至誰咎也　正義曰同人于門者居同人之首无應於上心无係吝含弘光大和同於人在於門外出門皆同故云无咎也象曰又誰咎者釋出門同人无咎之義言既心无係吝出門逢人皆同則誰與爲過咎六二同人至吝道也　正義曰同人于宗吝者係應在五而和同於人在於宗族不能弘闊是鄙吝

之道故象云吝道也　九三伏戎至安行也　正義曰伏戎于莽者九三處下卦之極不能包弘上下通夫大同欲下據六二上與九五相爭也但九五剛健九三力不能敵故伏潛兵戎於草莽之中升其高陵三歲不興者唯升高陵以望前敵量斯勢也縱令更經三歲亦不能興起也象曰伏戎于莽敵剛者釋伏戎于莽之義以其當敵九五之剛不敢顯亢故伏戎于莽三歲不興安行者釋三歲不興之義雖經三歲猶不能興起也安語辭也猶言何也既三歲不興五道亦已成矣何可行也故云安行也此假外物以明人事　注居同至所行焉　正義曰不能包弘上下通夫大同者初九出門皆同无所係著是包弘上下通夫大同今九三欲下據六二奪上之應是不能包弘也物黨相分者謂同人之時物各有黨類而相分別也二則與五相親與三相分別也欲乖其道貪於所比據上之應者言此九三欲乖其同人之道不以類相從不知二之從五直以苟貪與二之比近而欲取之據上九五之應也　九四乘其至反則也

正義曰乘其墉者履非其位與人鬭爭與三爭二欲攻於三既是上

體力能顯亢故乘上高墉欲攻三也弗克攻吉者三欲求二其事已非四又攻之以求其二違義傷理衆所不與雖復乘墉不能攻三也吉者既不能攻三能反自思愆以從法則故得吉也此爻亦假物象也象曰乘其墉義弗克也者釋不克之義所以乘墉攻三不能克者以其違義衆所不從故云義不克也其吉則困而反則者釋其吉之義所以得其吉者九四則以不克困苦而反歸其法則故得吉也

九五同人先至相克　正義曰同人先號咷者五與二應用其剛直衆所未從故九五共二欲相和同九三九四與之競二也五未得二故志未和同於二故先號咷也而後笑者處得尊位戰必克勝故後笑也大師克相遇者不能使物自歸己用其剛直必以大師與三四戰克乃得與二相遇此爻假物象以明人事象曰同人之先以中直者解先號咷之意以其用中正剛直之道物所未從故先號咷也但象略號咷之字故直云同人之先以中直也大師相遇言相克者釋相遇之義所以必用大師乃能相遇也以其用大師與三四相伐而得克勝乃與二相遇故言相克也　上九同人至未得也

正義曰同人于郊者處同人之極最在於外雖欲同人人必踈己不獲所同其志未得然雖陽在于外遠於內之爭訟故无悔吝也象曰同人于郊志未得者釋同人于郊之義同人在郊境遠處與人踈遠和同之志猶未得也　注　郊者至其志　正義曰不獲同志者若彼此在內相同則獲其同志意也若已爲郊境之人而與相同人未親己是不獲同志也遠于內爭者以外而同不於室家之內是遠于內爭也以遠內爭故无悔吝以在外郊故未得志也　注凡處至用師也　正義曰凡處同人而不泰焉則必用師矣者王氏注意非止上九一爻乃揔論同人一卦之義去初上而言二有同宗之吝三有伏戎之禍四有不克之困五有大師之患是處同人之世无大通之志則必用師矣楚人亡弓不能亡楚愛國愈甚益爲它災者案孔子家語弟子好生篇云楚昭王出游亡烏號之弓左右請求之王曰楚人亡弓楚得之又何求焉孔子聞之曰惜乎其志不大也不曰人亡之人得之何必楚也昭王名軫哀六年吴伐陳楚救陳在城父卒此愛國而致它災也引此者證同人不弘皆至用師矣

周易正義卷第四

計一萬二千四百五十三字

周易正義卷第五

國子祭酒上護軍曲阜縣開國子臣孔穎達奉

勑撰

䷍乾下離上大有元亨

正義曰大有元亨者柔處尊位羣陽並應大能所有故稱大有既能大有則其物大得亨通故云大有元亨　彖曰大有至元亨

正義曰大有柔得尊位大中而上下應之曰大有者釋此卦稱大有之義大中者謂六五處大以中柔處尊位是其大也居上卦之內是其中也其德剛健而文明應乎天而時行是以元亨者釋元亨之義剛健謂乾也文明謂離也應乎天而時行者褚氏莊氏云六五應九二九二在乾體故云應乎天也德應於天則行不失時以時而行則萬物大得亨通故云是以元亨　注德應至元亨　正義曰剛健不滯者剛健則物不擁滯也文明不犯者文理明察則不犯於物也應天則大者能應於天則盛大也時行无違者以時而行物无違也以有此諸事故大通而元亨也　象曰火在至休命　正義

曰君子以遏惡揚善者大有包容之義故君子象之亦當包含遏匿其惡褒揚其善順奉天德休美物之性命皆取含容之義也不云天在火下而云火在天上者天體高明火又在上火是照耀之物而在於天上是光明之甚无所不照亦是包含之義又爲揚善之理也

初九无交至交害也　正義曰以夫剛健爲大有之始不能履中謙退雖无交切之害久必有凶其欲匪咎能自艱難其志則得无咎故云无交害匪咎艱則无咎也　注以夫至无咎也　正義曰不能履中滿而不溢者以不在二位是不能履中在大有之初是盈滿身行剛健是溢也故云不能履中滿而不溢　九二大車至不敗也　正義曰大車以載者體是剛健而又居中身被委任其任重也能堪受其任不有傾危猶若大車以載物也此假外象以喻人事有攸往无咎者堪當重任故有所往无咎者以居失其位嫌有凶咎故云无咎也象曰積中不敗者釋大車以載之義物既積聚身有中和堪受所積之物聚在身上不至於敗也　注任重而不危

正義曰釋大車以載之意大車謂牛車也載物既多故云任重車材

疆此故不有傾危也　九三公用亨至弗克也　正義曰公用
亨于天子者九三處大有之時居下體之極乘剛健之上履得其位
與五同功五爲王位三既與之同功則威權之盛莫盛於此乃得通
乎天子之道故云公用亨于天子小人弗克者小人德劣不能勝其
位必致禍害故云小人不克也　注處大至可待也　正義曰
與五同功者繫辭云三與五同功此云與五同功謂五爲王位三既
能與五之同功則威權與五相似故云威權之盛莫此過焉
九四匪其彭至辯晳也　正義曰匪其彭无咎者匪非也彭旁也謂
九三在九四之旁九四若能專心承五非取其旁九四言不用三也
如此乃得无咎也既失其位上近至尊之威下比分權之臣可謂危
矣能棄三歸五故得无咎也象曰明辯晳也者釋匪其彭无咎之義
明猶才也九四所以能去其旁之九三者由九四才性辯而晳知能
斟酌事宜故云明辯晳也　六五厥孚至无備也　正義曰六
五厥孚交如者厥其也孚信也交謂交接也如語辭也六五居尊以
柔處大以中无私於物上下應之故其誠信物來交接故云厥孚交

如也威如吉者威畏也既誠且信不言而教行所爲之處人皆畏敬故云威如以用此道故得吉也象曰信以發志者釋厥孚交如之義由已誠信發起其志故上下應之與之交接也威如之吉易而无備者釋威如之吉之義所以威如得吉者以已不私於物唯行簡易无所防備物自畏之故云易而无備也

上九自天至不利　正義曰釋所以大有上九而得吉者以有三德從天已下悉皆祐之故云自天祐之

注大有至具焉　正義曰不累於位志尚乎賢者既居豐富之時應須以富有爲累也既居无位之地不以富有縈心是不繫累於位既能清靜高絜是慕尚賢之行也爻有三德者五爲信德而已履焉履信之謂是一也以剛乘柔思順之義是二也不以物累於心高尚其志尚賢者是三也爻有三德盡夫助道者天尚祐之則无物不祐故云盡夫助道也

䷎艮下坤上謙亨君子有終

正義曰謙者屈躬下物先人後已以此待物則所在皆通故曰亨也小人行謙則不能長久唯君子有終也然案謙卦之象謙爲諸行之

善是善之最極而不言元亨利貞及吉者元是物首也利貞是幹也於人既爲謙退何可爲之首也以謙下人何以幹正於物故不云元亨利貞也謙必獲吉其吉可知故不言之也凡易經之體有吉理可知而不言吉者即此謙卦之繇及乾之九五利見大人是吉理分明故不云吉也諸卦言吉者其義有嫌者爻兼善惡也若行事有善則吉乃隨之若行事有惡則不得其吉諸稱吉者嫌其不吉故稱吉也若坤之六五及泰之六五並以陰居尊位若不行此事則无吉若行此事則得其吉故並稱元吉其餘皆言吉事亦倣此亦有大人爲吉於小人爲凶若否之九五云休否大人吉是也或有於小人爲吉大人爲凶若屯之九五小貞吉大貞凶及否之六二包承小人吉之類是也亦有其吉灼然而稱吉者若大有上九自天祐之吉无不利之類是也但易之爲體不可以一爲例今各隨文解之義具諸卦之下今謙卦之繇其吉可知也既不云吉何故初六六二及九三並云吉者謙卦是捴諸六爻其善既大故不須云吉也六爻各明其義其義有優劣其德既小嫌其不吉故須吉以明之也　彖曰謙亨至

之終也　正義曰謙亨天道下濟而光明地道卑而上行者此釋
亨義也欲明天地上下交通坤體在上故言地道卑而上行也其地
道既上行天地相對則天道下濟也且艮爲陽卦又爲山天之高明
今在下體亦是天道下濟之義也下濟者謂降下濟生萬物也而光
明者謂三光垂耀而顯明也地道卑而上行者地體卑柔而氣上行
交通於天以生萬物也天道虧盈而益謙者從此已下廣說謙德之
美以結　能終之義也虧謂減損減損盈滿而增益謙退若日中
則昃月盈則食是虧減其盈盈者虧減則謙者受益也地道變盈而
流謙者丘陵川谷之屬高者漸下下者益高是改變盈者流布謙者
也鬼神害盈而福謙者驕盈者被害謙退者受福是害盈而福謙也
人道惡盈而好謙者盈溢驕慢皆以惡之謙退恭巽悉皆好之謙尊
而光卑而不可踰者尊者有謙而更光明盛大卑者謙而不可踰越
是君子之所終也言君子能終其謙之善事又獲謙之終福故云君
子之終也　象曰地中至平施　正義曰裒多者君子若能用
此謙道則裒益其多言多者得謙物更裒聚彌益多也故云裒多即

謙尊而光也是尊者得謙而光大也益寡者謂寡者得謙而更進益即卑而不可踰也是卑者得謙而更增益不可踰越也稱物平施者稱此物之多少均平而施物之先多者而得其施也物之先寡者而亦得其施也故云稱物平施也此謙卦之象以山爲主是於山爲謙於地爲不謙應言山在地中今乃云地中有山者意取多之與少皆得其益似地中有山以包取其物以與於人故變其文也　注多者至不失平　正義曰多者用謙以爲裒者爾雅釋詁云裒聚也於先多者其物雖多未得積聚以謙故益其物更多而積聚故云多者用謙以爲裒也少者用謙以爲益者其物先少今既用謙而更增益故云用謙以爲益也隨物而與者多少俱與隨多隨少而皆與也施不失平者多者亦得施恩少者亦得施恩是施不失平也言君子於下若有謙者官之先高則增之榮秩位之先卑亦加以爵禄隨其官之高下考其謙之多少皆因其多少而施與之也　初六謙謙至自牧也　正義曰謙謙君子者能體謙謙唯君子者能之以此涉難其吉宜也用涉大川假象言也象曰卑以自牧者牧養也解謙

謙君子之義恒以謙卑自養其德也　六二鳴謙貞吉至心得也
正義曰鳴謙者謂聲名也二處正得中行謙廣遠故曰鳴謙正而得吉也象曰中心得者鳴聲中吉以中和爲心而得其所故鳴謙得中吉也　九三勞謙至民服也　正義曰勞謙君子者處下體之極履得其位上下无陽以分其民上承下接勞倦於謙也唯君子能終而得吉也象曰萬民服者釋所以勞謙之義以上下羣陰象萬民皆來歸服事須引接故疲勞也　六四无不至違則也　正義曰无不利者處三之上而用謙焉則是自上下下之義承五而用謙順則是上行之道盡乎奉上下下之道故无所不利也象曰指撝皆謙不違則者釋无不利撝謙之義所以指撝皆謙者以不違法則動合於理故无所不利也　六五不富至不服也　正義曰不富以其鄰者以用也凡人必將財物周贍鄰里乃能用之六五居於尊位用謙與順鄰自歸之故不待豐富能用其鄰也利用侵伐无不利者居謙履順必不濫罰无罪若有驕逆不服則須伐之以謙得衆故利用侵伐无不利者也　上六鳴謙至邑國也　正義曰鳴謙

者上六最處於外不與內政不能於實事而謙但有虛名聲聞之謙故云鳴謙志欲立功未能遂事其志未得既在外而行謙順唯利用行師征伐外旁國邑而已不能立功在內也象曰志未得者釋鳴謙之義也所以但有聲鳴之謙不能實事立功者以其居在於外其內立功之志猶未得也可用行師征邑國者釋行師征邑國之意經言利用象改利爲可者言內志雖未得猶可在外興行軍師征國邑也

注夫吉凶至信矣哉　正義曰動之所起興於利者凡人若不見利則心无所動今動之所以起者見利乃動故云興於利也飲食必有訟訟必有衆起者欲明爲利乃有動動而致訟訟則起兵故序卦需爲飲食飲食必有訟故需卦之後次訟卦也爭訟必興兵故訟卦之後次師卦也

䷏ 坤下震上 豫利建侯行師

正義曰謂之豫者取逸豫之義以和順而動動不違衆衆皆說豫故謂之豫也動而衆說故可利建侯也以順而動不加无罪故可以行師也无四德者以逸豫之事不可以常行時有所爲也縱恣寬暇之

事不可長行以經邦訓俗故无元亨也逸豫非幹正之道故不云利貞也莊氏云建侯即元亨也行師即利貞也案屯卦元亨利貞之後別云利建侯則建侯非元亨也恐莊氏說非也　彖曰豫剛至大矣哉　正義曰豫剛應而志行順以動豫者剛謂九四也應謂初六也既陰陽相應故志行也此就爻明豫義順以動坤在下是順也震在上是動也以順而動故豫也此以上下二象明豫義也自此已上釋豫卦之理也豫順以動故天地如之而況建侯行師乎者此釋利建侯行師也若聖人和順而動合天地之德故天地亦如聖人而爲之也天地尊大而遠神之難者猶尚如之況於封建諸侯行師征伐乎難者既從易者可知若建侯能順動則人從之行師能順動則衆從之天地以順動故日月不過而四時不忒自此已下廣明天地聖人順動之功也若天地以順而動則日月不有過差依其晷度四時不有忒變寒暑以時聖人以順動則刑罰清而民服者聖人能以理順而動則不赦有罪不濫无辜故刑罰清也刑罰當理故人服也豫之時義大矣哉者歎美爲豫之善言於逸豫之時其義大矣此歎

卦也凡言不盡意者不可煩文具說故歎之以示情使後生思其餘
蘊得意而忘言也然歎卦有三體一直歎時如大過之時大矣哉之
例是也二歎時幷用如險之時用大矣哉之例是也三歎時幷義豫
之時義大矣哉之例是也夫立卦之體各象其時時有屯夷事非一
揆故爻來適時有凶有吉人之生世亦復如斯或逢治世或遇亂時
出處存身此道豈小故曰大矣哉也然時運雖多大體不出四種者
一者治時頤養之世是也二者亂時大過之世是也三者離散之時
解緩之世是也四者改易之時革變之世是也故舉此四卦之時爲
歎餘皆可知言用者謂適時之用也雖知居時之難此事不小而未
知以何而用之耳故坎睽蹇之時宜用君子小人勿用用險取濟不
可爲常斟酌得宜是用時之大略舉險難等三卦餘從可知矣又言
義者姤卦注云凡言義者不盡於所見中有意謂者也是其時皆有
義也略明佚樂之世相隨相遇之日隱遯羇旅之時凡五卦其義不
小則餘卦亦可知也今所歎者十二卦足以發明大義恢弘妙理者
也凡于彖之末歎云大哉者凡一十二卦若豫旅遯姤凡四卦皆云

時義案旅卦注云凡言義者不盡於所見中有意謂以此言之則四卦卦各未盡其理其中更有餘意不可盡申故揔云義也隨之一卦亦言義但與四卦其文稍別四卦皆云時義隨卦則隨時之義者非但其中別有義意又取隨逐其時故變云隨時之義大矣哉睽蹇坎此三卦皆云時用案睽卦注云睽離之時非小人之所能用蹇卦亦云非小人之所能用此二卦言大矣哉者則是大人能用故云大矣哉其中更无餘義唯大人能用故云用不云義也坎卦時用則與睽蹇稍別故注云非用之常用有時也謂坎險之事時之須用利益乃大與睽蹇時用文同而義異也解之時革之時頤之時大過之時此四卦直云時不云義與用也案解卦注難解之時非治難時故不言用體盡於解之名无有幽隱故不曰義以此注言之直云時者尋卦之名則其意具盡中間更无餘義故不言義其卦名之事事已行了不須別有所用故解革及頤事已行了不須言用唯大過稱時注云君子有爲之時與解革頤其理稍別大過是有用之時亦直稱時者取大過之名其意即盡更无餘意故直稱時不云義又略不云用也

象曰雷出至祖考　正義曰案諸卦之象或云雲上于天或云風行天上以類言之今此應云雷出地上乃云雷出地奮豫者雷是陽氣之聲奮是震動之狀雷既出地震動萬物被陽氣而生各皆逸豫故云雷出地奮豫也先王以作樂崇德者雷是鼓動故先王法此鼓動而作樂崇盛德業樂以發揚盛德故也殷薦之上帝者用此殷盛之樂薦祭上帝也象雷出地而向天也以配祖考者謂以祖考配上帝用祖用考若周夏正郊天配靈威仰以祖后稷配也配祀明堂五方之帝以考文王也故云以配祖考也　初六鳴豫至窮凶也

正義曰鳴豫者處豫之初而獨得應於四逸豫之甚是聲鳴于豫但逸樂之極過則淫荒獨得於樂所以凶也象曰初六鳴豫志窮凶者釋鳴豫之義而初時鳴豫後則樂志窮盡故爲凶也　六二介于至中正也　正義曰介于石者得位履中安夫貞正不苟求逸豫上交不諂下交不瀆知幾事之初始明禍福之所生不苟求逸豫守志耿介似於石然見幾之速不待終竟一日去惡修善恒守正得吉也象曰不終日貞吉以中正者釋貞吉之義所以見其惡事即能離

去不待終日守正吉者以此六二居中守正順不苟從豫不違中故不須待其一日終守貞吉也　六三盱豫至不當也　正義曰盱豫悔者六三履非其位上承動豫之主盱謂睢盱睢盱者喜說之貌若睢盱之求豫則悔吝也遲有悔者居豫之時若遲停不求於豫亦有悔也象曰盱豫有悔位不當者解其盱豫有悔之義以六三居不當位進退不得其所故盱豫有悔但象載經文多從省略經有盱豫有悔遲有悔兩文具載象唯云盱豫有悔不言遲者略其文也故直云盱豫舉其欲進略云有悔舉其遲也　九四由豫至大行也正義曰由豫大有得者處豫之時居動之始獨體陽爻爲衆陰之所從莫不由之以得其豫故云由豫也大有得者衆陰皆歸是大有所得勿疑朋盍簪者盍合也簪疾也若能不疑於物以信待之則衆陰羣朋合聚而疾來也象曰由豫大有得志大行者釋由豫大得之意衆陰既由之而豫大有所得是志意大行也　六五貞疾至未亡也正義曰貞疾恒不死者四以剛動爲豫之主專權執制非合己之所乘故不敢與四爭權而又居中處尊未可得亡滅之是以必常至於

貞疾恒得不死而已象曰六五貞疾乘剛者解貞疾之義以乘九四之剛故正得其疾恒不死也中未亡者以其居中處尊未可亡滅之也

上六冥豫至可長也　正義曰處動豫之極極豫盡樂乃至於冥昧之豫而成就也如俾晝作夜不能休已滅亡在近有渝无咎者渝變也若能自思改變不爲冥豫乃得无咎也

䷐震下兌上隨元亨利貞无咎

正義曰元亨者於相隨之世必大得亨通若其不大亨通則无以相隨逆於時也利貞者相隨之體須利在得正隨而不正則邪僻之道必須利貞也无咎者有此四德乃无咎以苟相從涉於朋黨故必須四德乃无咎也凡卦有四德者或其卦當時之義即有四德如乾坤屯臨无妄此五卦之時即能四德備具其隨卦以惡相隨則不可也有此四德乃无咎无此四德則有咎也與前五卦其義稍别其革卦已日乃孚有四德若不已日乃孚則无四德與乾坤屯臨无妄隨其義又别若當卦之時其卦雖美未有四德若行此美方得在後始致四德者於卦則不言其德也若謙泰及復之等德義既美行之不已

久必致此四德但當初之時其德未具故卦不顯四德也其諸卦之三德已下其義大略亦然也　彖曰隨剛至大矣哉　正義曰隨剛來而下柔動而說隨者此釋隨卦之義所以致此隨者由剛來而下柔剛謂震也柔謂兑也震處兑下是剛來下柔震動而兑說既能下人動則喜說所以物皆隨從也大亨貞无咎而天下隨時者以有大亨貞正无有咎害而天下隨之以正道相隨故隨之者廣若不以大亨貞无咎而以邪僻相隨則天下不從也隨時之義大矣哉若以元亨利貞則天下隨從即隨之義意廣大矣哉謂隨之初始其道未弘終久義意而美大也特云隨時者謂隨其時節之義謂此時宜行元亨利貞故云隨時也　注震剛至矣哉　正義曰爲隨而不大通逆於時也物既相隨之時若王者不以廣大開通使物閉塞是違逆於隨從之時也相隨而不爲利正災之道者凡物之相隨多曲相朋附不能利益於物守其正直此則小人之道長災禍及之故云災之道也隨之所施唯在於時者釋隨時之義言隨時施設唯在於得時若能大通利貞是得時也若不能大通利貞是失時也時異

而不隨否之道者凡所遇之時體无恒定或值不動之時或值相隨之時舊來恒往今須隨從時既殊異於前而不使物相隨則是否塞之道當須可隨則隨逐時而用所利則大故云隨時之義大矣哉

象曰澤中至宴息　正義曰說卦云動萬物者莫疾乎雷說萬物者莫說乎澤故注云澤中有雷動說之象也君子以嚮晦入宴息者明物皆說豫相隨不勞明鑒故君子象之鄭玄云晦冥也猶人君既夕之後入於宴寢而止息

初九官有至不失也　正義曰官有渝者官謂執掌之職人心執掌與官同稱故人心所主謂之官渝變也此初九既无其應无所偏係可隨則隨是所執之志有能渝變也唯正是從故貞吉也出門交有功者所隨不以私欲故見善則往隨之以此出門交獲其功象曰官有渝從正吉者釋官有渝之義所執官守正能隨時渝變以見貞正則往隨從故云從正吉出門交有功不失者釋交有功之義以所隨之處不失正道故出門即有功也

注居隨至失哉　正義曰言隨不以欲以欲隨宜者若有其應則有私欲以无偏應是所隨之事不以私欲有正則從是以欲隨其所

宜也　六二係小子至兼與也　正義曰小子謂初九也丈夫
謂九五也初九處卑故稱小子五居尊位故稱丈夫六二既是陰柔
不能獨立所處必近係屬初九故云係小子既屬初九則不得往應
於五故云失丈夫也象曰係小子弗兼與者釋係小子之意既隨此
初九則失彼九五丈夫是不能兩處兼有故云弗兼與也　六三
係丈夫至舍下也　正義曰六三陰柔近於九四是係於丈夫也
初九既被六二之所據六三不可復往從之是失小子也隨有求得
者三欲往隨於四四亦更无他應已往隨於四四不能逆已是三之
所隨有求而皆得也利居貞者己非其正以係於人不可妄動唯利
在居處守正故云利居貞也象曰係丈夫志舍下者釋係丈夫之義
六三既係九四之丈夫志意則舍下之初九也　注陰之至小子也
正義曰四俱无應者三既无應四亦无應是四與三俱无應也此六
二六三因陰陽之象假丈夫小子以明人事餘无義也　九四隨
有至明功也　正義曰隨有獲者處說之初下據二陰三求係已
不距則獲故曰隨有獲也貞凶者居於臣地履非其位以擅其民失

於臣道違其正理故貞凶也有孚在道以明何咎者體剛居說而得
民心雖違常義志在濟物心存公誠著信在於正道有功以明更有
何咎故云有孚在道以明何咎也象曰隨有獲其義凶者釋隨有獲
貞凶之意九四既有六三六二獲得九五之民爲臣而擅君之民失
於臣義是以宜其凶也有孚在道明功者釋以名何咎之義既能著
信在于正道是明立其功故无咎也　九五孚于嘉吉位正中也
正義曰孚于嘉吉者嘉善也履中居正而處隨世盡隨時之義得物
之誠信故獲美善之吉也　上六拘係至上窮也　正義曰最
處上極是不隨從者也隨道已成而特不從故須拘係之乃始從也
維之王用亨于西山者若欲維係此上六王者必須用兵通于西山
險難之處乃得拘係也山謂險阻兊處西方故謂西山令有不從必
須維係此乃王者必須用兵通於險阻之道非是意在好刑故曰王
用亨于西山象曰拘係之上窮者釋拘係之義所以須拘係者以其
在上而窮極不肯隨從故也

䷑ 巽下艮上 蠱元亨至後甲三日

正義曰蠱者事也有事營爲則大得亨通有爲之時利在拯難故利涉大川也先甲三日後甲三日者甲者創制之令既在有爲之時不可因仍舊令今用創制之令以治於人人若犯者未可即加刑罰以民未習故先此宣令之前三日殷勤而語之又於此宣令之後三日更丁寧而語之其人不從乃加刑罰也其褚氏何氏周氏等並同鄭義以爲甲者造作新令之日甲前三日取改過自新故用辛也甲後三日取丁寧之義故用丁也今案輔嗣注甲者創制之令不云創制之日又巽卦九五先庚三日後庚三日輔嗣注申命令謂之庚輔嗣又云甲庚皆申命之謂則輔嗣不以甲爲創制之日而諸儒不顧輔嗣注旨妄作異端非也　彖曰蠱剛上至天行也　正義曰剛上而柔下巽而止蠱者此釋蠱卦之名并明稱蠱之義也以上剛能制斷下柔能施令巽順止靜故可以有爲也褚氏云蠱者惑也物既惑亂終致損壞當須有事也有爲治理也故序卦云蠱者事也謂物蠱必有事非謂訓蠱爲事義當然也蠱元亨而天下治者釋元亨之義以有爲而得元亨是天下治理也利涉大川往有事也者釋利涉大

川也蠱者有爲之時拔拯危難往當有事故利涉大川此則假外象以喻危難也先甲三日後甲三日終則有始天行者釋先甲三日後甲三日之義也民之犯令告之已終更復從始告之殷勤不已若天之行四時既終更復從春爲始象天之行故云天行也　注蠱者至四時也　正義曰蠱者有事待能之時者物既蠱壞須有事營爲所作之事非賢能不可故經云幹父之蠱幹則能也甲者創制之令者甲爲十日之首創造之令爲在後諸令之首故以創造之令謂之爲甲故漢時謂令之重者謂之甲令則此義也創制不可責之以舊者以人有犯令而致罪者不可責之舊法有犯則刑故須先後三日殷勤語之使曉知新令而後乃誅誅謂兼通責讓之罪非專謂誅殺也　象曰山下至育德　正義曰必云山下有風者風能搖動散布潤澤今山下有風取君子能以恩澤下振於民育養已德振民象山下有風育德象山在上也　初六幹父至承考也

正義曰幹父之蠱者處事之首以柔巽之質幹父之事堪其任也有子考无咎者有子既能堪任父事考乃无咎也以其處事之初若不

堪父事則考有咎也厲終吉者厲危也既爲事初所以危也能堪其事所以終吉也象曰幹父之蠱意承考者釋幹父之蠱義凡堪幹父事不可小大損益一依父命當量事制宜以意承考而已對文父沒稱考若散而言之生亦稱考若康誥云大傷厥考心是父在稱考此避幹父之文故變云考也　九二幹母至中道也　正義曰居内處中是幹母事也不可貞者婦人之性難可全正宜屈己剛不可固守貞正故云不可貞也象曰得中道者釋幹母之蠱義雖不能全正猶不失在中之道故云得中道也　九三幹父之至无咎也　正義曰幹父之蠱小有悔者以剛幹事而无其應故小有悔也无大咎者履得其位故終无大咎也　六四裕父至未得也　正義曰裕父之蠱者體柔當位幹不以剛而以柔和能容裕父之事也往見吝者以其无應所往之處見其鄙吝故往未得也　六五幹父至以德也　正義曰幹父之蠱用譽者以柔處尊用中而應以此承父用有聲譽象曰幹父用譽承以德者釋幹父用譽之義奉承父事唯以中和之德不以威力故云承以德也　上九不事至可則也

正義曰不事王侯高尚其事者最處事上不復以世事爲心不係累於職位故不承事王侯但自尊高慕尚其清虛之事故云高尚其事也象曰不事王侯志可則者釋不事王侯之義身既不事王侯志則清虛高尚可法則也

䷒兌下坤上臨元亨至有凶

正義曰案序卦云臨大也以陽之浸長其德壯大可以監臨於下故曰臨也剛既浸長說而且順又以剛居中有應於外大得亨通而利正也故曰元亨利貞也至于八月有凶者以物盛必衰陰長陽退臨爲建丑之月從建丑至于八月建申之時三陰既盛三陽方退小人道長君子道消故八月有凶也以盛不可終保聖人作易以戒之也

彖曰臨剛至不久也　正義曰臨剛浸而長說而順者此釋臨義也據諸卦之例說而順之下應以臨字結之此无臨字者以其剛中而應亦是臨義故不得於剛中之上而加臨也剛中而應大亨以正天之道者天道以剛居中而下與地相應使物大得亨通而利正故乾卦元亨利貞今此臨卦其義亦然故云天之道也至于八月有凶

消不久也者證有凶之義以其陽道既消不可常久故有凶也但復卦一陽始復剛性尚微又不得其中故未有元亨利貞泰卦三陽之時三陽在下而成乾體乾下坤上象天降下地升上上下通泰物通則失正故不具四德唯此卦二陽浸長陽浸壯大特得稱臨所以四德具也然陽長之卦每卦皆應八月有凶但此卦名臨是盛大之義故於此卦特戒之耳若以類言之則陽長之卦至其終末皆有凶也

注八月至有凶　正義曰云八月者何氏云從建子陽生至建未爲八月褚氏云自建寅至建酉爲八月今案此注云小人道長君子道消宜據否卦之時故以臨卦建丑而至否卦建申爲八月也

象曰澤上至无疆　正義曰澤上有地者欲見地臨於澤在上臨下之義故云澤上有地也君子以教思无窮者君子於此臨卦之時其下莫不喜説和順在上但須教化思念无窮已也欲使教恒不絶也容保民无疆者容謂容受也保安其民无有疆境象地之闊遠故云无疆也

初九咸臨至行正也　正義曰咸臨貞吉者咸感也有應於四感之而臨志行得正故貞吉也象曰咸臨貞吉志行正

者釋咸臨貞吉之義四旣履得其正位己往與之相應是己之志意行而歸正也　九二咸臨至順命也　正義曰咸臨吉者咸感也有應於五是感以臨而得其吉也无不利者二雖與五相應二體是剛五體是柔兩雖相感其志不同若純用剛往則五所不從若純用柔往又損己剛性必須商量事宜有從有否乃得无不利也象曰未順命者釋无不利之義未可盡順五命須斟酌事宜有從有否故得无不利也則君臣上下獻可替否之義也　六三甘臨至不長也　正義曰甘臨者謂甘美諂佞也履非其位居剛長之世而以邪說臨物故无攸利也旣憂之无咎者旣盡也若能盡憂其危則剛不害正故无咎也象曰旣憂之咎不長者能盡憂其事改過自脩其咎則止不復長久故无咎也　六四至臨至位當也　正義曰至臨无咎者履順應陽不畏剛長而己應之履得其位能盡其至極之善而爲臨故云至臨以柔不失正故无咎也象曰至臨无咎位當者釋无咎之義以六四以陰所居得正柔不爲邪位當其處故无咎也

六五知臨至之謂也　正義曰知臨大君之宜吉者處於尊位履

得其中能納剛以禮用建其正不忌剛長而能任之故聰明者竭其視聽知力者盡其謀能是知爲臨之道大君之所宜以吉也象曰大君之宜行中之謂者釋大君之宜所以得宜者止由六五處中行此中和之行致得大君之宜故言行中之謂也　上六敦臨至在內也

正義曰敦臨吉无咎者敦厚也上六處坤之上敦厚而爲臨至在助賢以敦爲德故云敦臨吉雖在剛長而志行敦厚剛所以不害故无咎也象曰敦臨之吉志在內者釋敦臨吉之義雖在上卦之極志意恒在於內之二陽意在助賢故得吉也

䷓坤下巽上觀盥而不薦有孚顒若

正義曰觀者王者道德之美而可觀也故謂之觀觀盥而不薦者可觀之事莫過宗廟之祭盥其禮盛也薦者謂既灌之後陳薦籩豆之事其禮卑也今所觀宗廟之祭但觀其盥禮不觀在後籩豆之事故云觀盥而不薦也有孚顒若者孚信也但下觀此盛禮莫不皆化悉有孚信而顒然故云有孚顒若　注王道至顒若也　正義曰盡夫觀盛則下觀而化者觀盛謂觀盥禮盛則休而止是觀其大不

觀其細此是下之效上因觀而皆化之矣故觀至盥則有孚顒若者顒是嚴正之貌若爲語辭言下觀而化皆孚信容貌儼然也

彖曰大觀至服矣　正義曰大觀在上者謂大爲在下所觀唯在於上由在上既貴故在下大觀今大觀在於上又順而和巽居中得正以觀於天下謂之觀也此釋觀卦之名觀盥而不薦有孚顒若下觀而化者釋有孚顒若之義本由在下觀效在上而變化故有孚顒若也觀天之神道而四時不忒者此盛明觀卦之美言觀盥與天之神道相合觀此天之神道而四時不有忒變神道者微妙无方理不可知目不可見不知所以然而然謂之神道而四時之節氣見矣豈見天之所爲不知從何而來唯見四時流行不有差忒故云觀天之神道而四時不忒也聖人以神道設教而天下服矣者此明聖人用此天之神道以觀設教而天下服矣天既不言而行不爲而成聖人法則天之神道唯身自行善垂化於人不假言語教戒不須威刑恐逼在下自然觀化服從故云天下服矣　象曰風行至設教

正義曰風行地上者風主號令行於地上猶如先王設教在於民上

故云風行地上觀也先王以省方觀民設教者以省視萬方觀看民
之風俗以設於教非諸侯以下之所爲故云先王也　初六童觀
至小人道也　正義曰童觀者處於觀時而最遠朝廷之美體是
柔弱不能自進无所鑒見唯如童稚之子而觀望也小人无咎君子
吝者爲此觀看趣在順從而已无所能爲於小人行之纔得无咎若
君子行之則鄙吝也　六二闚觀至可醜也　正義曰闚觀利
女貞者既是陰爻又處在卦内性又柔弱唯闚竊而觀如此之事唯
利女之所貞非丈夫所爲之事也　注處在至可醜也　正義
曰猶有應焉不爲全蒙者六二雖柔弱在内猶有九五剛陽與之爲
應則微有開發不爲全是童蒙如初六也故能闚而外觀此童觀闚
觀皆讀爲去聲也　六三觀我至失道也　正義曰觀我生進
退者我生我身所動出三居下體之極是有可進之時又居上體之
下復是可退之地遠則不爲童觀近則未爲觀國居在進退之處可
以自觀我之動出也故時可則進時不可則退觀風相幾未失其道
故曰觀我生進退也道得名生者道是開通生利萬物故繫辭云生

生之謂易是道爲生也　六四觀國至尚賓也　正義曰觀國之光利用賓于王者最近至尊是觀國之光利用賓于王者居在親近而得其位明習國之禮儀故宜利用賓于王庭也象曰觀國之光尚賓者釋觀國之光義以居近至尊之道志意慕尚爲王賓也

九五觀我生君子至觀民也　正義曰九五居尊爲觀之主四海之内由我而化我教化善則天下有君子之風教化不善則天下著小人之俗故觀民以察我道有君子之風著則无咎也故曰觀我生君子无咎也象曰觀我生觀民者謂觀民以觀我故觀我即觀民也

上九觀其生至未平也　正義曰觀其生者最處上極高尚其志生亦道也爲天下觀其己之道故云觀其生也君子无咎者既居天下可觀之地可不慎乎故君子謹慎乃得无咎也象曰觀其生志未平者釋觀其生之義以特處異地爲衆所觀不爲平易和光流通志未與世俗均平世无危懼之憂我有符同之慮故曰志未平也

注觀我至動出也　正義曰生猶動出者或動或出是生長之義故云生猶動出六三九五皆云觀我生上九云觀其生此等云生皆

爲動出故於卦末注揔明之也

䷔震下離上噬嗑亨利用獄

正義曰噬嗑亨者噬齧也嗑合也物在於口則隔其上下若齧去其物上下乃合而得亨也此卦之名假借口象以爲義以喻刑法也凡上下之間有物間隔當須用刑法去之乃得亨通故云噬嗑亨也利用獄者以刑除間隔之物故利用獄也　彖曰頤中至用獄也

正義曰頤中有物曰噬嗑者此釋噬嗑名也案諸卦之彖先標卦名乃復言曰某卦曰同人曰大有曰小畜之類是也此發首不疊卦名者若義幽隱者先出卦名後更以卦名結之若其義顯露則不先出卦名則此頤中有物曰噬嗑之類其事可知故不先出卦名此乃夫子因義理文勢隨義而發不爲例也噬嗑而亨者釋亨義由噬嗑而得亨也剛柔分動而明雷電合而章者釋利用獄之義剛柔既分不相溷雜故動而顯明也雷電既合而不錯亂故事得彰著明而且著可以斷獄剛柔分謂震剛在下離柔在上剛柔云分雷電云合者欲見明之與動各是一事故剛柔云分也明動雖各一事相須而用故

雷電云合但易之爲體取象既多若取分義則云震下離上若取合義則云離震合體共成一卦也此釋二象利用獄之義也柔得中而上行雖不當位利用獄者此釋爻有利用獄之義陰居五位是柔得中也而上行者既居上卦意在向進故云上行其德如此雖不當位者所居陰位猶利用獄也　注剛柔至之義　正義曰雷電並合不亂乃章者彖文唯云雷電合注云不亂乃章者不亂之文以其上云剛柔分剛柔分則是不亂故云雷電並合不亂乃章也

注謂五至用獄也　正義曰凡言上行皆所之在貴者輔嗣此注恐畏之適五位則是上行故於此明之凡言上行但所之在進皆曰上行不是唯向五位乃稱上行也故謙卦序彖云地道卑而上行坤體在上故揔云上行不止五也又損卦彖云損下益上曰上行是減三而益上卦謂之上行是亦不據五也然則此云上行及晉卦彖云上行既在五位而又稱上行則似若王者雖見在尊位猶意在欲進仰慕三皇五帝可貴之道故稱上行者也　象曰雷電至勅法

正義曰雷電噬嗑者但噬嗑之象其象在口雷電非噬嗑之體但噬

嗑象外物既有雷電之體則雷電欲取明罰勑法可畏之義故連云雷電也　初九屨校至不行也　正義曰屨校滅趾者屨謂著而履踐也校謂所施之械也處刑之初居无位之地是受刑之人非治刑之主凡過之所始必始於微積而不已遂至於著罰之所始必始於薄刑薄刑之不已遂至於誅在刑之初過輕戮薄必校之在足足為懲誡故不復重犯故校之在足已没其趾桎其小過誡其大惡過而能改乃是其福雖復滅趾可謂无咎故言屨校滅趾无咎也象曰屨校滅趾不行者釋屨校滅趾之義猶著校滅没其趾也小懲大誡故罪過止息不行也　六二噬膚至乘剛也　正義曰噬膚滅鼻者六二處中得位是用刑者所刑中當故曰噬膚膚是柔脆之物以喻服罪受刑之人也乘剛而刑未盡順道噬過其分故至滅鼻言用刑大深也无咎者用刑得其所疾謂刑中其理故无咎也象曰乘剛者釋噬膚滅鼻之義以其乘剛故用刑深也　六三噬腊至不當也　正義曰噬腊肉者腊是堅剛之肉也毒者苦惡之物也三處下體之上失正刑人刑人不服若齧其腊肉非但難齧亦更生

然咎猶噬腊而難入復遇其毒味然也三以柔不乘剛刑不侵順道雖有遇毒之吝於德亦无大咎故曰噬腊肉遇毒小吝无咎象曰位不當者謂處位不當也　九四噬乾胏至未光也　正義曰噬乾胏者乾胏是臠肉之乾者履不獲中居非其位以斯治物物亦不服猶如噬乾胏然也得金矢者金剛也矢直也雖刑不能服物而能得其剛直也利艱貞吉者既得剛直利益艱難守貞正之吉猶未能光大通理之道故象云未光也　六五噬乾肉至得當也

正義曰噬乾肉者乾肉堅也以陰處陽以柔乘剛以此治罪於人人亦不服如似噬乾肉也得黃金者黃中也金剛也以居於中是黃也以柔乘剛是金也既中而行剛能行其戮剛勝者也故曰得黃金也貞厲无咎者己雖不正刑戮得當故雖貞正自危而无咎害位雖不當而用刑得當故象云得當也　上九何校至不明也　正義曰何校滅耳凶者何謂檐何處罰之極惡積不改故罪及其首何檐枷械滅没於耳以至誅殺以其聰之不明積惡致此故象云聰不明也

注處罰至甚焉　正義曰罪非所懲者言其惡積既深尋常刑罪

非能懲誡故云罪非所懲也及首非誡滅耳非懲者若罪未及首猶可誡懼歸善也罪已及首性命將盡非復可誡故云及首非誡也校既滅耳將欲刑殺非可懲改故云滅耳非懲也

䷕離下艮上 賁亨小利有攸往

正義曰賁飾也以剛柔二象交相文飾也賁亨者以柔來文剛而得亨通故曰賁亨也小利有攸往者以剛上文柔不得中正故不能大有所往故云小利有攸往也

彖曰賁亨至天下

正義曰賁亨柔來而文剛故亨者此釋賁亨之義不直言賁連云賁亨者由賁而致亨事義相連也若大哉乾元以元連乾者也柔來而文剛故亨柔來文剛以文相飾是賁義也相飾即有爲亨故云賁亨亨之下不重以賁字結之者以亨之與賁相連而釋所以亨下不得重結賁字分剛上而文柔故小利有攸往者釋小利有攸往義乾體在下今分乾之九二上向文飾坤之上六是分剛上而文柔也棄此九二之中往居无位之地棄善從惡往无大利故小利有攸往也天文也者天之爲體二象剛柔剛柔交錯成文是天文也文明以止人文者文明

離也以止艮也用此文明之道裁止於人是人之文德之教此賁卦之象既有天文人文欲廣美天文人文之義聖人用之以治於物也觀乎天文以察時變者言聖人當觀視天文剛柔交錯相飾成文以察四時變化若四月純陽用事陰在其中靡草死也十月純陰用事陽在其中薺麥生也是觀剛柔而察時變也觀乎人文以化成天下者言聖人觀察人文則詩書禮樂之謂當法此教而化成天下也

注坤之上六至之義也　正義曰坤之上六何以來居二位不居於初三乾之九二何以分居上位不居於五者乾性剛亢故以己九二上居坤極坤性柔順不爲物首故以己上六下居乾之二位也且若柔不分居乾二剛不分居坤極則不得文明以止故也又陽本在上陰本在下應分剛而下分柔而上何因分剛向上分柔向下者今謂此本泰卦故也若天地交泰則剛柔得交若乾上坤下則是天地否閉剛柔不得交故分剛而上分柔而下也　象曰山下至折獄

正義曰山下有火賁者欲見火上照山有光明文飾也又取山含火之光明象君子内含文明以理庶政故云山下有火賁也以明庶政

者用此文章明達以治理庶政也无敢折獄者勿得直用果敢折斷訟獄　初九賁其趾至弗乘也　正義曰賁其趾舍車而徒者在賁之始以剛處下居於无位之地乃棄於不義之車而從有義之徒步故云舍車而徒以其志行高絜不苟就輿乘是以義不肯乘故象云義弗乘也　六二賁其須至上興也　正義曰賁其須者須是上附於面六二當上附於三若似賁飾其須也循其所履以附於上與上同爲興起故象云與上興也　九三賁如濡如至之陵也正義曰賁如濡如者賁如華飾之貌濡如潤澤之理居得其位與二相比和合文飾而有潤澤故曰賁如濡如其美如此長保貞吉物莫之陵故象云永貞之吉終莫之陵也　六四賁如至无尤也正義曰賁如皤如者皤是素白之色六四有應在初欲往從之三爲己難故己猶豫或以文飾故賁如也或守質素故皤如也白馬翰如者但鮮絜其馬其色翰如徘徊待之未敢輒進也匪寇婚媾者若非九三爲己寇害乃得與初爲婚媾也象曰六四當位疑者以其當位得與初爲應但礙於三故遲疑也若不當位則與初非應何須欲往

而致遲疑也匪寇婚媾終无尤者釋匪寇婚媾之義若待匪有寇難
乃爲婚媾則終无尤過若犯寇難而爲婚媾則終有尤也　六五
賁于至有喜也　正義曰賁于丘園者丘園是質素之處六五處
得尊位爲飾之主若能施飾在於質素之處不華侈費用則所束之
帛戔戔衆多也吝終吉者初時儉約故是其吝也必儉約之吝乃得
終吉而有喜也故象云六五之吉有喜也　注處得至終吉也
正義曰爲飾之主飾之盛者若宮室輿服之屬五爲飾主若施設華
飾在於輿服宮館之物則大道損害也施飾丘園盛莫大焉者丘謂
丘墟園謂園圃唯草木所生是質素之處非華美之所若能施飾每
事質素與丘園相似盛莫大焉故賁于束帛丘園乃落者束帛財物
也舉束帛言之則金銀珠玉之等皆是也若賁飾於此束帛珍寶則
質素之道乃隕落故云丘園乃落也賁于丘園帛乃戔戔者設飾在
於丘園質素之所則不靡費財物束帛乃戔戔衆多也諸儒以爲若
賁飾束帛不用聘士則丘園之士乃落也若賁飾丘園之士與之故
束帛乃戔戔也諸家注易多爲此解但今案輔嗣之注全无聘賢之

意且爻之與象亦无待士之文輔嗣云用莫過儉泰而能約故必吝焉乃得終吉此則普論爲國之道不尚華侈而貴儉約也若從先師唯用束帛招聘丘園以儉約待賢豈其義也所以漢聘隱士或乃用羔鴈玄纁蒲輪駟馬豈止束帛之閒而云儉約之事今觀注意故爲此解耳　上九白賁至得志也　正義曰白賁无咎者處飾之終飾終則反素故任其質素不勞文飾故曰白賁无咎也守志任眞得其本性故象云上得志也言居上得志也

䷖坤下艮上　剝不利有攸往

正義曰剝者剝落也今陰長變剛剛陽剝落故稱剝也小人既長故不利有攸往也　彖曰剝剝也至天行也　正義曰剝剝也者釋剝卦名爲剝不知何以稱剝故釋云剝者解剝之義是陰長解剝於陽也柔變剛者釋所以此卦名剝之意也不利有攸往小人道長者此釋不利有攸往之義以小人道長世既闇亂何由可進往則遇災故不利有攸往也順而止之觀象者明在剝之時世既无道君子行之不敢顯其剛直但以柔順止約其上唯望君上形象量其顏色

而止也君子尚消息盈虛天行者解所以在剝之時順而止之觀其顔色形象者須量時制變隨物而動君子通達物理貴尚消息盈虛道消之時行消道也道息之時行息道也在盈之時行盈道也在虛之時行虛道也若值消虛之時存身避害危行言遜也若值盈息之時極言正諫建事立功也天行謂逐時消息盈虛乃天道之所行也春夏始生之時則天氣盛大秋冬嚴殺之時天氣消滅故云天行也

注坤順至所尚也　正義曰非君子之所尚者不逐時消息盈虛於无道之時剛亢激拂觸忤以隕身身既傾隕功又不就非君子之所尚也

象曰山附至安宅　正義曰山附於地剝者山本高峻今附於地即是剝落之象故云山附於地剝也上以厚下安宅者剝之爲義從下而起故在上之人當須豐厚於下安物之居以防於剝也

初六剝牀至以滅下也　正義曰剝牀以足者牀者人之所以安處也在剝之初剝道從下而起剝牀之足言牀足以剝也下道始滅也蔑貞凶者蔑削也貞正也下道既滅則以侵削其貞正所以凶也象曰剝牀以足以滅下者釋剝牀以足之義牀在人下足

又在牀下今剝牀之足是盡滅於下也　六二剝牀以辨至有與
也　正義曰剝牀以辨者辨謂牀身之下牀足之上足與牀身分
辨之處也今剝落侵上乃至於辨是漸近人身故云剝牀以辨也蔑
貞凶者蔑削也削除中正之道故凶也初六蔑貞但小削而已六二
蔑貞是削之甚極故更云蔑貞凶也長此陰柔削其正道以此爲德
則物之所棄故象云未有與也言无人與助之也　注蔑猶至所
棄也　正義曰蔑猶甚極之辭者初既稱蔑二又稱蔑蔑上復蔑
此爲蔑甚極故云蔑猶甚極之辭也蔑謂微蔑物之見削則微蔑也
故以蔑爲削稍近於牀轉欲滅物之所處者物之所處謂牀也今剝
道既至於辨在牀體下畔之間是將欲滅牀故云轉欲滅物之所處
也　六三剝之至上下也　正義曰六三與上九爲應雖在剝
陽之時獨能與陽相應雖失位處剝而无咎也象曰剝之无咎失上
下者釋所以无咎之義上下羣陰皆悉剝陽也己獨能違失上下之
情而往應之所以无咎也　六四剝牀至近災也　正義曰剝
牀以膚者四道浸長剝牀已盡乃至人之膚體物皆失身所以凶也

象曰切近災者其災已至故云切近災也　六五貫魚至无尤也

正義曰貫魚以宮人寵者處得尊位爲剥之主剥之爲害小人得寵以消君子貫魚者謂衆陰也駢頭相次似若貫穿之魚此六五若能處待衆陰但以宮人之寵相似宮人被寵不害正事則終无尤過无所不利故云无不利故象云終无尤也　上九碩果至不可用也

正義曰碩果不食者處卦之終獨得完全不被剥落猶如碩大之果不爲人食也君子得輿者若君子而居此位能覆蔭於下使得全安是君子居之則得車輿也若小人居之下无庇蔭在下之人被剥徹廬舍也象曰君子得輿民所載者釋得輿之義若君子居處此位養育其民民所仰載也小人剥廬終不可用者言小人處此位爲君剥徹民之廬舍此小人終不可用爲君也

周易正義卷第五

計一萬五千一百六十九字

周易正義卷第六

國子祭酒上護軍曲阜縣開國子臣孔穎達奉

勑撰

☷☳震下坤上 復亨至攸往

正義曰復亨者陽氣反復而得亨通故云復亨也出入无疾者出則剛長入則陽反理會其時故无疾病也朋來无咎者朋謂陽也反復衆陽朋聚而來則无咎也若非陽衆來則有咎以其衆陽之來故无咎也反復其道七日來復者欲速反之與復而得其道不可過遠唯七日則來復乃合於道也利有攸往者以陽氣方長往則小人道消故利有攸往也

彖曰復亨至之心乎

正義曰復亨者以陽復則亨故以亨連復而釋之也剛反動而以順行者既上釋復亨之義又下釋出入无疾朋來无咎之理故云是以出入无疾朋來无咎也反復其道七日來復天行者以天行釋反復其道七日來復之義言反之與復得合其道唯七日而來復不可久遠也此是天之所行也天之陽氣絶滅之後不過七日陽氣復生此乃天之自然之理故

曰天行也利有攸往剛長者以剛長經利有攸往之義也復其見天
地之心乎者此賛明復卦之義天地養萬物以靜爲心不爲而物自
爲不生而物自生寂然不動此天地之心也此復卦之象動息地中
雷在地下息而不動靜寂之義與天地之心相似觀此復象乃見天
地之心也天地非有主宰何得有心以人事之心託天地以示法爾
注陽氣至凡七日　正義曰陽氣始剥盡謂陽氣始於剥盡之後
至陽氣來復時凡經七日觀注之意陽氣從剥盡之後至於反復凡
經七日其注分明如褚氏莊氏並云五月一陰生至十一月一陽生
凡七月而云七日不云月者欲見陽長須速故變月言日今輔嗣云
剥盡至來復是從盡至來復經七日也若從五月言之何得云始盡
也又臨卦亦是陽長而言八月今復卦亦是陽長何以獨變月而稱
七日觀注之意必謂不然亦用易緯六日七分之義同鄭康成之説
但於文省略不復具言案易緯稽覽圖云卦氣起中孚故離坎震兌
各主其一方其餘六十卦卦有六爻爻別主一日凡主三百六十日
餘有五日四分日之一者每日分爲八十分五日分爲四百分四分

日之一又爲二十分是四百二十分六十卦分之六七四十二卦
各得七分是每卦得六日七分也剥卦陽氣之盡在於九月之末十
月當純坤用事坤卦有六日七分坤卦之盡則復卦陽來是從剥盡
至陽氣來復隔坤之一卦六日七分舉成數言之故輔嗣言凡七日
也反復者則出入之義反謂入而倒反復謂既反之後復而向上也
注復者至具存矣　正義曰復者反本之謂也者往前離本處而
去今更反於本處是反本之謂也天地以本爲心者本謂靜也言天
地寂然不動是以本爲心者也凡動息則靜靜非對動者也天地之
動靜爲其本動爲其末言靜時多也動時少也若暫時而動止息則
歸靜是靜非對動言靜之爲本自然而有非對動而生靜故曰靜非
對動者也語息則默默非對語者語則聲之動默則口之靜是不語
之時恒常默也非是對語有默以動靜語默而无別體故云非對也
云天地雖大富有萬物雷動風行運化萬變者此言天地之動也言
寂然至无是其本矣者凡有二義一者萬物雖運動於外而天地寂
然至无於其内也外是其末内是其本言天地无心也二者雖雷動

風行千化萬變若其雷風止息運化停住之後亦寂然至无也若其以有爲心則異類未獲具存者凡以无爲心則物我齊致親踈一等則不害異類彼此獲寧若其以有爲心則我之自我不能普及於物物之自物不能普賴於我物則被害故未獲具存　象曰雷在至省方　正義曰雷在地中復者雷是動物復卦以動息爲主故曰雷在地中先王以至日閉關者先王象此復卦以二至之日閉塞其關也商旅不行於道路也后不省方者方事也后不省視其方事也以地掩閉於雷故關門掩閉商旅不行君后掩閉於事皆取動息之義

注方事至无事也　正義曰方事者恐方是四方境域故以方爲事也言至日不但不可出行亦不可省視事也冬至陰之復夏至陽之復者復謂反本靜爲動本冬至一陽生是陽動用而陰復於靜也夏至一陰生是陰動用而陽復於靜也動復則靜行復則止事復則无事者動而反復則歸靜行而反復則歸止事而反復則歸于无事也

初九不遠至脩身也　正義曰不遠復者最處復初是始復者也既在陽復即能從而復之是迷而不遠即能復也无祇悔元吉者韓

氏云祇大也既能速復是无大悔所以大吉象曰不遠之復以脩身
者釋不遠之復也所以不遠速復者以能脩正其身有過則改故也
六二休復至下仁也　正義曰休復吉者得位處中最比於初陽
爲仁行己在其上附而順之是降下於仁是休美之復故云休復吉
也以其下仁所以吉也故象云休復之吉以下仁也　六三頻復
至无咎也　正義曰頻復者頻謂頻蹙六三處下體之上去復稍
遠雖勝於上六迷復猶頻蹙而復復道宜速謂蹙而求復也去復猶
近雖有危厲於義无咎故象云義无咎也　注頻頻至難保
正義曰義雖无咎它來難保者去復未甚大遠於義雖復无咎謂以
道自守得无咎也若自守之外更有它事而來則難可保此无咎之
吉也所以象云義无咎守常之義得无咎也　六四中行至從道
也　正義曰中行獨復者處於上卦之下上下各有二陰己獨應
初居在衆陰之中故云中行獨自應初故云獨復從道而歸故象云
以從道也　六五敦復至自考也　正義曰敦復无悔者處坤
之中是敦厚於復故云敦復既能履中又能自考成其行既居敦厚

物无所怨雖不及六二之休復猶得免於悔吝故云无悔也象曰敦復无悔中以自考者釋无悔之義以其處中能自考成其身故无悔也　上六迷復至君道也　正義曰迷復凶者最處復後是迷闇於復以迷求復所以凶也有災眚者闇於復道必无福慶唯有災眚也用行師終有大敗者所爲既凶故用之行師必无克勝唯終有大敗也以其國君凶者以用此迷復於其國内則反違君道所以凶也至于十年不克征者師敗國凶量斯形勢雖至十年猶不能征伐以其迷闇不復而反違於君道故象云迷復之凶反君道也

䷘震下乾上　无妄元亨至攸往

正義曰无妄者以剛爲内主動而能健以此臨下物皆无敢詐僞虚妄俱行實理所以大得亨通利於貞正故曰元亨利貞也其匪正有眚不利有攸往者物既无妄當以正道行之若其匪依正道則有眚災不利有所往也　彖曰无妄至行矣哉　正義曰剛自外來而爲主於内動而健者以此卦象釋能致无妄之義以震之剛從外而來爲主於内震動而乾健故能使物无妄也剛中而應者明爻義

能致无妄九五以剛處中六二應之是剛中而應剛中則能制斷虚
實有應則物所順從不敢虚妄也大亨以正天之命者釋元亨利貞
之義威剛方正私欲不行何可以妄此天之教命也以天道純陽剛
而能健是乾德相似故云天之命也既是天命豈可犯乎其匪正有
眚不利有攸往无妄之往何之矣者此釋匪正有眚不利有攸往之
義也无妄之往何之矣上之是語辭下之是適也身既非正在无妄
之世欲有所往何所之適矣故云无妄之往何之矣天命不祐行矣
哉者身既非正欲有所往犯違天命則天命不祐助也必竟行矣哉
言終竟行此不祐之事也　注剛自至攸往也　正義曰云使
有妄之道滅无妄之道成者妄謂虚妄矯詐不循正理若无剛中之
主柔弱邪僻則物皆詐妄是有妄之道興也今遇剛中之主威嚴剛
正在下畏威不敢詐妄是有妄之道滅无妄之道成　注匪正至
竟矣哉　正義曰竟矣哉者竟謂終竟言天所不祐終竟行矣哉
象曰天下至萬物　正義曰天下雷行者雷是威恐之聲今天下
雷行震動萬物物皆驚肅无敢虚妄故云天下雷行物皆无妄也先

王以茂對時育萬物者茂盛也對當也言先王以此无妄盛事當其
无妄之時育養萬物也此唯王者其德乃耳非諸侯已下所能故不
云君子而言先王也案諸卦之象直言兩象即以卦名結之若雷在
地中復今无妄應云天下雷行无妄今云物與无妄者欲見萬物皆
无妄故加物與二字也其餘諸卦未必萬物皆與卦名同義故直顯
象以卦結之至如復卦唯陽氣復非是萬物皆復舉復一卦餘可知
矣 初九无妄至得志也 正義曰无妄往吉者體剛居下以
貴下賤所行教化不爲妄動故往吉而得志也 六二不耕至未
富也 正義曰不耕穫不菑畬者六二處中得位盡於臣道不敢
創首唯守其終猶若田農不敢發首而耕唯在後穫刈而已不敢菑
發新田唯治其畬熟之地皆是不爲其初而成其末猶若爲臣之道
不爲事始而代君有終也則利有攸往者爲臣如此則利有攸往若
不如此則往而无利也 象曰不耕穫未富也者釋不耕而穫之義不
敢前耕但守後穫者未敢以耕耕之與穫俱爲己事唯爲後穫不敢
先耕事既闕初不擅其美故云未富也 六三无妄之災至人災也

正義曰无妄之災或繫之牛行人之得邑人之災者无妄之世邪道不行六三陰居陽位失其正道行違謙順而乖臣範故无妄之所以爲災矣牛者稼穡之資六三僭爲耕事行唱始之道而爲不順王事之行故有司或繫其牛制之使不妄造故曰或繫之牛也行人者有司之義也有司繫得其牛是行人制之得功故曰行人之得彼居三者是處邑之人僭爲耕事受其災罰故曰行人之得邑人之災也象曰行人得牛邑人災也者釋行人之得義也以行人所得謂得牛也此則得牛彼則爲災故云邑人災也

九四可貞至有之也

正義曰可貞无咎者以陽居陰以剛乘柔履於謙順上近至尊可以任正固有所守而无咎故曰可貞无咎也象曰可貞无咎固有之也者釋可貞无咎之義所以可執貞正言堅固有所執守故曰无咎也

九五无妄至不可試也

正義曰无妄之疾者凡禍疾所起由有妄而來今九五居得尊位爲无妄之主下皆无妄而偶然有此疾害故云无妄之疾也勿藥有喜者若疾自己招或寒暑飲食所致當須治療若其自然之疾非己所致疾當自損勿須藥療而有喜也此假

病象以喻人事猶若人主而剛正自脩身无虛妄下亦无虛妄而遇逢凶禍若堯湯之厄災非己招但順時脩德勿須治理必欲除去不勞煩天下是有喜也然堯遭洪水使鯀禹治之者雖知災未可息必須順民之心鯀之不成以災未息也禹能治救災欲盡也是亦自然之災勿藥有喜之義也象曰无妄之藥不可試也者解勿藥有喜之義若有妄致疾其藥可用若身既无妄自然致疾其藥不可試也若其試之恐更益疾也言非妄有災不可治也若必欲治之則勞煩於下害更甚也此非直施於人主至於凡人之事亦皆然也若己之无罪忽逢禍患此乃自然之理不須憂勞救護亦恐反傷其性

上九无妄行至之災也　正義曰處不可妄之極唯宜靜保其身若動行必有災眚无所利也位處窮極動則致災故象云无妄之行窮之災也

䷙乾下艮上　大畜利貞至大川

正義曰謂之大畜者乾剛上進艮止在上止而畜之能畜止剛健故曰大畜彖云能止健大正也是能止健故爲大畜也小畜則巽在乾

上以其巽順不能畜止乾之剛故云小畜也此則艮能止之故爲大畜也利貞者人能止健非正不可故利貞也不家食吉者已有大畜之資當須養贍賢人不使賢人在家自食如此乃吉也利涉大川者豐財養賢應於天道不憂險難故利涉大川　彖曰大畜至應乎天也　正義曰言大畜剛健篤實者此釋大畜之義剛健謂乾也乾體剛性健故言剛健也篤實謂艮也艮體靜止故稱篤實也輝光日新其德者以其剛健篤實之故故能輝耀光榮日日增新其德若无剛健則劣弱也必既厭而退若无篤實則虚薄也必既榮而隕何能久有輝光日新其德乎剛上而尚賢者剛上謂上九也乾剛向上上九不距是貴尚賢也能止健大正也者釋利貞義所以艮能止乾之健者德能大正故能止健也不家食吉養賢者釋不家食吉所以不使賢者在家自食而獲吉也以在上有大畜之實養此賢人故不使賢者在家自食也利涉大川應乎天者以貴尚賢人大正應天可踰越險難故利涉大川也　注凡物至篤實也　正義曰凡物既厭而退者弱也者釋經剛健也若不剛健則見厭被退能剛健則

所爲日進不被厭退也既榮而隕者薄也者釋經篤實也凡物暫時榮華而即隕落者由體質虛薄也若能篤厚充實則恒保榮美不有隕落也　注謂上至之謂也　正義曰謂上九也者言上九之德見乾之上進而不距逆是貴尚賢也處上而大通者釋上九何天之衢亨是處上通也既處於上下應於天有大通之德也剛來而不距者以有大通既見乾來而不距逆是尚賢之義也　注有大畜至大川也　正義曰尚賢制健者謂上九剛來不距尚賢之謂也艮能畜剛制健之謂也故上經云剛上而尚賢王注云謂上九也又云能止健大正也王注云健莫過乾而能止之非夫大正未之能也則是全論艮體明知尚賢謂上九也制健謂艮體也大正應天者謂艮也故前文云能止健大正也止健是艮也應天者上體之艮應下體之乾故稱應天也此取上卦下卦而相應非謂一陰一陽而相應也

象曰天在至其德　正義曰天在山中者欲取德積於身中故云天在山中也君子以多識前言往行以畜其德者君子則此大畜物既大畜德亦大畜故多記識前代之言往賢之行使多聞多見以畜

積己德故云以畜其德也　注物之至於此也　正義曰物之
可畜於懷令其道德不有棄散者唯此蘊藏前言往行於懷可以令德
不散也唯此而已故云盡於此也　初九有厲至犯災也
正義曰有厲利已者初九雖有應於四四乃抑畜於己己今若往則
有危厲唯利休已不須前進則不犯禍凶也故象云不犯災也
九二輿說至无尤也　正義曰九二雖與六五相應五處畜盛未
可犯也若遇斯而進則輿說其輻車破敗也以其居中能遇難而止
則无尤過故象云中无尤也以其居中能自止息故无尤也此輿說
輻亦假象以明人事也　九三良馬至合志也　正義曰九三
良馬逐者初二之進值於畜盛不可以升至於九三升于上九而上
九處天衢之亨途徑大通進无違距故九三可以良馬馳逐也利艱
貞者履當其位進得其時在乎通路不憂險厄故宜利艱難而貞正
也若不值此時雖平易守正而尚不可況艱難而欲行正乎曰閑輿
衛者進得其時涉難无患雖曰有人欲閑閡車輿乃是防衛見護也
故云曰閑輿衛也利有攸往者與上合志利有所往故象曰上合志也

六四童牛至有喜也　正義曰童牛之牿者處艮之始履得其位能抑止剛健之初距此初九不須用角故用童牛牿止其初也元吉者柔以止剛剛不敢犯以息彊爭所以大吉而有喜也故象云元吉有喜也　六五豶豕至有慶也　正義曰豶豕之牙者豕牙謂九二也二既剛陽似豕牙之横猾九二欲進此六五處得尊位能豶損其牙故云豶豕之牙柔能制剛禁暴抑盛所以吉也非唯獨吉乃終久有慶故象云六五之吉有慶也　注豕牙至有慶也

正義曰能豶其牙者觀注意則豶是禁制損去之名褚氏云豶除也除其牙也然豶之爲除爾雅无訓案爾雅云豶大防則豶是隄防之義此豶其牙謂防止其牙古字假借雖豕傍土邊之異其義亦通豶其牙謂止其牙也　上九何天至大行也　正義曰何天之衢亨者何謂語辭猶云何畜也處畜極之時更何所畜乃天之衢亨无所不通也故象云何天之衢道大行也何氏云天衢既通道乃大亨

䷚震下艮上頤貞吉至口實

正義曰頤貞吉者於頤養之世養此貞正則得吉也觀頤者頤養也

觀此聖人所養物也自求口實者觀其自養求其口中之實也

彖曰頤貞至大矣哉　正義曰頤貞吉養正則吉者釋頤貞吉之義頤養也貞正也所養得正則有吉也其養正之言乃兼二義一者養此賢人是其養正故下云聖人養賢以及萬民二者謂養身得正故象云愼言語節飲食以此言之則養正之文兼養賢及自養之義也觀頤觀其所養也者釋觀頤之義也言在下觀視在上頤養所養何人故云觀頤觀其所養也自求口實觀其自養者釋自求口實之義也謂在下之人觀此在上自求口中之實是觀其自養則是在下觀上乃有二義若所養是賢及自養有節則是其德盛也若所養非賢及自養乖度則其德惡也此卦之意欲使所養得也不欲所養失也天地養萬物者自此已下廣言頤卦所養事大故云天地養萬物也聖人養賢以及萬民者先須養賢乃得養民故云養賢以及萬民也聖人但養賢人使治衆衆皆獲安有如虞舜六人周武十人漢帝張良齊君管仲此皆養得賢人以爲輔佐政治世康兆庶咸說此則聖人養賢以及萬民之義也頤之時大矣哉者以彖釋頤義於理既

盡更无餘意故不云義所以直言頤之時大矣哉以所養得廣故云大矣哉　象曰山下至飲食　正義曰山止於上雷動於下頤之爲用下動上止故曰山下有雷頤人之開發言語咀嚼飲食皆動頤之事故君子觀此頤象以謹慎言語裁節飲食先儒云禍從口出患從口入故於頤養而慎節也　初九舍爾至不足貴也

正義曰舍爾靈龜觀我朶頤凶者靈龜謂神靈明鑒之龜兆以諭己之明德也朶頤謂朶動之頤以嚼物喻貪惏以求食也初九以陽處下而爲動始不能使物賴己而養而更自動求養是舍其靈龜之明兆觀我朶頤而躁求是損己廉靜之德行其貪竊之情所以凶也不足可貴故象云亦不足貴也　注朶頤至甚焉　正義曰朶頤者嚼也者朶是動義如手之捉物謂之朶也今動其頤故知嚼也不能令物由己養者若道德弘大則己能養物是物由己養今身處无位之地又居震動之始是動而自求養也離其致養之至道闚我寵禄而競進者若能自守廉靜保其明德則能致君上所養今不能守廉靜是離其致養之至道反以求其寵禄而競進也　六二顛頤

至失類也　正義曰顛倒也拂違也經義也丘所履之常處也六二處下體之中无應於上反倒下養初故曰顛頤下當奉上是義之常處也今不奉於上而反養於下是違此經義於常之處故云拂經於丘也頤征凶者征行也若以此而養所行皆凶故曰頤征凶也象曰六二征凶行失類也者頤養之體類皆養上也今此獨養下是所行失類也

六三拂頤至大悖也　正義曰拂頤貞凶者拂違也履夫不正以養上九是自納於上以諂媚者也違養正之義故曰拂頤貞而有凶也爲行如此雖至十年猶勿用而見棄也故曰十年勿用立行於此故无所利也象曰十年勿用道大悖者釋十年勿用之義以其養上以諂媚則於正道大悖亂解十年勿用見棄也

六四顛頤至上施光也　正義曰顛頤吉者體屬上體居得其位而應於初以上養下得養之宜所以吉也虎視眈眈者以上養下不可褻瀆恒如虎視眈眈然威而不猛也其欲逐逐者既養於下不可有求其情之所欲逐逐然尚於敦實也无咎者若能虎視眈眈其欲逐逐雖復顛頤養下則得吉而无咎也象曰顛頤之吉上施光者釋

顛頤吉之義上謂四也下養於初是上施也能威而不猛如虎視眈眈又寡欲少求其欲逐逐能爲此二者是上之所施有光明也然六二顛頤則爲凶六四顛頤得爲吉者六二身處下體而又下養所以凶也六四身處上體又應於初陰而應陽又能威嚴寡欲所以吉也

注體屬至爲盛矣　正義曰觀其自養則履正者以陰處陰四自處其身是觀其自養則能履正道也察其所養則養陽者六四下養於初是觀其所養初是陽爻則能養陽也

六五拂經至從上也

正義曰拂違也經義也以陰居陽不有謙退乖違於頤養之義故言拂經也居貞吉者行則失類居貞吉也不可涉大川者處頤違謙患難未解故不可涉大川故居貞吉也象曰順以從上者釋居貞之義以五近上九以陰順陽親從於上故得居貞吉也

上九由頤至有慶也　正義曰由頤者以陽處上而履四陰陰不能獨爲其主必宗事於陽也衆陰莫不由之以得其養故曰由頤也厲吉者爲衆陰之主不可褻瀆嚴厲乃吉故云厲吉也利涉大川者爲養之主无所不爲故利涉大川而有慶也故象云大有慶也

䷛巽下兑上大過棟橈至往亨

正義曰過謂過越之過非經過之過此衰難之世唯陽爻乃大能過越常理以拯患難也故曰大過以人事言之猶若聖人過越常理以拯患難也棟橈者謂屋棟也本之與末俱橈弱以言衰亂之世始終皆弱也利有攸往亨者既遭衰難聖人利有所往以拯患難乃得亨通故云利有攸往亨也　注音相過之過　正義曰相過者謂相過越之甚也非謂相過從之過故象云澤滅木是過越之甚也四陽在中二陰在外以陽之過越之甚也　彖曰大過至大矣哉

正義曰大過大者過也者釋大過之義也大者過謂盛大者乃能過其分理以拯難也故於二爻陽處陰位乃能拯難也亦是過甚之義棟橈本末弱也者釋棟橈義以大過本末俱弱故屋棟橈弱也似若衰難之時始終弱也剛過而中巽而說行利有攸往乃亨者此釋利有攸往乃亨義剛過而中謂二也以陽處陰是剛之過極之甚則陽來拯此陰難是過極之甚也巽而說行者既以巽順和說而行難乃得濟故利有攸往得亨也故云乃亨大過之時大矣哉此廣說大過

之美言當此大過之時唯君子有爲拯難其功甚大故曰大矣哉也
象曰澤滅木大過君子以獨立不懼遯世无悶　正義曰澤滅木者澤體處下木體處上澤无
滅木之理今云澤滅木者乃是澤之甚極而至滅木是極大過越之
義其大過之卦有二義也一者物之自然大相過越常分即此澤滅
木是也二者大人大過越常分以拯患難則九二枯楊生稊老夫得
其女妻是也君子以獨立不懼遯世无悶者明君子於衰難之時卓
爾獨立不有畏懼隱遯於世而无憂悶欲有遯難之心其操不改凡
人遇此則不能然唯君子獨能如此是其過越之義　初六藉用
至在下也　正義曰藉用白茅者以柔處下心能謹慎薦藉於物
用絜白之茅言以絜素之道奉事於上也无咎者既能謹慎如此雖
遇大過之難而无咎也以柔道在下所以免害故象云柔在下也
九二枯楊至以相與也　正義曰枯楊生稊者枯謂枯槁稊謂楊
之秀者九二以陽處陰能過其本分而救其衰弱上无其應心无特
者處大過之時能行此道无有衰者不被拯濟故衰者更盛猶若枯
槁之楊更生少壯之稊枯老之夫得其少女爲妻也无不利者謂拯

弱興衰莫盛於此以斯而行无有不利也象曰老夫女妻過以相與者釋老夫女妻之義若老夫而有老妻是依分相對今老夫而得女妻是過分相與也老夫得女妻是女妻以少而與老夫老夫得少而更壯是女妻過分而與夫也女妻而得少夫是依分相對今女妻得老夫是老夫減老而與少女妻既得其老則益長是老夫過分而與妻也故云過以相與象直云老夫女妻不云枯楊生稊者枯楊則是老夫也生稊則女妻也其意相似故象略而不言

注稊者至斯義也

正義曰稊者楊柳之穟故云楊之秀也以陽處陰能過其本而救其弱者若以陽處陽是依其本分今以陽處陰是過越本分拯救弱陰也老過則枯少過則稚者老之太過則枯槁少之太過則幼稚也以老分少則稚者長也謂老夫減老而與女妻女妻得之而更益長故云以老分少則稚者長也以稚分老則枯者榮者謂女妻減少而與老夫老夫得之似若枯者而更得生稊故云則枯者榮也云大過至衰而已至壯以至壯輔至衰應斯義者此大過之卦本明至壯輔至衰不論至衰減至壯故輔嗣此注特云以至壯輔至衰也

象曰過以相與者因至壯而輔至衰似女妻而助老夫遂因云老夫減老而與少猶若至衰減衰而與壯也其實不然也　九三棟橈至有輔也　正義曰棟橈凶者居大過之時處下體之極以陽居陽不能救危拯弱唯自守而已獨應於上係心在一所以凶也心旣褊狹不可以輔救衰難故象云不可以有輔也　九四棟隆至乎下也　正義曰棟隆吉者體居上體以陽處陰能拯救其弱不爲下所橈故得棟隆起而獲吉也有它吝者以有應在初心不弘闊故有它吝也象曰棟隆之吉不橈乎下也者釋棟隆之吉以其能拯於難不被橈乎在下故得棟隆吉九四應初行又謙順能拯於難然唯只拯初初謂下也下得其拯猶若所居屋棟隆起下必不橈弱何得之不被橈乎在下但經文云棟橈彖釋棟橈者本末弱也以屋棟橈弱而偏則屋下榱柱亦先弱柱爲本榱爲末觀此彖辭是足見其義故子產云棟折榱崩僑將壓焉以屋棟橈折則榱柱亦同崩此則義也　九五枯楊至可醜也　正義曰枯楊生華者處得尊位而以陽居陽未能拯危不如九二枯楊生稊但以處在尊位唯得枯楊

生華而已言其衰老雖被拯救其益少也又似年老之婦得其彊壯士夫婦已衰老夫又彊大亦是其益少也所拯難處少纔得无咎而已何有聲譽之美故无咎无譽也象曰枯楊生華何可久者枯槁之楊被拯纔得生華何可長久尋當衰落也老婦士夫亦可醜也者婦當少稚於夫今年老之婦而得彊壯士夫亦可醜辱也此言九五不能廣拯衰難但使枯楊生華而已但使老婦得其士夫而已拯難狹劣故不得長久誠可醜辱言不如九二也　注處得至可醜也

正義曰處得尊位亦未有橈者以九三不得尊位故有棟橈今九五雖與九三同以陽居陽但九五處得尊位功雖未廣亦未有橈弱若其橈弱不能拯難不能使枯楊生華也以在尊位微有拯難但其功狹少但使枯楊生華而已不能使之生稊也能得夫不能得妻者若拯難功闊則老夫得其女妻是得少之甚也今既拯難功狹但能使老婦得士夫而已不能得女妻言老婦所得利益薄少皆爲拯難功薄故所益少也　上六過涉至可咎也　正義曰過涉滅頂凶者處大過之極是過越之甚也以此涉危難乃至於滅頂言涉難深

也負滅其頂所以凶也无咎者所以涉難滅頂至於凶亡本欲濟時拯難意善功惡无可咎責此猶龍逢比干憂時危亂不懼誅殺直言深諫以忤无道之主遂至滅亡其意則善而功不成復有何咎責此亦過涉滅頂凶无咎之象故象云不可咎言不可害於義理也

䷜坎下坎上　習坎有孚至有尚

正義曰習坎者坎是險陷之名習者便習之義險難之事非經便習不可以行故須便習於坎事乃得用故[illegible]坎之[illegible]　有孚信也由剛正在內故有信也維心亨者陽不外發而在於內是維心亨言心得通也行有尚者內亨外闇內剛外柔以此行險事可尊尚故云行有尚也案諸卦之名皆於卦上不加其字此坎卦之名特加習者以坎為險難故特加習名習有二義一者習重也謂上下俱坎是重疊有險險之重疊乃成險之用也二者人之行險先須便習其事乃可得通故云習也　注剛正至亨者也　正義曰剛正在內者謂陽在中也內心剛正則能有誠信故云剛正在內有孚者也陽不外發而在乎內心亨者也若外陽內陰則內心柔弱故不得亨通今

一九六

以陽在於内陽能開通故維其在心之亨也　注内亨至有尚也
正義曰内亨外闇者内陽故内亨外陰故外闇以亨通之性而往詣
陰闇之所能通於險故行可貴尚也　彖曰習坎至大矣哉
正義曰習坎重險者釋習坎之義言習坎者習行重險險難也若險
難不重不爲至險不須便習亦可濟也今險難既重是險之甚者若
不便習不可濟也故注云習坎者習重險也水流而不盈行險而不
失其信者此釋重險習坎之義水流而不盈謂險陷既極坑穽特深
水雖流注不能盈滿言險之甚也此釋重險之義也行險而不失其
信謂行此至險能守其剛中不失其信也此釋習坎及有孚之義也
以能便習於險故守剛中不失其信也維心亨乃以剛中也者釋維
心亨義也以剛在於中故維得心亨也行有尚往有功者此釋行有
尚也既便習於坎而往之險地必有其功故云行有尚往有功也天
險不可升者巳下廣明險之用也言天之爲險懸邈高遠不可升上
此天之險也若其可升不得保其威尊故以不可升爲險也地險山
川丘陵也者言地以山川丘陵而爲險也故使地之所載之物保守

其全若无山川丘陵則地之所載之物失其性也故地以山川丘陵
而爲險也王公設險以守其國者言王公法象天地固其城池嚴其
法令以保守其國也險之時用大矣哉者言天地已下莫不須險險
難有時而用故其功盛大矣哉　注言習至重險也　正義曰
言習坎者習乎重險也者言人便習於坎止是便習重險便習之語
以釋習名兩坎相重謂之重險又當習義是一習之名有此兩義
注險陗至之謂也　正義曰險陗之極故水流而不能盈者若淺
岸平谷則水流有可盈滿若其崖岸險峻澗谷泄漏是水流不可盈
滿是險難之極也　注非用至有時也　正義曰非用之常用
有時者若天險地險不可暫无此謂人之設險用有時也若化洽平
治內外輯睦非用險也若家國有虞須設險防難是用有時也
象曰水洊至敎事　正義曰水洊至習坎者重險懸絕其水不以
險之懸絕水亦相仍而至故謂爲習坎也以人之便習于坎猶若水
之洊至水不以險爲難也君子以常德行習敎事者言君子當法此
便習於坎不以險難爲困當守德行而習其政教之事若能習其敎

事則可便習於險也　初六習坎至失道凶也　正義曰習坎入於坎窞凶者既處坎底上无應援是習為險難之事无人應援故入於坎窞而至凶也以其失道不能自濟故象云失道凶也

九二坎有至出中也　正義曰坎有險者履失其位故曰坎也上无應援故曰有險既在坎難而又遇險未能出險之中故象云未出中也求小得者以陽處中初三來附故可以求小得也初三柔弱未足以為大援故云求小得也

六三來之至无功也　正義曰來之坎坎者履非其位而處兩坎之閒出之與居皆在於坎故云來之坎坎也險且枕者枕枝而不安之謂也出則无應所以險處則不安故且枕也入于坎窞者出入皆難故入於坎窞也勿用者不可出行若其出行終必无功徒勞而已故象云終无功也

六四樽酒至剛柔際也　正義曰樽酒簋貳者處重險而履得其位以承於五五亦得位剛柔各得其所皆无餘應以相承比明信顯著不假外飾處坎以此雖復一樽之酒二簋之食故云樽酒簋貳也用缶者既有樽酒簋貳又用瓦缶之器故云用缶也納約自牖終无咎者納此

儉約之物從牖而薦之可羞於王公可薦於宗廟故云終无咎也象曰樽酒簋貳剛柔際者釋樽酒簋貳義所以一樽之酒貳簋之食得進獻者以六四之柔與九五之剛兩相交際而相親故得以此儉約而爲禮也

九五坎不至未大也

正義曰坎不盈者爲坎之主而无應輔可以自佐險難未能盈坎猶險難未盡也故云坎不盈也祗既平无咎者祗辭也謂險難既得盈滿而平乃得无咎若坎未盈平仍有咎也象曰坎不盈中未大者釋坎不盈之義雖復居中而无其應未得光大所以坎不盈滿也

上六係用至三歲也

正義曰係用徽纆寘於叢棘者險陗之極不可升上嚴法峻整難可犯觸上六居此險陗之處犯其峻整之威所以被繫用其徽纆之繩置於叢棘謂囚執之處以棘叢而禁之也三歲不得凶者謂險道未終三歲已來不得其吉而有凶也險終乃反若能自脩三歲後可以求復自新故象云上六失道凶三歲也言失道之凶唯三歲之後可以免也

䷝離下離上　離利貞亨畜牝牛吉

正義曰離利貞亨者離麗也麗謂附著也言萬物各得其所附著處故謂之離也利貞亨者離卦之體陰柔爲主柔則近於不正不正則不亨通故利在行正乃得亨通以此故亨在利貞之下故云利貞亨畜牝牛吉者柔處於內而履正中是牝之善者外强內順是牛之善者也離之爲體以柔順爲主故畜養牝牛乃得其吉若畜養剛健則不可也此云畜牝牛假象以明人事也言離之爲德須內順外强而行此德則得吉也若內剛外順則反離之道也　注離之至貞亨也　正義曰離之爲卦以柔爲正者二與五俱是陰爻處於上下兩卦之中是以柔爲正　注柔處至牝牛也　正義曰柔處於內而履正中牝之善也者若柔不處於內似婦人而預外事若柔而不履正中則邪僻之行皆非牝之善也若柔能處中行能履正是爲牝之善也云外强而內順牛之善者明若內外俱强則失於猛害若外內俱順則失於劣弱唯外强內順於用爲善故云外强內順牛之善也離之爲體以柔順爲主故不可以畜剛猛之物者既以柔順爲主若畜剛猛之物則反其德故不可畜剛猛而畜牝牛也　彖曰

離麗至牛吉也　正義曰離麗者釋離卦之名麗謂附著也以陰柔之質附著中正之位得所著之宜故云麗也日月麗乎天百穀草木麗乎土者此廣明附著之義以柔附著中正是附得宜故廣言所附得宜之事也重明以麗乎正乃化成天下者此以卦象說離之功德也并明利貞之義也重明謂上下俱離麗乎正也者謂兩陰在內既有重明之德又附於正道所以化成天下也然陰居二位可謂爲正若陰居五位非其正位而云重明麗乎正者以五處於中正又居尊位雖非陰陽之正乃是事理之正故總云麗於正也柔麗乎中正故亨是以牝牛吉者釋經亨義也又總釋畜牝牛吉也柔麗於中正謂六五六二之柔皆麗於中中則不偏故云由正以中正爲德故萬事亨以中正得通故畜養牝牛而得吉也以牝牛有中正故也案諸卦之彖釋卦名之下乃釋卦下之義於後乃歎而美之此彖既釋卦名即廣歎爲卦之美乃釋卦下之義與諸卦不例者此乃夫子隨義則言因文之便也此既釋離名麗因廣說日月草木所麗之事然後却明卦下之義更无義例　象曰明兩至于四方　正義曰明

兩作離者離爲日日爲明今有上下二離故云明兩作離也案八純之卦論象不同各因卦體事義隨文而發乾坤不論上下之體直揔云天行健地勢坤以天地之大故揔稱上下二體也雷是連續之至水爲流注不已義皆取連續相因故震云洊雷坎云洊至也風是搖動相隨之物故云隨風巽也山澤各自爲體非相入之物故云兼山艮麗澤兌是兩物各行也今明之爲體前後各照故云明兩作離是積聚兩明乃作於離若一明暫絶其離未久必取兩明前後相續乃得作離卦之美故云大人以繼明照於四方是繼續其明乃得照於四方若明不繼續則不得久爲照臨所以特云明兩作離取不絶之義也

初九履錯至辟咎也　正義曰履錯然者身處離初將欲前進其道未濟故其所履踐恒錯然敬慎不敢自寧故云履錯然敬之无咎若能如此恭敬則得避其禍而无咎故象云履錯之敬以避咎也

注錯然至其咎也　正義曰錯然者警慎之貌者錯是警懼之狀其心未寧故錯然也言處離之始將進而盛未在既濟者將進而盛謂將欲前進而向盛也若位在於三則得既濟今位在

於初是未在既濟謂功業未大故宜慎其所履恒須錯然避咎也

六二黄離至中道也　正義曰黄者中色離者文明居中得位而處於文明故元吉也故象云得中道以其得中央黄色之道也

九三日昃至可久也　正義曰日昃之離者處下離之終其明將没故云日昃之離也不鼓缶而歌則大耋之嗟凶者時既老耋當須委事任人自取逸樂若不委之於人則是不鼓擊其缶而爲歌則至於大耋老耄而咨嗟何可久長所以凶也故象云日昃之離何可久也

九四突如至所容也　正義曰突如其來如者四處始變之際三爲始昏四爲始曉三爲已没四爲始出突然而至忽然而來故曰突如其來如也焚如者逼近至尊履非其位欲進其盛以焚炎其上故云焚如也死如者既焚其上命必不全故云死如也棄如者違於離道无應无承衆所不容故云棄如是以象云无所容也

六五出涕至王公也　正義曰出涕沱若者履非其位不勝其任以柔乘剛不能制下下剛而進將來害己憂傷之深所以出涕滂沱憂慼而咨嗟也若是語辭也吉者以所居在尊位四爲逆首已能憂

傷悲嗟若衆之所助所以吉也象曰六五之吉離王公者此釋六五吉義也所以終得吉者以其所居在五離附於王公之位被衆所助故得吉也五爲王位而言公者此連王而言公取其便文以會韻也

上九王用至正邦也　正義曰王用出征者處離之極離道既成物皆親附當除去其非類以去民害故王用出征也有嘉折首獲匪其醜者以出征罪人事必剋獲故有嘉美之功折斷罪人之首獲得匪其醜類乃得无咎也若不出征除害居在終極之地則有咎也象曰王用出征以正邦也者釋出征之義言所出征者除去民害以正邦國故也

周易正義卷第六

計一萬二千一百七十三字

周易正義卷第七

國子祭酒上護軍曲阜縣開國子臣孔穎達奉

勑撰

䷞艮下兑上咸亨利貞取女吉

正義曰先儒以易之舊題分自此已上三十卦爲上經已下三十四卦爲下經序卦至此又別起端首先儒皆以上經明天道下經明人事然韓康伯注序卦破此義云夫易六畫成卦三才必備錯綜天人以效變化豈有天道人事偏於上下哉案上經之内明飲食必有訟訟必有衆起是兼於人事不專天道既不專天道則下經不專人事理則然矣但孔子序卦不以咸繫離繫辭云二篇之策則是六十四卦舊分上下乾坤象天地咸恒明夫婦乾坤乃造化之本夫婦寔人倫之原因而擬之何爲不可天地各卦夫婦共卦者周氏云尊天地之道畧於人事猶如三才天地爲二人止爲一也此必不然竊謂乾坤明天地初闢至屯乃剛柔始交故以純陽象天純陰象地則咸以明人事人物既生共相感應若二氣不交則不成於相感自然天地

各一夫婦共卦此不言可悉豈宜二女爲異端咸亨利貞取女吉者咸
感也此卦明人倫之始夫婦之義必須男女相共感應方成夫婦既
相感應乃得亨通若以邪道相通則凶害斯及故利在貞正既感通
以正即是婚媾之善故云咸亨利貞取女吉也　彖曰咸感至可
見矣　正義曰柔上而剛下二氣感應以相與者此因上下二體
釋咸亨之義也艮剛而兌柔若剛自在上柔自在下則不相交感无
由得通今兌柔在上而艮剛在下是二氣感應以相授與所以爲咸
亨也止而說者以因二卦之義釋利貞也艮止而兌說也能自靜止
則不隨動欲以止行說則不爲邪諂不失其正所以利貞也男下女
者此因二卦之象釋取女吉之義艮爲少男而居於下兌爲少女而
處於上是男下於女也婚姻之義男先求女親迎之禮御輪三周皆
是男先下於女然後女應於男所以取女得吉者也是以亨利貞取
女吉者次第釋訖摠舉繇辭以結之天地感而萬物化生者以下廣
明感之義也天地二氣若不感應相與則萬物无由得變化而生聖
人感人心而天下和平者聖人設教感動人心使變惡從善然後天

下和平觀其所感而天地萬物之情可見矣者結歎咸道之廣大則包天地小則該萬物感物而動謂之情也天地萬物皆以氣類共相感應故觀其所感而天地萬物之情可見矣也　象曰山上至受人　正義曰山上有澤咸澤性下流能潤於下山體上承能受其潤以山感澤所以爲咸君子以虛受人者君子法此咸卦下山上澤故能空虛其懷不自有實受納於物无所棄遺以此感人莫不皆應

初六咸其拇至在外也　正義曰咸其拇者拇是足大指也體之最末初應在四俱處卦始爲感淺末取譬一身在於足指而已故曰咸其拇也象曰志在外者外謂四也與四相應所感在外處於感初有志而已故云志在外也　注如其本實未至傷靜　正義曰六二咸道轉進所感在腓腓體動躁則成往而行今初六所感淺末則譬於拇指指雖小動未移其足以喻人心初感始有其志志雖小動未甚躁求凡吉凶悔吝生乎動者也以其本實未傷於靜故无吉凶悔吝之辭

六二咸其腓至不害也　正義曰咸其腓凶居吉者腓足之腓腸也六二應在九五咸道轉進離拇升腓腓體動躁

躁以相感凶之道也由躁故凶靜居則吉故曰咸其腓凶居吉以不乘剛故可以居而獲吉象曰雖凶居吉順不害者雖者與奪之辭若旣凶矣何由得居而獲吉良由陰性本靜今能不躁而居順其本性則不有災害免凶而獲吉也　注腓體動躁者也　正義曰王廙云動於腓腸斯則行矣故言腓體動躁也　九三咸其股至執下也　正義曰咸其股執其隨往吝者九三處二之上轉高至股股之爲體動靜隨足進不能制足之動退不能靜守其處股是可動之物足動則隨不能自處常執其隨足之志故云咸其股執其隨施之於人自无操持志在隨人所執卑下以斯而往鄙吝之道故言往吝象曰咸其股亦不處也者非但進不能制動退亦不能靜處也所執下者旣志在隨人是其志意所執下賤也　九四貞吉至光大也　正義曰貞吉悔亡者九四居上卦之初應下卦之始居體之中在股之上二體始相交感以通其志心神始感者也凡物始感而不以之於正則害之將及矣故必貞然後乃吉吉然後乃得亡其悔也故曰貞吉悔亡也憧憧往來朋從爾思者始在於感未盡感極惟欲思運

動以求相應未能忘懷息照任夫自然故有憧憧往來然後朋從爾之所思也象曰未感害者心神始感未至於害故不可不正正而故得悔亡也未光大者非感之極不能无思无欲故未光大也

九五咸其脢至志末也　正義曰咸其脢无悔者脢者心之上口之下也四巳居體之中爲心神所感五進在於四上故所感在脢脢巳過心故進不能大感由在心上退亦不能无志志在淺末故无悔而巳故曰咸其脢无悔也象曰志末也者末猶淺也感以心爲深過心則謂之淺末矣　注脢者至而巳　正義曰脢者心之上口之下者子夏易傳曰在脊曰脢馬融云脢背也鄭玄云脢脊肉也王肅云脢在背而夾脊說文云脢背肉也雖諸說不同大體皆在心上輔嗣以四爲心神上爲輔頰五在上四之間故直云心之上口之下也明其淺於心神厚於言語

上六咸其輔至口說也　正義曰咸其輔頰舌者馬融云輔上頷也輔頰舌者言語之具咸道轉末在於口舌言語而巳故云咸其輔頰舌也象曰滕口說也者舊說字作滕徒登反滕競與也所競者口无復心實故云滕口說也鄭玄又作媵

騰送也咸道極薄徒送口舌言語相感而已不復有志於其間王注義得兩通未知誰同其旨也

䷟巽下震上恒亨至攸往

正義曰恒亨无咎利貞者恒久也恒久之道所貴變通必須變通隨時方可長久能久能通乃无咎也恒通无咎然後利以行正故曰恒亨无咎利貞也利有攸往者得其常道何往不利故曰利有攸往也

注恒而亨以濟三事也　正義曰褚氏云三事謂无咎利貞利有攸往莊氏云三事者无咎一也利二也貞三也周氏云三事者一亨也二无咎也三利貞也注不明數故先儒各以意說竊謂注云恒而亨以濟三事者明用此恒亨濟彼三事无疑亨字在三事之中而此注云恒之爲道亨乃无咎恒通无咎乃利正也又注彖曰道得所久則常通无咎而利正也此解皆以利正相將爲一事分以爲二恐非注旨驗此注云恒之爲道亨乃无咎此以恒亨濟无咎也又云恒通无咎乃利正也此以恒亨濟利貞也下注利有攸往云各得所恒脩其常道終則有始往而无違故利有攸往此以恒亨濟利有攸往也

觀文驗注褚氏爲長　彖曰恒久至可見矣　正義曰恒久也者訓釋卦名也恒之爲名以長久爲義剛上而柔下者既訓恒爲久因明此卦得其恒名所以釋可久之意此就二體以釋恒也震剛而巽柔震則剛尊在上巽則柔卑在下得其順序所以爲恒也雷風相與者此就二象釋恒也雷之與風陰陽交感二氣相與更互而相成故得恒久也巽而動者此就二卦之義因釋恒名震動而巽順无有違逆所以可恒也剛柔皆應者此就六爻釋恒此卦六爻剛柔皆相應和无孤媲者故可長久也恒者歷就四義釋恒名訖故更舉卦名以結之也明上四事皆可久之道故名此卦爲恒恒亨无咎利貞久於其道者此就名釋卦之德言所以得亨无咎利貞者更无別義正以得其恒久之道故言久於其道也天地之道恒久而不已也者將釋利有攸往先舉天地以爲證喻言天地得其恒久之道故久而不已也利有攸往終則有始者舉經以結成也人用恒久之道會於變通故終則復始往无窮極同於天地之不已所以爲利也日月得天而能久照者以下廣明恒義上言天地之道恒久而不已也故日月

得天所以亦能久照四時變化而能久成者四時更代寒暑相變所以能久生成萬物聖人久於其道而天下化成者聖人應變隨時得其長久之道所以能光宅天下使萬物從化而成也觀其所恒而天地萬物之情可見矣者揔結恒義也　注剛尊柔卑得其序也

正義曰咸　明感應故柔上而剛下取二氣相交也恒明長久故剛上而柔下取尊卑得序也　注長陽長陰能相成也　正義曰震爲長男故曰長陽巽爲長女故曰長陰彖曰雷風相與雷之與風共相助成之義故褚氏云雷資風而益遠風假雷而增威是也今言長陽長陰能相成者因震爲長男巽爲長女遂以長陽長陰而名之作文之體也又此卦明夫婦可久之道故以二長相成如雷風之義也　注不孤媲也　正義曰媲配也　象曰雷風至易方

正義曰雷風相與爲恒已如彖釋君子以立不易方者君子立身得其恒久之道故不改易其方方猶道也　初六浚恒至求深也

正義曰浚深也最處卦底故曰深也深恒者以深爲恒是也施之於仁義即不厭深施之於正即求物之情過深是凶正害德无施而利

故曰後恒貞凶无攸利也　注始求深者乎　正義曰處卦之初故言始也最在於下故言深也所以致凶謂在於始而求深者也

九二悔亡至久中也　正義曰失位故稱悔居中故悔亡也象曰能久中者處恒故能久位在於中所以消悔也

九三不恒至无所容也　正義曰不恒其德或承之羞貞吝者九三居下體之上處上體之下雖處三陽之中又在不中之位上不全尊下不全卑執心不定德行无恒故曰不恒其德德既无恒自相違錯則爲羞辱承之所羞非一故曰或承之羞也處久如斯正之所賤故曰貞吝也象曰无所容者謂不恒之人所往之處皆不納之故无所容也

注中不在體至不可致詰　正義曰雖在三陽之中非一體之中也不可致詰者詰問也違錯處多不足問其事理所以明其羞辱之深如論語云於予與何誅

九四田无至得禽也　正義曰田者田獵也以譬有事也无禽者田獵不獲以喻有事无功也恒於非位故勞而无功也象曰久非其位安得禽者在恒而失位是久非其位田獵而无所獲是安得禽也

六五恒其至婦凶也　正義

曰恒其德貞者六五係應在二不能傍及他人是恒常貞一其德故曰恒其德貞也婦人吉者用心專貞從唱而已是婦人之吉也夫子凶者夫子須制斷事宜不可專貞從唱故曰夫子凶也象曰從一而終者謂用心貞一從其貞一而自終也從婦凶者五與二相應五居尊位在震爲夫二處下體在巽爲婦五係於二故曰從婦凶也

上六振恒至无功也　正義曰振恒凶者振動也凡處於上者當守靜以制動今上六居恒之上處動之極以振爲恒所以凶也象曰大无功者居上而以振動爲恒无施而得故曰大无功也

䷠艮下乾上　遯亨小利貞

正義曰遯亨者遯者隱退逃避之名陰長之卦小人方用君子日消君子當此之時若不隱遯避世即受其害須遯而後得通故曰遯亨小利貞者陰道初始浸長正道亦未全滅故曰小利貞　彖曰遯亨至大矣哉　正義曰遯而亨者此釋遯之所以得亨通之義小人之道方長君子非遯不通故曰遯而亨也剛當位而應與時行者舉九五之爻釋所以能遯而致亨之由良由九五以剛而當其位有

應於二非爲否亢遯不否亢即是相時而動所以遯而得亨故云剛當位而應與時行也小利貞浸而長者釋小利貞之義浸者漸進之名若陰德暴進即消正道良由二陰漸長而正道亦未即全滅故云小利貞也遯之時義大矣哉歎美遯德相時度宜避世而遯自非大人照幾不能如此其義甚大故云大矣哉　象曰天下至而嚴

正義曰天下有山遯者山者陰類進在天下即是山勢欲上逼於天天性高遠不受於逼是遯避之象故曰天下有山遯君子以遠小人不惡而嚴者君子當此遯避之時小人進長理須遠避力不能討故不可爲惡復不可與之褻瀆故曰不惡而嚴　注天下有山陰長之象　正義曰積陽爲天積陰爲地山者地之高峻今上逼於天是陰長之象　初六遯尾至何災也　正義曰遯尾厲者爲遯之尾最在後遯者也小人長於内應出外以避之而最在卦内是遯之爲後也逃遯之世宜速遠而居先而爲遯尾禍所及也故曰遯尾厲也勿用有攸往者危厲既至則當固窮危行言遜勿用更有所往故曰勿用有攸往象曰不往何災者象釋當遯之時宜須出避而勿

用有攸往者既爲遯尾出必見執不如不往不往即无災害何災者
猶言无災也與何傷何咎之義同也　六二執之至固志也
正義曰執之用黄牛之革莫之勝説者逃遯之世避内出外二既處
中居内即非遯之人也既非遯之人便爲所遯之主物皆棄己而遯
何以執固留之惟有中和厚順之道可以固而安之也能用此道則
无能勝己解脱而去也黄中之色以譬中和牛性順從皮體堅厚牛
革以譬厚順也六二居中得位亦是能用中和厚順之道故曰執之
用黄牛之革莫之勝説也象曰固志者堅固遯者之志使不去己也
九三係遯至大事也　正義曰係遯者九三无應於上與二相比
以陽附陰係意在二處遯之世而意有所係故曰係遯有疾厲者遯
之爲義宜遠小人既係於陰即是有疾憊而致危厲故曰有疾厲也
畜臣妾吉者親於所近係在於下施之於人畜養臣妾則可矣大事
則凶故曰畜臣妾吉象曰不可大事者釋此係遯之人以畜臣妾吉
明其不可爲大事也　九四好遯至小人否也　正義曰九四
處在於外而有應於内處外即意欲遠遯應内則未能棄捨若好遯

君子超然不顧所以得吉小人有所係戀即不能遯故曰小人否也
注音臧否之否　正義曰嫌讀爲圮故音之也　九五嘉遯至
正志也　正義曰嘉遯貞吉者嘉美也五居於外得位居中是遯
而得正二爲己應不敢違拒從五之命率正其志遯而得正反制於
內不惡而嚴得正之吉爲遯之美故曰嘉遯貞吉也象曰以正志者
小人應命不敢爲邪是五能正二之志故成遯之美也　上九肥
遯至所疑也　正義曰子夏傳曰肥饒裕也四五雖在於外皆在
內有應猶有反顧之心惟上九最在外極无應於內心无疑顧是遯
之最優故曰肥遯遯而得肥无所不利故云无不利也　注矰繳
不能及　正義曰矰矢名也鄭注周禮結繳於矢謂之矰繳字林
及說文云繳生絲縷也
䷡乾下震上大壯利貞
正義曰大壯卦名也壯者強盛之名以陽稱大陽長既多是大者盛
壯故曰大壯利貞者卦德也羣陽盛長小道將滅大者獲正故曰利
貞也　彖曰大壯至見矣　正義曰大者壯也者就爻釋卦名

陽爻浸長已至於四是大者盛壯故曰大者壯也剛以動故壯者就二體釋卦名乾剛而震動柔弱而動即有退溺剛强以動所以成壯大壯利貞大者正也者就爻釋卦德大者獲正故得利貞正大而天地之情可見矣者因大獲正遂廣美正大之義天地之道弘正極大故正大即見天地之情不言萬物者壯大之名義歸天地故不與咸恒同也 注大者獲正故利貞也 正義曰釋名之下剩解利貞成大者之義也 象曰雷在至弗履 正義曰雷在天上大壯者震雷爲威動乾天主剛健雷在天上是剛以動所以爲大壯君子以非禮弗履者盛極之時好生驕溢故於大壯誡以非禮勿履也初九壯于至孚窮也 正義曰壯于趾征凶有孚者趾足也初在體下有如趾足之象故曰壯于趾也施之於人即是在下而用壯也在下用壯陵犯於物以斯而行凶其信矣故曰征凶有孚象曰其孚窮者釋壯於趾者其人信有窮凶也 九二貞吉至以中也 正義曰以其居中履謙行不違禮故得正而吉也 九三小人至君子罔也 正義曰罔羅罔也羝羊羖羊也藩藩籬也羸拘纍纏

繞也九三處乾之上是健之極也又以陽居陽是健而不謙也健而不謙必用其壯也小人當此不知恐懼即用以爲壯盛故曰小人用壯君子當此即慮危難用之以爲羅罔於己故曰君子用罔以壯爲正其正必危故云貞厲也以此爲正狀似羝羊觸藩也必拘羸其角矣象曰小人用壯君子罔者言小人用以爲壯者即是君子所以爲羅罔也

九四貞吉至尚往也　正義曰大輿者大車也下剛而進將有憂虞而九四以陽處陰行不違謙居謙即不失其壯故得正吉而悔亡也故云貞吉悔亡九三以壯健不謙即被羸其角九四以謙而進謂之上行陰爻不罔己路故藩決不羸也壯于大輿之輹者言四乘車而進其輹壯大无有能脫之者故曰藩決不羸壯于大輿之輹也象曰尚往者尚庶幾也言己不失其壯庶幾可以往也

六五喪羊至不當也　正義曰喪羊于易无悔者羊壯也居大壯之時以陽處陽猶不免咎而況以陰處陽以柔乘剛者乎違謙越禮必喪其壯羣陽方進勢不可止若於平易之時逆捨其壯委身任二不爲違拒亦剛所不害不害即无悔矣故曰喪羊于易无悔也象曰

位不當者正由處不當位故須捨其壯也　注羊壯也至无悔
正義曰羊剛很之物故以譬壯云必喪其羊失其所居者言違謙越
禮理勢必然云能喪壯於易不於險難者二雖應己剛長則侵陰爲
己寇難必喪其壯當在於平易寇難未來之時勿於險難敵寇旣來
之日良由居之必有喪其羊之理故戒其預防而莊氏云經止一言
喪羊而注爲兩處分用初云必喪其羊失其所居是自然應失後云
能喪壯於易不於險難故得无咎自能喪其羊二理自爲矛楯竊謂
莊氏此言全不識注意　上六羝羊至不長也　正義曰退謂
退避遂謂進往有應於三欲之不已故不能退避然懼於剛長故不
能遂往故云羝羊觸藩不能退不能遂也无攸利者持疑猶豫不能
自決以此處事未見其利故曰无攸利也艱則吉者雖處剛長剛不
害正但艱固其志不捨於三即得吉故曰艱則吉也象曰不祥也者
祥者善也進退不定非爲善也故云不祥也咎不長也者能艱固其
志即憂患消亡其咎不長釋所以得吉也

䷢坤下離上晉康侯至三接

正義曰晉者卦名也晉之爲義進長之名此卦明臣之昇進故謂之
晉康者美之名也侯謂昇進之臣也臣既柔進天子美之賜以車馬
蕃多而衆庶故曰康侯用錫馬蕃庶也晝日三接者言非惟蒙賜蕃
多又被親寵頻數一晝之間三度接見也　彖曰晉進也至三接也
正義曰晉進也者以今釋古古之晉字即以進長爲義恐後世不曉
故以進釋之明出地上者此就二體釋得晉名離上坤下故言明出
地上明既出地漸就進長所以爲晉順而麗乎大明柔進而上行者
此就二體之義及六五之爻釋康侯用錫馬已下也坤順也離麗也
又爲明坤能順從而麗著於大明六五以柔而進上行貴位順而著
明臣之美道也柔進而上行君上所與也故得厚賜而被親寵也是
以康侯用錫馬蕃庶晝日三接者釋訖舉經以結君寵之意也
注以訟至三接也　正義曰舉此對釋者蓋訟言終朝晉言一晝
俱不盡一日者明黜陟之速所以示懲勸也　象曰明出至明德
正義曰自昭明德者昭亦明也謂自顯明其德也周氏等爲照以爲
自照己身老子曰自知者明用明以自照爲明德案王注此云以順

著明自顯之道又此卦與明夷正反明夷象云君子以莅衆用晦而
明王注彼云莅衆顯明蔽僞百姓藏明於内乃得明也准此二注明
王之注意以此爲自顯明德昭字宜爲昭之遥反周氏等爲照之笑反非注
旨也　初六晉如至受命也　正義曰晉如摧如貞吉者何氏
云摧退也裕寛也如辭也初六處順之初應明之始明順之德於斯
將隆進則之明退則居順進之與退不失其正故曰晉如摧如貞吉
也罔孚者處卦之始功業未著未爲人所信服故曰罔孚裕无咎者
裕寛也方踐卦始未至履位不可自以爲足也若以此爲足是自喪
其長也故必宜寛裕其德使功業弘廣然後无咎故曰裕无咎也象
曰獨行正者獨猶專也言進與退專行其正也裕无咎未受命者處
進之初未得履位未受錫命故宜寛裕進德乃得无咎　六二晉
如愁至中正也　正義曰晉如愁如者六二進而无應於上其德
不見昭明故曰進如愁如憂其不照也貞吉者然履順居於中正不
以无應而不脩其德正而獲吉故曰貞吉也受茲介福于其王母者
介者大也母者處内而成德者也初雖愁如但守正不改終能受此

大福於其所脩故曰受茲介福於其王母　注鳴鶴在陰則其子
和之　正義曰此王用中孚九二爻辭也　六三衆允至上行也
正義曰六三處非其位有悔也志在上行與衆同信順而麗明故得
悔亡象曰衆允之志上行也者居晉之時衆皆欲進已應於上志在
上行故能與衆同信也　九四晉如鼫至不當也　正義曰晉
如鼫鼠者鼫鼠有五能而不成伎之蟲也九四履非其位上承於五
下據三陰上不許其承下不許其據以斯爲進无業可安无據可守
事同鼫鼠无所成功也以斯爲進正之危也故曰晉如鼫鼠貞厲也
注進如鼫鼠无所守也　正義曰蔡邕勸學篇云鼫鼠五能不成
一伎術注曰能飛不能過屋能緣不能窮木能游不能渡谷能穴不
能掩身能走不能免人本草經云螻蛄一名鼫鼠謂此也鄭引詩云
碩鼠碩鼠无食我黍謂大鼠也陸機以爲雀鼠案王以爲无所守蓋
五伎者當之　六五悔亡至有慶也　正義曰悔亡失得勿恤
往吉无不利者居不當位悔也柔得尊位陰爲明主能不自用其明
以事委任於下故得悔亡旣以事任下委物責成失之與得不須憂

恤故曰失得勿恤也能用此道所往皆吉而无不利故曰往吉无不利也象曰有慶者委任得人非惟自得无憂亦將人所慶說故曰有慶也　上九晉其至未光也　正義曰晉其角者西南隅也上九處進之極過明之中其猶日過於中已在於角而猶進之故曰進其角也維用伐邑者在角猶進過亢不已不能端拱无爲使物自服必須攻伐其邑然後服之故云維用伐邑也厲吉无咎貞吝者兵者凶器伐而服之是危乃得吉吉乃无咎故曰厲吉无咎以此爲正亦以賤矣故曰貞吝也象曰道未光也者用伐乃服雖得之其道未光大也

䷣離下坤上　明夷利艱貞

正義曰明夷卦名夷者傷也此卦日入地中明夷之象施之於人事闇主在上明臣在下不敢顯其明智亦明夷之義也時雖至闇不可隨世傾邪故宜艱難堅固守其貞正之德故明夷之世利在艱貞

彖曰明入至以之　正義曰明入地中明夷者此就二象以釋卦名故此及晉卦皆彖象同辭也內文明而外柔順以蒙大難文王以

之者既釋明夷之義又須出能用明夷之人內懷文明之德撫教六州外執柔順之能三分事紂以此蒙犯大難身得保全惟文王能用之故云文王以之利艱貞晦其明也者此又就二體釋卦之德明在地中是晦其明也既處明夷之世外晦其明恐陷於邪道故利在艱固其貞不失其正言所以利艱貞者用晦其明也內難而能正其志箕子以之者既釋艱貞之義又須出能用艱貞之人內有險難殷紂將傾而能自正其志不爲邪諂惟箕子能用之故云箕子以之

象曰君子至而明　正義曰莅衆顯明蔽僞百姓者也所以君子能用此明夷之道以臨於衆冕旒垂目黈纊塞耳无爲淸靜民化不欺若運其聰明顯其智慧民即逃其密網姦詐愈生豈非藏明用晦反得其明也故曰君子以莅衆用晦而明也

初九明夷至不食也　正義曰明夷于飛者明夷是至闇之卦上六既居上極爲明夷之主云飛者借飛鳥爲喻如鳥飛翔也初九處於卦始去上六最遠是最遠於難遠難過甚明夷遠遯絕跡匿形不由軌路高飛而去故曰明夷于飛也垂其翼者飛不敢顯故曰垂其翼也君子于行三日不食

者尚義而行故云君子于行志急於行饑不遑食故曰三日不食有攸往主人有言者殊類過甚以此適人人必疑怪而有言故曰有攸往主人有言象曰義不食也者君子逃難惟速故義不求食也

六二明夷夷至以則也　正義曰明夷夷于左股者左股被傷行不能壯六二以柔居中用夷其明不行剛壯之事者也故曰明夷夷于左股莊氏云言左者取其傷小則比夷右未爲切也夷于左股明避難不壯不爲闇主所疑猶得處位不至懷懼而行然後徐徐用馬以自拯濟而獲其壯吉也故曰用拯馬壯吉也象曰順以則也者言順闇主之則不同初九殊類過甚故不爲闇主所疑故得拯馬之吉也

九三明夷于至大得也　正義曰南方文明之所狩者征伐之類大首謂闇君明夷于南狩得其大首者初藏明而往託狩而行至南方而發其明也九三應於上六是明夷之臣發明以征闇君而得其大首故曰明夷于南狩得其大首也不可疾貞者既誅其主將正其民民迷日久不可卒正宜化之以漸故曰不可疾貞象曰南狩之志乃大得者志欲除闇乃得大首是其志大得也　六四入于至心

意也　正義曰入于左腹獲明夷之心者凡右爲用事也從其左不從其右是卑順不逆也腹者懷情之地六四體柔處坤與上六相近是能執卑順入于左腹獲明夷之心意也于出門庭者既得其意雖近不危隨時避難門庭而已故曰于出門庭象曰獲心意者心有所存既不逆忤能順其旨故曰獲心意也　六五箕子至可息也

正義曰箕子之明夷者六五最比闇君似箕子之近殷紂故曰箕子之明夷也利貞者箕子執志不回闇不能没明不可息正不憂危故曰利貞象曰明不可息也息滅也象稱明不可滅者明箕子能保其貞卒以全身爲武王師也　上六不明至失則也　正義曰不明晦者上六居明夷之極是至闇之主故曰不明而晦本其初也其意在於光照四國其後由乎不明遂入於地謂見誅滅也象曰失則者由失法則故誅滅也

䷤離下巽上家人利女貞

正義曰家人者卦名也明家內之道正一家之人故謂之家人利女貞者既修家內之道不能知家外他人之事統而論之非君子丈夫

之正故但言利女貞　彖曰家人至定矣　正義曰女正位乎内男正謂乎外者此因二五得正以釋家人之義并明女貞之旨家人之道必須女主於内男主於外然後家道乃立今此卦六二柔而得位是女正位乎内也九五剛而得位是男正位乎外也家人以内爲本故先説女也男女正天地之大義也者因正位之言廣明家人之義乃道均二儀非惟人事而已家人即女正於内男正於外二儀則天尊在上地卑在下同於男女正位故曰天地之大義也家人有嚴君焉父母之謂者上明義均天地此又言道齊邦國父母一家之主家人尊事同於國有嚴君故曰家人有嚴君焉父母之謂也父父子子兄兄弟弟夫夫婦婦而家道正正家而天下定矣者此歎美正家之功可以定於天下申成道齊邦國既家有嚴君即父不失父道乃至婦不失婦道尊卑有序上下不失而後爲家道之正各正其家无家不正即天下之治定矣　象曰風自火出至有恒　正義曰風自火出家人者巽在離外是風從火出火出之初因風方熾火既炎盛還復生風内外相成有似家人之義故曰風自火出家人也君子

以言有物而行有恒者物事也言必有事即口无擇言行必有常即
身无擇行正家之義修於近小言之與行君子樞機出身加人發邇
化遠故舉言行以爲之誡言既稱物而行稱恒者發言立行皆須合
於可常之事互而相足也　初九閑有至未變也　正義曰閑
有家悔亡者治家之道在初即須嚴正立法防閑若黷亂之後方始
治之即有悔矣初九處家人之初能防閑有家乃得悔亡故曰閑有
家悔亡也象曰志未變也者釋在初防閑之義所以在初防閑其家
者家人志未變黷也　六二无攸至以巽也　正義曰无攸遂
在中饋貞吉者六二履中居位以陰應陽盡婦人之義也婦人之道
巽順爲常无所必遂其所職主在於家中饋食供祭而已得婦人之
正吉故曰无攸遂在中饋貞吉也象曰六二之吉順以巽者舉爻位
也言吉者明其以柔居中而得正位故能順以巽而獲吉也
九三家人至家節也　正義曰家人嗃嗃悔厲吉婦子嘻嘻終吝
者嗃嗃嚴酷之意也嘻嘻喜笑之皃也九三處下體之上爲一家之
主以陽處陽行剛嚴之政故家人嗃嗃雖復嗃嗃傷猛悔其酷厲猶

保其吉故曰悔厲吉若縱其婦子慢黷嘻嘻喜笑而无節則終有恨辱故曰婦子嘻嘻終吝也象曰未失也者初雖悔厲似失於猛終无慢黷故曰未失也失家節者若縱其嘻嘻初雖歡樂終失家節也

六四富家至位也　正義曰富家大吉者富謂祿位昌盛也六四體柔處巽得位承五能富其家者也由其體巽承尊長保祿位吉之大者也故曰富家大吉象曰順在位者所以致大吉由順承於君而在臣位故不見黜奪也

九五王假至相愛也　正義曰王假有家者假至也九五履正而應處尊體巽是能以尊貴巽接於物王至此道以有其家故曰王假有家也勿恤吉者居於尊位而明於家道則在下莫不化之矣不須憂恤而得吉也故曰勿恤吉也象曰交相愛也者王既明於家道天下化之六親和睦交相愛樂也

上九有孚至之謂也　正義曰有孚威如終吉者上九處家人之終家道大成刑于寡妻以著於外信行天下故曰有孚也威被海内故曰威如威信並立乃得終於家道而吉從之故曰有孚威如終吉也象曰反身之謂者身得人敬則敬於人明知身敬於人人亦敬己反

之於身則知施之於人故曰反身之謂也

䷥兌下離上睽小事吉

正義曰睽者乖異之名物情乖異不可大事大事謂興役動衆必須大同之世方可爲之小事謂飲食衣服不待衆力雖乖而可故曰小事吉也

彖曰睽火至大矣哉　正義曰睽火動而上澤動而下二女同居其志不同行者此就二體釋卦名爲睽之義同而異者也水火二物共成烹飪理應相濟今火在上而炎上澤居下而潤下无相成之道所以爲乖中少二女共居一家理應同志各自出適志不同行所以爲異也說而麗乎明柔進而上行得中而應乎剛是以小事吉者此就二體及六五有應釋所以小事得吉說而麗乎明不爲邪僻柔進而上行所之在貴得中而應乎剛非爲全弱雖在乖違之時卦爻有此三德故可以行小事而獲吉也天地睽而其事同此以下歷就天地男女萬物廣明睽義體乖而用合也天高地卑其體懸隔是天地睽也而生成品物其事則同也男女睽而其志通者男外女內分位有別是男女睽也而成家理事其志即通也萬物殊形

各自爲象是萬物睽也而均於生長其事即類故曰天地睽而其事
同也男女睽而其志通也萬物睽而其事類也睽之時用大矣哉既
明睽理合同之大又歎能用睽之人其德不小睽離之時能建其用
使合其通理非大德之人則不可也故曰睽之時用大矣哉也
象曰上火至而異　正義曰上火下澤睽者動而相背所以爲睽
也君子以同而異者佐主治民其意則同各有司存職掌則異故曰
君子以同而異也　初九悔亡至辟咎也　正義曰悔亡者初
九處睽離之初居下體之下无應獨立所以悔也四亦處下无應獨
立不乖於己與己合志故得悔亡喪馬勿逐自復者時方睽離觸目
乖阻馬之爲物難可隱藏時或失之不相容隱不須尋求勢必自復
故曰喪馬勿逐自復也見惡人无咎者處於窮下上无其應无應則
无以爲援窮下則无權可恃若摽顯自異不能和光同塵則必爲惡
人所害故曰見惡人无咎見謂遜接之也象曰以辟咎也者惡人不
應與之相見而遜接之者以避咎也　九二遇主至失道也
正義曰遇主於巷无咎者九二處睽之時而失其位將无所安五亦

失位與己同黨同趣相求不假遠涉而自相遇適在於巷言遇之不遠故曰遇主於巷主謂五也處睽得援咎悔可亡故无咎也象曰未失道者既遇其主雖失其位亦未失道也

六三見輿至遇剛也　正義曰見輿曳其牛掣者處睽之時履非其位以陰居陽以柔乘剛志在上九不與四合二自應五又與己乖欲載其輿被曳失己所載也欲進其牛被牽滯隔所在不能得進也故曰見輿曳其牛掣也其人天且劓无初有終者剠額爲天截鼻爲劓既處二四之閒皆不相得其爲人也四從上刑之故掠其額二從下刑之又截其鼻故曰其人天且劓而應在上九執志不回初雖受困終獲剛助故曰无初有終象曰位不當者由位不當故輿被曳遇剛者由遇上九之剛所以有終也

九四睽孤遇至志行也　正義曰元夫謂初九也處於卦始故云元也初四俱陽而言夫者蓋是丈夫之夫非夫婦之夫也

六五悔亡至有慶也　正義曰悔亡者失位悔也有應故悔亡也厥宗噬膚往何咎者宗主也謂二也噬膚謂噬三也三雖隔二二之所噬故曰厥宗噬膚也三是陰爻故以膚爲譬言柔脆也二既噬三

即五可以往而无咎矣故曰往无咎象曰往有慶也者有慶之言善功被物爲物所賴也五雖居尊而不當位與二合德乃爲物所賴故曰往有慶也

上九睽孤至羣疑亡也　正義曰睽孤者處睽之極睽道未通故曰睽孤也見豕負塗者火動而上澤動而下己居炎極三處澤盛睽之極也離爲文明澤是卑穢以文明之極而觀至穢之物事同豕而負塗泥穢莫斯甚矣故曰見豕負塗載鬼一車先張之弧後說之弧者鬼魅盈車怪異之甚也至睽將合至殊將通未至於洽先見殊怪故又見載鬼一車載鬼不言見者爲豕上有見字也見怪若斯懼來害己故先張之弧將攻害也物極則反睽極則通故後說之弧不復攻也匪寇婚媾者四剠其應故謂四爲寇睽志既通匪能爲寇乃得與三爲婚媾矣故曰匪寇婚媾也往遇雨則吉者雨者陰陽交和之道也衆異併消无復疑阻往得和合則吉從之故曰往遇雨則吉象曰羣疑亡也者往與三合如雨之和向之見豕見鬼張弧之疑併消釋矣故曰羣疑亡也

注恢詭譎怪道將爲一　正義曰莊子内篇齊物論曰无物不然无物不可故爲舉莛與楹厲

與西施恢詭譎怪道通爲一郭象注云夫莛横而楹縱厲醜而西施好所謂齊者豈必齊形狀同規矩哉舉縱横好醜恢詭譎怪各然其所然各可其所可即形雖萬殊而性本得同故曰道通爲一也莊子所言以明齊物故舉恢詭譎怪至異之物道通爲一得性則同王輔嗣用此文而改通爲將字者明物極則反睽極則通有似引詩斷章不必與本義同也

䷦艮下坎上蹇利西南至貞吉

正義曰蹇難也有險在前畏而不進故稱爲蹇蹇利西南不利東北者西南地位平易之方東北險位阻礙之所世道多難率物以適平易則蹇難可解若入於險阻則彌加擁塞去就之宜理須如此故曰蹇利西南不利東北也利見大人者能濟衆難惟有大德之人故曰利見大人貞吉者居難之時若不守正而行其邪道雖見大人亦不得吉故曰貞吉也

彖曰蹇難至大矣哉

正義曰蹇難也險在前也見險而能止知矣哉者釋卦名也蹇者有難而不進能止而不犯故就二體有險有止以釋蹇名坎在其外是險在前也有險在

前所以爲難若冒險而行或罹其害艮居其内止而不往相時而動非知不能故曰見險而能止知矣哉也蹇利西南往得中也者之於平易救難之理故云往得中也不利東北其道窮者之於險阻更益其難其道彌窮故曰其道窮也利見大人往有功也者往見大人必能除難故曰往有功也當位貞吉以正邦也者二三四五爻皆當位所以得正而吉故曰當位貞吉也以正邦也者居難守正正邦之道故曰以正邦也蹇之時用大矣哉者能於蹇難之時建立其功用以濟世者非小人之所能故曰蹇之時用大矣哉也　象曰山上至脩德　正義曰山上有水蹇者山者是巖險水是阻難水積山上彌益危難故曰山上有水蹇君子以反身脩德者蹇難之時未可以進惟宜反求諸身自脩其德道成德立方能濟險故曰君子以反身脩德也陸績曰水在山上失流通之性故曰蹇通水流下今在山上不得下流蹇之象陸績又曰水本應山下今在山上終應反下故曰反身處難之世不可以行只可反自省察脩己德用乃除難君子通達道暢之時並濟天下處窮之時則獨善其身也　初六往蹇至

宜待也　正義曰往蹇來譽者初六處蹇之初往則遇難來則得
譽初居艮始是能見險而止見險不往則是來而得譽故曰往蹇來
譽象曰宜待者既往則遇蹇宜止以待時也　六二王臣至无尤也
正義曰王臣蹇蹇匪躬之故者王謂五也臣謂二也九五居於王位
而在難中六二是五之臣往應於五履正居中志匡王室能涉蹇難
而往濟蹇故曰王臣蹇蹇也盡忠於君匪以私身之故而不往濟君
故曰匪躬之故象曰終无尤者處難以斯豈有過尤也　九三往
蹇至喜之也　正義曰往蹇來反者九三與坎為鄰進則入險故
曰往蹇來則得位故曰來反象曰內喜之者內卦三爻惟九三一陽
居二陰之上是內之所恃故云內喜之也　六四往蹇來連至位
實也　正義曰馬云連亦難也鄭云遲久之意六四往則无應來
則乘剛往來皆難故曰往蹇來連也象曰當位實者明六四得位履
正當其本實而往來遇難者乃數之所招非邪妄之所致也故曰當
位實也　九五大蹇至中節也　正義曰九五處難之時獨在
險中難之大者也故曰大蹇然得位履中不改其節如此則同志者

自遠而來故曰朋來象曰以中節者得位居中不易其節故致朋來故云以中節也　注同志者集而至矣　正義曰此以同志釋朋來之義鄭注論語云同門曰朋同志曰友此對文也通而言之同志亦是朋黨也　上六往蹇來至從貴也　正義曰碩大也上六難終之地不宜更有所往往則長難故曰往蹇也來則難終難終則衆難皆濟志大得矣故曰來碩吉也險夷難解大道可興宜見大人以弘道化故曰利見大人也象曰志在内也者有應在三是志在内也應既在内往則失之來則得之所以往則有蹇來則碩吉也以從貴者貴謂陽也以陰從陽故云以從貴也

䷧坎下震上解利西至夙吉

正義曰解者卦名也然解有兩音一音古買反一音胡賣反解謂解難之初解謂既解之後彖稱動而免乎險明非救難之時故先儒皆讀為解序卦云物不可以終難故受之以解解者緩也然則解者險難解釋物情舒緩故為解也解利西南者西南坤位坤是衆也施解於衆則所濟者弘故曰解利西南也无所往者上言解難濟險利施於衆

此下明救難之時誡其可否若无難可往則以來復爲吉若有難可往則以速赴爲善故云无所往其來復吉有攸往夙吉設此誡者褚氏云世有无事求功故誡以无難宜靜亦有待敗乃救故誡以有難須速也　彖曰解險至大矣哉　正義曰解險以動動而免乎險解者此就二體以釋卦名遇險不動无由解難動在險中亦未能免咎今動於險外即見免說於險所以爲解也解利西南往得衆者解之爲義兼濟爲美往之西南得施解於衆所以爲利也其來復吉乃得中也者无難可解退守靜默得理之中故云乃得中也有攸往夙吉往有功也者解難能速則不失其幾故往有功也天地解而雷雨作雷雨作而百果草木皆甲坼者此因震坎有雷雨之象以廣明解義天地解緩雷雨乃作雷雨既作百果草木皆孚甲開坼莫不解散也解之時大矣哉者結歎解之大也自天地至於草木无不有解豈非大哉　象曰雷雨至宥罪　正義曰赦謂放免過謂誤失宥謂寬宥罪謂故犯過輕則赦罪重則宥皆解緩之義也　初六无咎至无咎也　正義曰夫險難未夷則賤弱者受害然則蹇難

未解之時柔弱者不能无咎否結既釋之後剛強者不復陵暴初六處蹇難始解之初在剛柔始散之際雖以柔弱處无位之地逢此之時不慮有咎故曰初六无咎也象曰義无咎者義猶理也剛柔既散理必无咎或有過咎非理之常也故曰義无咎也　注或有過咎非其理也　正義曰或本无此八字　九二田獲至中道也

正義曰田獲三狐者狐是隱伏之物三爲成數舉三言之搜獲備盡九二以剛居中而應於五爲五所任處於險中知險之情以斯解險无險不濟能獲隱伏如似田獵而獲窟中之狐故曰田獲三狐得黄矢貞吉者黄中之稱矢直也田而獲三狐得乎理中之道不失枉直之實能全其正者也故曰得黄矢貞吉也象曰得中道也者明九二位既不當所以得貞吉者由處於中得乎理中之道故也　六三負且乘致寇至誰咎也　正義曰負且乘致寇至者六三失正无應下乘於二上附於四即是用夫邪佞以自說媚者也乘者君子之器也負者小人之事也施之於人即在車騎之上而負於物也故寇盜知其非己所有於是競欲奪之故曰負且乘致寇至也貞吝者負乘之人

正其所鄙故曰貞吝也象曰亦可醜也者天下之醜多矣此是其一
故曰亦可醜也自我致戎又誰咎也者言此寇難由己之招非是他
人致此過咎故云又誰咎也　九四解而至當位也　正義曰
解而拇朋至斯孚者而汝也拇足大指也履於不正與三相比三從
下來附之如指之附足四有應在初若三爲之拇則失初之應故必
解其拇然後朋至而信故曰解而拇朋至斯孚象曰未當位者四若
當位履正即三爲邪媚之身不得附之也既三不得附四則无所解
今須解拇由不當位也　六五君子至小人退也　正義曰君
子維有解吉者六五居尊履中而應於剛是有君子之德君子當此
之時可以解於險難維辭也有解於難所以獲吉故曰君子維有解
吉也有孚于小人者以君子之道解難則小人皆信服之故曰有孚
于小人也象曰君子有解小人退者小人謂作難者信君子之德故
退而畏服之　上六公用至解悖也　正義曰隼者貪殘之鳥
鸇鷂之屬墉牆也六三失位負乘不應於上即是罪釁之人故以譬
於隼此借飛鳥爲喻而居下體之上其猶隼處高墉隼之爲鳥宜在

山林隼於人家高墉必爲人所繳射以辟六三處於高位必當被人所誅討上六居動之上爲解之極將解之荒悖而除穢亂故用射之也極而後動成而後舉故必獲之而无不利故曰公用射隼于高墉之上獲之无不利也公者臣之極上六以陰居上故謂之公也象曰解悖也者悖逆也六三失位負乘不應於上是悖逆之人也上六居動之上能除解六三之荒悖故云以解悖也

周易正義卷第七

計一萬三千八百七十六字

宋單疏本周易正義

第二册

唐 孔穎達撰

中國國家圖書館藏宋刻遞修本（清 翁方綱跋、傅增湘跋）

山東人民出版社·濟南

周易正義卷第八

國子祭酒上護軍曲阜縣開國子臣孔穎達奉

勑撰

䷨兑下艮上損有孚至用享　正義曰損者減損之名此卦明損下益上故謂之損損之爲義損下益上損剛益柔損下益上非補不足者也損剛益柔非長君子之道者也若不以誠信則涉諂諛而有過咎故必有孚然後大吉无咎可正而利有攸往矣故曰損有孚元吉无咎可貞利有攸往也先儒皆以无咎可貞各自爲義言既吉而无咎則可以爲正准下王注彖辭云損下而不爲邪益上而不爲諂則何咎而可正然則王意以无咎可貞共成一義故莊氏云若行損有咎則須補過以正其失今行損用信則是无過可正故云无咎可貞竊謂莊氏之言得王旨矣曷之用二簋可用享者明行損之禮貴夫誠信不在於豐既行損以信何用豐爲二簋至約可用享祭矣故曰曷之用二簋可用享也　彖曰損損至偕行　正義曰損損下益上其道上行者此就二體釋卦名之義艮陽卦爲止兑陰卦爲説

陽止於上陰說而順之是下自減損以奉於上上行之謂也損而有孚元吉无咎可貞利有攸往者卦有元吉已下等事由於有孚故加一而字則其義可見矣曷之用二簋可用享者舉經明之皆爲損而有孚故得如此二簋應有時者申明二簋之禮不可爲常二簋至約惟在損時應時行之非時不可也損剛益柔有時者明損下益上之道亦不可爲常損之所以能損下益上者以下不敢剛亢貴於奉上則是損於剛亢而益柔順也損剛者謂損兌之陽爻也益柔者謂益艮之陰爻也人之爲德須備剛柔就剛柔之中剛爲德長既爲德長不可恒減故損之有時損益盈虛與時偕行者盈虛者鳧足短而任性鶴脛長而自然此又云與時偕行者上既言損剛益柔不可常用此又汎明損益之事體非恒理自然之質各定其分鳧足非短鶴脛非長何須損我以益人虛此以盈彼但有時宜用故應時而行故曰損益盈虛與時偕行也

象曰山下至窒欲

正義曰山下有澤損君子以懲忿窒欲者澤在山下澤卑山高似澤之自損以崇山之象也君子以法此損道以懲止忿怒窒塞情欲夫人之情也感物

而動境有順逆故情有忿欲懲者息其旣往窒者閉其將來忿欲皆有往來懲窒互文而相足也　初九巳事至合志也　正義曰巳事遄往无咎者巳竟也遄速也損之爲道損下益上如人臣欲自損己奉上然各有職掌若廢事而往咎莫大焉若事巳不往則爲傲慢竟事速往乃得无咎故曰巳事遄往无咎也酌損之者剛勝則柔危以剛奉柔初未見親也故須酌而減損之乃得合志故曰酌損之象曰尚合志者尚庶幾也所以竟事速往庶幾與上合志也

九二利貞至爲志也　正義曰利貞征凶弗損益者柔不可以全益剛不可以全削下不可以无正初九巳損剛以益柔爲順六四爲初六九二復損己以益六五爲六二則成剥卦矣故九二利以居而守正進之於柔則凶故曰利貞征凶也旣征凶故九二不損己而務益故曰不損益之也象曰中以爲志者言九二所以能居而守貞不損益之良由居中以中爲志故損益得其節適也　六三三人至則疑也　正義曰三人行則損一人一人行則得其友者六三處損之時居於下體損之爲義其道上行三人謂自六三巳上三陰上

一人謂上九也下一人謂六三也夫陰陽相應萬物化淳男女匹配故能生育六三應於上九上有二陰六四六五也損道上行有相從之義若與二陰并己俱行雖欲益上九一人更使上九懷疑疑則失其適匹之義也名之曰益即不是減損其實損之也故曰三人行則損一人若六三一人獨行則上九納己无疑則得其友矣故曰一人行則得其友也象曰三則疑者言一人則可三人益加疑惑也

六四損其至可喜也　正義曰損其疾使遄有喜无咎者疾者相思之疾也初九自損己遄往己以正道速納陰陽相會同志斯來无復企予之疾故曰損其疾疾何可久速乃有喜有喜乃无咎故曰使遄有喜无咎象曰亦可喜者詩曰亦既見止我心則降不亦有喜乎

注速乃有喜有喜乃无咎也　正義曰相感而久不相會則有勤望之憂故速乃有喜初九自損以益四四不速納則有失益之咎也故曰有喜乃无咎也

六五或益至上祐也　正義曰或益之十朋之龜弗克違元吉者六五居尊以柔而在乎損而能自抑損者也居尊而能自抑損則天下莫不歸而益之故曰或益之也或者言

有也言其不白益之有人來益之也朋者黨也龜者決疑之物也陰不先唱柔不自任尊以自居損以守之則人用其力事竭其功智者慮能明者慮策而不能違也朋至不違則羣才之用盡矣故曰十朋之龜弗克違也羣才畢用自尊委人天人並助故曰元吉象曰自上祐者上謂天也故與川天祐之吉无不利義同也　注朋黨也

正義曰馬鄭皆案爾雅云十朋之龜者一曰神龜二曰靈龜三曰攝龜四曰寶龜五曰文龜六曰筮龜七曰山龜八曰澤龜九曰水龜十曰火龜

上九弗損至得志也

正義曰弗損益之无咎貞吉者損之爲義損下益上上九處損之極上无所奉損終反益故曰弗損益之也既剛德不損乃反益之則不憂於咎用正而吉故曰无咎貞吉也利有攸往者下制於柔不使三陰俱進不疑其志剛德遂長故曰利有攸往也又能自守剛陽不爲柔之所制豈惟无咎貞吉而已所往亦无不利故曰利有攸往義兩存也得臣无家者居上乘柔處損之極尊夫剛德爲物所歸故曰得臣得臣則以天下爲一故曰无家无家者光宅天下无適一家也象曰大得志者剛德不損爲物

所歸故大得志也

䷩震下巽上益利有至大川　正義曰益者增足之名損上益下故謂之益下已有矣而上更益之明聖人利物之无已也損卦則損下益上益卦則損上益下得名皆就下而不據上者向秀云明王之道志在惠下故取下謂之損與下謂之益既上行惠下之道利益萬物動而无違何往不利故曰利有攸往以益涉難理絶險阻故曰利涉大川

彖曰益損至偕行　正義曰益損上益下民說无疆者此就二體釋卦名之義柔巽在上剛動在下上巽不違於下損上益下之義也既居上者能自損以益下則下民歡說无復疆限益卦所以名益者正以損上益下民說无疆者也自上下下其道大光利有攸往中正有慶者此就九五之爻釋利有攸往中正有慶也五處中正能自上下下則其道光大爲天下之所慶頼也以中正有慶之德故所往无不利焉益之所以利有攸往者正謂中正有慶故也利涉大川木道乃行者此取譬以釋利涉大川也木體輕浮以涉大川爲常而不溺也以益涉難如木道之涉川涉川无害方見益之爲利故

云利涉大川木道乃行也益動而巽日進无疆者自此已下廣明益義前則就二體明損上益下以釋卦名以下有動求上能巽接是損上益下之義今就二體更明得益之方也若動而驕盈則被損无已若動而卑巽則進益无疆故曰益動而巽日進无疆天施地生其益无方者此就天地廣明益之六義也天施氣於地地受氣而化生亦是損上益下義也其施化之益无有方所故曰天施地生其益无方凡益之道與時偕行者雖施益无方不可恒用當應時行之故舉凡益揔結之故曰凡益之道與時偕行也　象曰風雷至則改

正義曰風雷益君子以見善則遷有過則改者子夏傳云雷以動之風以散之萬物皆益孟僖亦與此同其意言必須雷動於前風散於後然後萬物皆益如二月啓蟄之後風以長物八月收聲之後風以殘物風之爲益其在雷後故曰風雷益也遷謂遷徙慕尚改謂改更懲止遷善改過益莫大焉故君子求益以見善則遷有過則改也六子之中並有益物獨取雷風者何晏云取其最長可久之義也

初九利用至厚事也　正義曰利用爲大作元吉无咎者大作謂

興作大事也初九處益之初居動之始有興作大事之端又體剛能幹應巽不違有堪建大功之德故曰利用爲大作也然有其才而无其位得其時而非其處雖有殊功人不與也時人不與則咎過生焉故必元吉乃得无咎故曰元吉无咎象曰下不厚事者厚事猶大事也

六二或益至外來也　正義曰或益之十朋之龜弗克違永貞吉王用享於帝吉者六二體柔居中當位應巽是居益而能用謙沖者也居益用謙則物自外來朋龜獻策弗能違也同於損卦六五之位故曰或益之十朋之龜弗克違也然位不當尊故永貞乃吉故曰永貞吉帝天也王用此時以享祭於帝明靈降福故曰王用享於帝吉也象曰自外來者明益之者從外自來不召而至也

六三益之至有之也　正義曰益之用凶事无咎有孚中行告公用圭者六三以陰居陽不能謙退是求益者也故曰益之益不外來己自爲之物所不與若以謙道責之則理合誅戮若以救凶原之則情在可恕然此六三以陰居陽處下卦之上壯之甚也用此以救衰危則物之所恃所以用凶事而得免咎故曰益之用凶事无咎若能求益不爲

私已志在救難爲壯不至亢極能適於時是有信實而得中行故曰有孚中行也用此有孚中行之德執圭以告於公公必任之以救衰危之事故曰告公用圭象曰固有之者明非爲救凶則不可求益施之凶事乃得固有其功也　注公者臣之極至用圭也　正義曰告王者宜以文德燮理使天下人寧不當恒以救凶用志褊狹也

六四中行至益志也　正義曰中行告公從利用爲依遷國者六四居益之時處巽之始體柔當位在上應下卑不窮下高不處亢位雖不中用中行者也故曰中行也以此中行之德有事以告於公公必從之故曰告公從也用此道以依人而遷國者人无不納故曰利用爲依遷國也遷國國之大事明以中行雖有大事而无不利如周之東遷晉鄭焉依之義也象曰以益志者既爲公所從其志得益也

九五有孚至得志也　正義曰有孚惠心勿問元吉有孚惠我德者九五得位處尊爲益之主兼弘德義以益物者也爲益之大莫大於信爲惠之大莫大於心因民所利而利之焉惠而不費惠心者也有惠有信盡物之願必獲元吉不待疑問故曰有孚惠心勿問元吉

我既以信惠被於物，物亦以信惠歸於我，故曰有孚惠我德也。象曰大得志者，天下皆以信惠歸我，則可以得志於天下，故曰大得志也。

上九莫益至外來也　正義曰：上九處益之極，益之過甚者也。求益无厭，怨者非一，故曰莫益之或擊之也。勿猶无也。求益无已，是立心无恒者也。无恒之人，必凶咎之所集，故曰立心勿恒凶。象曰偏辭者，此有求而彼不應，是偏辭也。自外來者，怨者非一，不待召也，故曰自外來也。

䷪乾下兌上 夬揚于至攸往　正義曰：夬，決也。此陰消陽息之卦也。陽長至五，五陽共決一陰，故名爲夬也。揚于王庭者，明行決斷之法。夬以剛決柔，施之於人，則是君子決小人也。王庭是百官所在之處，以君子決小人，故可以顯然發揚決斷之事於王者之庭，示公正而无私隱也，故曰揚于王庭也。孚號有厲者，號，號令也。行決之法，先須號令。夬以剛決柔，則是用明信之法而宣其號令，如此即柔邪者危，故曰孚號有厲也。以剛制斷，行令於邑可也。若用剛即戎，尚力取勝，爲物所疾，以此用師，必有不利，故曰告自邑不利即戎。雖不利即戎

然剛德不長則柔邪不消故陽爻宜有所往夬道乃成故曰利有攸
往也　彖曰夬決至乃終也　正義曰夬決也剛決柔者此就
爻釋卦名也健而說決而和者此就二體之義明決而能和乾健而
兌說健則能決說則能和故曰決而和也揚于王庭柔乘五剛者此
因一陰而居五陽之上釋行決之法以剛德齊長一柔爲逆衆所同
誅誅而无忌也故曰揚于王庭言所以得顯然揚于王庭者只謂柔
乘五剛也孚號有厲其危乃光者以明信而宣號令即柔邪者危厲
危厲之理分明可見故曰其危乃光也告自邑不利即戎所尚乃窮
者剛克之道不可常行若專用威猛以此即戎則便爲尚力取勝即
是決而不和其道窮矣行決所以惟告自邑不利即戎者只謂所尚
乃窮故也利有攸往剛長乃終者終成也剛長柔消夬道乃成也
象曰澤上至則忌　正義曰澤上於天夬者澤性潤下雖復澤上
於天決來下潤此事必然故是夬之象也君子以施祿及下居德則
忌者忌禁也夬有二義象則澤來潤下彖則明法決斷所以君子法
此夬義威惠兼施雖復施祿及下其在身居德復須明其禁令合於健

而能說決而能和故曰君子以施祿及下居德則忌也　初九壯
于至往咎也　正義曰初九居夬之初當須審其籌策然後乃往
而體健處下徒欲果決壯健前進其趾以此而往必不克勝非夬之
謀所以爲咎故曰初九壯于前趾往不勝爲咎也象曰不勝而往咎
者經稱往不勝爲咎象云不勝而往咎翻其文者蓋暴虎馮河孔子
所忌謬於用壯必无勝理孰知不勝果決而往所以致於咎過故注
云不勝之理在往前也　九二惕號至中道也　正義曰惕號莫
夜有戎勿恤者九二體健居中能決其事而无疑惑者也雖復有人
惕懼號呼語之云暮夜必有戎寇來害已能審已度不惑不憂故勿
恤也象曰得中道者決事而得中道故不以有戎爲憂故云得中道也
九三壯于至无咎也　正義曰壯于頄有凶者頄面權也謂上六
也言九三處夬之時獨應上六助於小人是以凶也若剝之六三處
陰長之時而應上是助陽爲善今九三處剛長之時獨助陰爲凶也
君子夬夬者君子之人居於此時能棄其情累不受於應在於決斷
而无滯是夬夬也獨行遇雨若濡有慍无咎者若不能決斷殊於衆

陽應於小人則受濡濕其衣自爲怨恨无咎責於人故曰有慍无咎
也象曰君子夬夬終无咎者衆陽決陰獨與上六相應是有咎也若
能夬夬決之不疑則終无咎矣然則象云无咎自釋君子夬夬非經
之无咎也　九四臀无至不明也　正義曰臀无膚其行次且
者九四據下三陽位又不正下剛而進必見侵傷侵傷則居不得安
若臀无膚矣次且行不前進也臀之无膚居既失安行亦不進故曰
臀无膚其行次且也牽羊悔亡聞言不信者羊者抵很難移之物謂
五也居尊當位爲夬之主下不敢侵若牽於五則可得悔亡故曰牽
羊悔亡然四亦是剛陽各亢所處雖復聞牽羊之言不肯信服事於
五故曰聞言不信也象曰聰不明者聰聽也良由聽之不明故聞言
不信也　注同於噬嗑滅耳之凶　正義曰四既聞言不信不
肯牽係於五則必被侵克致凶而經无凶文象稱聰不明者與噬嗑
上九辭同彼以不明釋凶知此亦爲凶也　九五莧陸至未光也
正義曰莧陸夬夬中行无咎者莧陸草之柔脆者也夬之爲義以剛
決柔以君子除小人者也五處尊位爲夬之主親決上六決之至易

也如決莧草然故曰莧陸夬夬也但以至尊而敵於至賤雖其克勝不足貴也特以中行之故纔得无咎故曰中行无咎象曰中未光者雖復居中而行以其親決上六以尊敵卑未足以爲光大也

注莧陸草之柔脆者　正義曰子夏傳云莧陸木根草莖剛下柔上也馬融鄭玄王肅皆云莧陸一名商陸皆以莧陸爲一董遇云莧人莧也陸商陸也以莧陸爲二案注直云草之柔脆似亦以爲一同於子夏等也　上六无號至不可長也　正義曰上六居夬之極以小人而居羣陽之上衆共棄也君子道長小人必凶非號咷所免故禁其號咷曰无號終有凶也象曰終不可長者長延也凶危若此非號咷所能延故曰終不可長也

䷫巽下乾上姤女壯勿用取女　正義曰姤遇也此卦一柔而遇五剛故名爲姤施之於人則是一女而遇五男淫壯至甚故戒之曰此女壯甚勿用取此女也　彖曰姤遇也至矣哉　正義曰姤遇也柔遇剛者此就爻釋卦名以初六一柔而上遇五剛所以名遇而用釋卦辭女壯勿用取女之義也勿用取女不可與長者女之爲體婉

娩貞順方可期之偕老淫壯若此不可與之長久故勿用取女天地相遇品物咸章者已下廣明遇義卦得遇名本由一柔與五剛相遇故遇辭非美就卦而取遂言遇不可用是勿用取女也故孔子更就天地歎美遇之爲義不可廢也天地若各亢所處不相交遇則萬品庶物无由彰顯必須二氣相遇乃得化生故曰天地相遇品物咸章也剛遇中正天下大行者莊氏云一女而遇五男既不可取天地匹配則能成品物由是言之若剛遇中正之柔男得幽貞之女則天下人倫之化乃得大行也姤之時義大矣哉者上既博美此又結歎欲就卦而取義但是一女而遇五男不足稱美博論天地相遇乃致品物咸章然後姤之時義大矣哉　注凡言至意謂者也　正義曰注揔爲稱義發例故曰凡言也就卦以驗名義只是女遇於男博尋遇之深旨乃至道該天地故云不盡於所見中有意謂者也

象曰天下至四方　正義曰風行天下則无物不遇故爲遇象后以施命誥四方者風行草偃天之威令故人君法此以施教命誥於四方也

初六繫于至道牽也　正義曰繫于金柅貞吉者金

者堅剛之物柅者制動之主謂九四也初六陰質若繫於正應以從於四則貞而吉矣故曰繫於金柅貞吉也有攸往見凶者若不牽於一而有所行往則惟凶是見矣故曰有攸往見凶羸豕孚蹢躅者初六處遇之初以一柔而承五剛是不繫金柅有所往者也不繫而往則如羸豕之務躁而蹢躅然也故曰羸豕孚蹢躅羸豕謂牝豕也羣豕之中豭强而牝弱也故謂牝豕爲羸豕陰質而淫躁牝豕特甚焉故取以爲喻象曰柔道牽者陰柔之道必須有所牽繫也注柅者制動之主　正義曰柅之爲物衆說不同王肅之徒皆爲織績之器婦人所用惟馬云柅者在車之下所以止輪令不動者也王注云柅者制動之主蓋與馬同　九二包有至及賓也　正義曰庖有魚无咎者初六以陰而處下故稱魚也以不正之陰處遇之始不能逆於所近故捨九四之正應樂充九二之庖廚故曰九二庖有魚初自樂來爲己之廚非爲犯奪故得无咎也不利賓者夫擅人之物以爲己惠義所不爲故不利賓也象曰義不及賓者言有他人之物於義不可及賓也　九三臀无至未牽也　正義曰陽之所據者

陰也九三處下體之上爲內卦之主以乘於二无陰可據居不獲安上又无應不能牽據以固所處同於夬卦九四之失據故曰臀无膚其行次且也然履得其位非爲妄處特以不遇其時故致此危厲災非己招故无大咎故曰厲无大咎象曰行未牽者未能牽據故其行次且是行未牽也　九四包无至遠民也　正義曰包无魚者二擅其應故曰包无魚也包之无魚則是无民之義也起凶者起動也无民而動失應而作是以凶也象曰遠民者陰爲陽之民爲二所據故曰遠民也　九五至以杞含命也　正義曰以杞匏瓜者杞之爲物生於肥地匏瓜爲物繫而不食九五處得尊位而不遇其應是得地而不食故曰以杞匏瓜也含章有隕自天者不遇其應命未流行无物發起其美故曰含章然體剛居中雖復當位命未流行而能不改其操无能傾隕之者故曰有隕自天蓋言惟天能隕之耳象曰中正者中正故有美无應故含章而不發若非九五中正則无美可含故舉爻位而言中正也志不舍命者雖命未流行而居尊當位志不舍命故曰不可傾隕也　注杞之爲物生於肥地者也

正義曰先儒說杞亦有不同馬云杞大木也左傳云杞梓皮革自楚往則爲杞梓之杞子夏傳曰作杞匏瓜薛虞記云杞杞柳也杞性柔刃宜屈撓似匏瓜又爲杞柳之杞案王氏云生於肥地蓋以杞爲今之枸杞也　上九姤其至窮吝也　正義曰姤其角者角者最處體上上九進之於極无所復遇遇角而已故曰姤其角也吝无咎者角非所安與无遇等故獨恨而鄙吝也然不與物爭其道不害故无凶咎故曰无咎也象曰上窮吝者處於上窮所以遇角而吝也

䷬ 坤下兌上 萃亨至有攸往　正義曰萃卦名也又萃聚也聚集之義也能招民聚物使物歸而聚己故名爲萃也亨者通也擁隔不通无由得聚聚之爲事其道必通故云萃亨王假有廟者假至也天下崩離則民怨神怒雖復享祀與无廟同王至大聚之時孝德乃洽始可謂之有廟矣故曰王假有廟利見大人亨利貞者聚而无主不散則亂惟有大德之人能弘正道乃得常通而利正故曰利見大人亨利貞也用大牲吉者大人爲主聚道乃全以此而用大牲神明降福故曰用大牲吉也利有攸往者人聚神祐何往不利故曰利有攸往也

彖曰萃聚至可見矣　正義曰萃聚者訓萃名也順以說剛中而應故聚者此就二體及九五之文釋所以能聚也若全用順說則邪佞之道興全用剛陽而違於中應則强亢之德著何由得聚今順以說而剛爲主則非邪佞也應不失中則非偏亢也如此方能聚物故曰順以說剛中而應故聚也王假有廟致孝享也者享獻也聚道既全可以至於有廟設祭祀而致孝享也利見大人亨聚以正也者釋聚所以利見大人乃得通而利正者良由大人有中正之德能以正道通而化之然後聚道得全故曰聚以正也用大牲吉利有攸往順天命者天之爲德剛不違中今順以說而以剛爲主是順天命也動順天命可以享於神明无往不利所以得用大牲吉利有攸往者只爲順天命也觀其所聚而天地萬物之情可見矣者此廣明萃義而歎美之也凡物所以得聚者由情同也情志若乖无由得聚故觀其所聚則天地萬物之情可見矣　象曰澤上至不虞　正義曰澤上於地則水潦聚故曰澤上於地萃也除者治也人既聚會不可无防備故君子於此之時脩治戎器以戒備不虞也　初六有孚

至志亂也　正義曰有孚不終乃亂乃萃者初六有應在四而三承之萃聚之時貴於近合見三承四疑四與三始以正應相信末以他意相阻故曰有孚不終也旣心懷嫌疑則情志迷亂奔馳而行萃不以禮故曰乃亂乃萃一握者小之貌也自比一握之間言至小也爲笑者非嚴毅之容言懦劣也已爲正配三以近寵若自號比於一握之小執其謙退之容不與物爭則不憂於三往必得合而无咎矣故曰若號一握爲笑勿恤往无咎也象曰其志亂者只謂疑四與三故志意迷亂也　六二引吉至未變也　正義曰引吉无咎者萃之爲體貴相從就聚道乃成今六二以陰居陰復在坤體志於靜退則是守中未變不欲相就者也乖衆違時則致危害故須牽引乃得吉而无咎也故曰引吉无咎孚乃利用禴者禴殷春祭之名也四時之祭最薄者也雖乖於衆志須牽引然居中得正忠信而行故可以省薄薦於鬼神也故曰孚乃利用禴象曰中未變也者釋其所以須引乃吉良由居中未變　六三萃如至上巽也　正義曰居萃之時履非其位以比於四四亦失位不正相聚相聚不正患所生

也于人之應害所起也故曰萃如嗟如无攸利也往无咎小吝者上六亦无應而獨立處極而憂危思援而求朋巽以待物者也與其萃於不正不若之於同志故可往而无咎但以上六是陰已又是陰以二陰相合猶不若一陰一陽之應故有小吝也象曰往无咎上巽也者以上體柔巽以求其朋故三可以往而无咎也九四大吉至不當也

正義曰大吉无咎者以陽處陰明履非其位又下據三陰得其所據失其所處處聚之時不正而據是其凶也若以萃之時立夫大功獲其大吉乃得无咎故曰大吉无咎象曰位不當者謂以陽居陰也

九五萃有至未光也

正義曰萃有位无咎匪孚元永貞悔亡者九五處聚之時最得盛位故曰萃有位也既得盛位所以无咎匪孚者良由四專而據已德化不行信不孚物自守而已故曰无咎匪孚若能脩夫大德久行其正則其悔可消故曰元永貞悔亡象曰志未光也者雖有盛位信德未行久乃悔亡今時志意未光大也

上六齎咨至安上也

正義曰齎咨者居萃之時最處上極五非所乘内又无應處上獨立无其援助危亡之甚居不獲安故齎咨而

嗟歎也若能知有危亡懼害之深憂危之甚至於涕洟滂沲如此居不獲安方得衆所不害故无咎矣自目出曰涕自鼻出曰洟象曰未安上者未敢安居其上所乘也

䷭巽下坤上升元亨至南征吉　正義曰升元亨者升卦名也升者登上之義升而得大通故曰升元亨也用見大人勿恤者升者登也陽爻不當尊位无剛嚴之正則未免於憂故用見大德之人然後乃得无憂恤故曰用見大人勿恤南征吉者非直須見大德之人復宜適明陽之地若以陰之陰彌足其闇也南是明陽之方故云南征吉也

彖曰柔以至志行也　正義曰柔以時升者升之爲義自下升高故就六五居尊以釋名升之意六五以陰柔之質超升貴位若不得時則不能升耳故曰柔以時升也巽而順剛中而應是以大亨者此就二體及九二之爻釋元亨之德也純柔則不能自升剛亢則物所不從卦體既巽且順爻又剛中而應於五有此衆德故得元亨用見大人勿恤有慶者以大通之德用見大人不憂否塞必致慶善故曰有慶也南征吉志行者之於闇昧則非其本志今以柔順而升於大

明其志得行也　象曰地宁至高大　正義曰地中生木升者
地中生木始於細微以至高大故爲升象也君子以順德積小以高
大者地中生木始於毫末終至合抱君子象之以順行其德積其小
善以成大名故繫辭云善不積不足以成名是也　初六允升至
上合志也　正義曰允升大吉者允當也巽卦三爻皆應升上而
二三有應於五六升之不疑惟初无應於上恐不得升當二三升時
與之俱升必大得矣故曰允升大吉也象曰上合志也者上謂二三
也與之合志俱升乃得大吉也　九二孚乃至有喜也　正義
曰孚乃利用禴无咎者九二與五爲應往升於五必見信任故曰孚
二體剛德而履乎中進不求寵志在大業用心如此乃可薦其省約
於神明而无咎也故曰孚乃利用禴无咎象曰有喜也者上升則爲
君所任薦約則爲神所享斯之爲喜不亦宜乎　九三升虚至无
所疑也　正義曰升虚邑者九三履得其位升於上六上六體是
陰柔不距於己若升空虛之邑也象曰无所疑者往必得邑何所疑乎
六四王用至順事也　正義曰王用享於岐山者六四處升之際

下體三爻皆來上升可納而不可距事同文王岐山之會故曰王用亨於岐山也吉无咎者若能納而不距順物之情則得吉而无咎故曰吉无咎也象曰順事者順物之情而立功立事故曰順事也

六五貞吉至得志也　正義曰貞吉升階者六五以柔居尊位納於九二不自專權故得貞吉升階保其尊貴而踐阼矣故曰貞吉升階也象曰大得志者居中而得其貞吉處尊而保其升階志大得矣故曰大得志也

上六冥升至不富也　正義曰冥升者冥猶昧也處升之上進而不已則是雖冥猶升也故曰冥升利于不息之貞者若冥升在上陵物爲主則喪亡斯及若絜己脩身施於爲政則以不息爲美故曰利于不息之貞象曰消不富者雖爲政不息交免危咎然勞不可久終致消衰故曰消不富也

䷮坎下兌上　困亨至不信　正義曰困者窮厄委頓之名道窮力竭不能自濟故名爲困亨者卦德也小人遭困則窮斯濫矣君子遇之則不改其操君子處困而不失其自通之道故曰困亨也貞大人吉无咎者處困而能自通必是履正體大之人能濟於困然後得吉而

无咎故曰貞大人吉无咎也有言不信者處困求濟在於正身脩德若巧言飾辭人所不信則其道彌窮故誡之以有言不信也

彖曰困剛揜至乃窮也　正義曰困剛揜者此就二體以釋卦名兌陰卦爲柔坎陽卦爲剛坎在兌下是剛見揜於柔也剛應升進今被柔揜施之於人其猶君子爲小人所蔽以爲困窮矣險以說困而不失其所亨者此又就二體名訓以釋亨德也坎險而兌說所以困而能亨者良由君子遇困安其所遇雖居險困之世不失暢說之心故曰險以說困而不失其所亨也其惟君子乎者結歎處困能通非小人之事惟君子能然也貞大人吉以剛中者此就二五之爻釋貞大人之義剛則正直所以爲貞中而不偏所以能大若正而不大未能濟困處困能濟濟乃得吉而无咎也故曰貞大人吉以剛中也有言不信尚口乃窮者處困求通在於修德非用言以免困徒尚口說更致困窮故曰尚口乃窮也

象曰澤无水至遂志　正義曰澤无水困者謂水在澤下則澤上枯槁萬物皆困故曰澤无水困也君子以致命遂志者君子之人守道而死雖遭困厄之世期於致命

喪身必當遂其高志不屈撓而移改也故曰致命遂志也　初六
臀困至不明也　正義曰臀困于株木者初六處困之時以陰爻
最居窮下沉滯卑困居不獲安若臀之困于株木故曰臀困于株木
也入于幽谷者有應在四而二隔之居則困株進不獲拯勢必隱遯
者也故曰入于幽谷也三歲不覿者困之爲道不過數歲困解乃出
故曰三歲不覿也象曰幽不明者象辭惟釋幽字言幽者正是不明
之辭所以入不明以自藏而避困也釋株者杌木謂之株也
九二困于至有慶也　正義曰困于酒食者九二體剛居陰處中
无應體剛則健能濟險也居陰則謙物所歸也處中則不失其宜无
應則心无私黨處困以斯物莫不至不勝豐衍故曰困于酒食也朱
紱方來利用亨祀者紱祭服也坎北方之卦朱紱南方之物處困用
謙能招異方者也故曰朱紱方來也舉異方者明物无不至酒食豐
盈異方歸向祭則受福故曰利用亨祀征凶无咎者盈而又進傾敗
之道以征必凶故曰征凶自進致凶无所怨咎故曰无咎也象曰中
有慶者言二以中德被物物之所賴故曰有慶也　六三困于石

至不祥也　正義曰困于石據于蒺蔾者石之爲物堅剛而不可入也蒺蔾之草有刺而不可踐也六三以陰居陽志懷剛武己又无應欲上附於四四自納於初不受已者也故曰困于石也下欲比二二又剛陽非己所據故曰據于蒺蔾也入于其宮不見其妻凶者无應而入難得配偶辟於入宮不見其妻處困以斯凶其宜也故曰入于其宮不見其妻凶也象曰乘剛者明二爲蒺蔾也不祥也者祥善也吉也不吉必有凶也　九四來徐徐至有與也　正義曰九四來徐徐困于金車吝有終者何氏云九二以剛德勝故曰金車也徐徐者疑懼之辭九四有應於初而礙於九二故曰困于金車欲棄之惜其配偶疑懼而行不敢疾速故來徐徐也有應而不敢往可耻可恨故曰吝也以陽居陰不失謙道爲物之所與故曰有終象曰有與者位雖不當執謙之故物所與也　九五劓刖至受福也

正義曰九五以陽居陽用其剛壯物不歸己見物不歸而用威刑行其劓刖之事既行此威刑則異方愈乖遐邇愈叛兊爲西方之卦赤紱南方之物故曰劓刖困於赤紱也此卦九二爲以陽居陰用其謙

退能招異方之物也此言九五剛猛不能感異方之物也若但用其中正之德招致於物不在速暴而徐徐則物歸之而有説矣故曰乃徐有説也居得尊位困而能反不執其迷用其祭祀則受福也象曰志未得也者由物不附已已志未得故曰志未得也乃徐有説以中直也者居中得直不貪不暴終得其應乃寛緩修其道德則得喜説故云乃徐有説以中直也利用祭祀受福者君能不遂迷志用其中正則異方所歸祭則受福故曰利用祭祀受福也上六困于葛至吉行也　正義曰葛藟引蔓纏繞之草臲卼動摇不安之貌上六處困之極極困者也而乘於剛下又无應行則纏繞居不得安故曰困於葛藟於臲卼也應亦言困於臲卼困於上省文也凡物窮則思變困則謀通處至困之地是用謀策之時也曰者思謀之辭也謀之所行有隙則獲言將何以通至困乎爲之謀曰必須發動其可悔之事令其有悔可知然後處困求通可以行而獲吉故曰動悔有悔征吉象曰未當也者處於困極而又乘剛所處不當故致此困也吉行者知悔而征行必獲吉也

䷯巽下坎上井改邑至瓶凶　正義曰井者物象之名也古者穿地取水以瓶引汲謂之爲井此卦明君子脩德養民有常不變終始無改養物不窮莫過乎井故以脩德之卦取譬名之井焉改邑不改井者以下明井有常德此明井體有常邑雖遷移而井體无改故云改邑不改井也无喪无得者此明井用有常德終日引汲未甞言損終日泉注未甞言益故曰无喪无得也往來井井者此明性常井井絜靜之貌也往者來者皆使絜靜不以人有往來改其洗濯之性故曰往來井井也汔至亦未繘井羸其瓶凶者此下明井誡言井功難成也汔幾也幾近也繘綆也雖汲水以至井上然綆出猶未離井口而鉤羸其瓶而覆之也棄其方成之功雖有出井之勞而與未汲不異喻今人行常德須善始令終若有初无終則必致凶咎故曰汔至亦未繘井羸其瓶凶言亦者不必之辭言不必有如此不克終者計覆一瓶之水何足言凶以喻人之修德不成又云但取喻人之德行不恒不能慎終如始故就人言凶也　彖曰巽乎至是以凶也

正義曰巽乎水而上水井者此就二體釋井之名義此卦坎爲水在

上巽爲木在下又巽爲入以木入於水而又上水井之象也井養而
不窮者歎美井德愈汲愈生給養於人无有窮已也改邑不改井乃
以剛中也者此釋井體有常由於二五也二五以剛居中故能定居
其所而不改變也不釋往來二德者无喪无得往來井井皆由以剛
居中更无他義故不具舉經文也汔至亦未繘井未有功也者水未
及用則井功未成其猶人德未被物亦是功德未就也羸其瓶是以
凶也者汲水未出而覆喻脩德未成而止所以致凶也　注音舉
上之上　正義曰嫌讀爲去聲故音之也　象曰木上至勸相
正義曰木上有水則是上水之象所以爲井君子以勞民勸相者勞
謂勞賚相猶助也井之爲義汲養而不窮君子以勞來之恩勤恤民
隱勸助百姓使有功成則此養而不窮也　初六井泥至時舍也
正義曰井泥不食舊井无禽者初六最處井底上又无應沈滯滓穢
即是井之下泥污不堪食也故曰井泥不食也井泥而不可食即是
久井不見渫治禽所不嚮而況人乎故曰舊井无禽也象曰下也者
以其最在井下故爲井泥也時舍也者人既非食禽又不向即是一時

共棄舍也　注井者不變之物居德之地　正義曰繇辭稱改
邑不改井故曰井者不變之物居德者繫辭又云井德之地故曰居
德之地也注言此者明井既有不變即是有恒既居德地即是用德
也今居窮下即是恒德至賤故物无取也禽之與人皆共棄舍也
九二井谷至无與也　正義曰井谷射鮒者井之爲德以下汲上
九二上无其應反下比初施之於事正似谷中之水下注徹鮒井而
似谷故曰井谷射鮒也鮒謂初也子夏傳云井中蝦蟆呼爲鮒魚也
甕敝漏者井而下注失井之道有似甕敝漏水水漏下流故曰甕敝
漏也象曰无與也者井既處下宜應汲上今反養下則不與上交物
莫之與故曰无與也　九三井渫至受福也　正義曰井渫不
食者渫治去穢汚之名也井被渫治則清絜可食九三處下卦之上
異初六井泥之時得位而有應於上非射鮒之象但井以上出爲用
猶在下體未有成功功既未成井雖渫治未食也故曰井渫不食也
爲我心惻者爲猶使也井渫而不見食猶人修己全絜而不見用使
我心中惻愴故曰爲我心惻也可用汲王明並受其福者不同九二

下注而不可汲也有應於上是可汲也井之可汲猶人可用若不遇明王則滞其才用若遭遇賢主則申其行能賢主既嘉其行又欽其用故曰可用汲王明並受其福也　六四井甃至脩井也

正義曰案子夏傳云甃亦治也以塼壘井脩井之壞謂之爲甃六四得位而无應自守而已不能給上可以脩井崩壞施之於人可以脩德補過故曰井甃无咎也象曰脩井者但可脩井之壞未可上給養人也　九五井洌至中正也

正義曰井洌寒泉食者餘爻不當貴位但脩德以待用九五爲卦之主擇人而用之洌絜也九五居中得正而體剛直既體剛直則不食汚穢必須井絜而寒泉然後乃食以言剛正之主不納非賢必須行絜才高而後乃用故曰井洌寒泉食也象曰以中正者若非居中得正則任用非賢不能要待寒泉然後乃食也必言寒泉者清而冷者水之本性遇物然後濁而温故言寒泉以表絜也　上六井收至大成也

正義曰收式胄反凡物可收成者則謂之收如五穀之有收也上六處井之極水已出井井功大成者也故曰井收也勿幕有孚元吉者幕覆也井功已成若能

不擅其美不專其利不自掩覆與衆共之則爲物所歸信能致其大功而獲元吉故曰勿幕有孚元吉也象曰元吉在上大成者上六所以能獲元吉者只爲居井之上井功大成者也

䷰離下兌上 革巳日至悔亡 正義曰革者改變之名也此卦明改制革命故名革也巳日乃孚者夫民情可與習常難與適變可與樂成難與慮始故革命之初人未信服所以即日不孚巳日乃孚也元亨利貞悔亡者爲革而民信之然後乃得大通而利正也悔吝之所生生乎變動革之爲義變動者也革若不當則悔吝交及如能大通利貞則革道當矣爲革而當乃得亡其悔吝故曰元亨利貞悔亡

彖曰革水火至大矣哉 正義曰革水火相息二女同居其志不相得曰革者此就二體釋卦名也水火相息先就二象明革息生也火本乾燥澤本潤濕燥濕殊性不可共處若其共處必相侵剋既相侵剋其變乃生變生則本性改矣水熱而成湯火滅而氣冷是謂革也二女同居者此就人事明革也中少二女而成一卦此雖形同而志革也一男一女乃相感應二女雖復同居其志終不相得志不相

得則變必生矣所以爲革已日乃孚革而信者釋革之爲義革初未孚已日乃信也文明以説者此舉二體上釋革而信下釋四德也能用文明之德以説於人所以革命而爲民所信也大亨以正者民既説文明之德而從之所以大通而利正也革而當其悔乃亡者爲革若合於大通而利正可謂當矣革而當理其悔乃亡消也天地革而四時成者以下廣明革義此先明天地革者天地之道陰陽升降温暑涼寒迭相變革然後四時之序皆有成也湯武革命順乎天而應乎人者次明人革也夏桀殷紂凶狂无度天旣震怒人亦叛亡殷湯周武聰明睿智上順天命下應人心放桀鳴條誅紂牧野革其王命改其惡俗故曰湯武革命順乎天而應乎人計王者相承改正易服皆有變革而獨舉湯武者蓋舜禹禪讓猶或因循湯武干戈極其損益故取相變甚者以明人革也革之時大矣哉者備論革道之廣訖揔結歎其大故曰大矣哉也

象曰澤中至明時

正義曰澤中有火革者火在澤中二性相違必相改變故爲革象也君子以治歷明時者天時變改故須歷數所以君子觀兹革象脩治歷數以明

天時也　初九鞏用至有爲也　正義曰鞏固也黄中也牛革牛皮也革之爲義變改之名而名皮爲革者以禽獸之皮皆可從革故以喻焉皮雖從革之物然牛皮堅仞難變初九在革之始革道未成守夫常中未能應變施之於事有似用牛皮以自固未肯造次以從變者也故曰鞏用黄牛之革也象曰不可以有爲者有爲謂適時之變有所云爲也既堅仞自固可以守常不可以有爲也　六二巳日至有嘉也　正義曰巳日乃革之者陰道柔弱每事順從不能自革革巳日乃能從之故曰巳日乃革之征吉无咎者與五相應同處厥中陰陽相應往必合志不憂咎也故曰征吉无咎二五雖是相應而水火殊體嫌有相剋之過故曰无咎象曰行有嘉者往應見納故行有嘉慶也　九三征凶至何之矣　正義曰征凶貞厲革言三就有孚者九三陽爻剛壯又居火極火性炎上處革之時欲征之使革征之非道則正之危也故曰征凶貞厲所以征凶致危者正以水火相息之物既處於火極上之三爻水在火上皆從革者也自四至上從命而變不敢有違則從革之言三爻並成就不虛故曰

革言三就其言實誠故曰有孚也旣革言三就有孚從革已矣而猶征之則凶所以征凶而貞厲象曰又何之矣者征之本爲不從旣革言三就更又何往征伐矣　正義曰悔亡有孚改命吉者九四與初同處卦下初九處下卦之下革道未成故未能變九四處上卦之下所以能變也无應悔也能變故悔亡也處水火之際居會變之始能不固吝不疑於下信彼改命之志而能從之合於時願所以得吉故曰有孚改命吉也象曰信志者信下之志而行其命也　九五大人至文炳也　正義曰大人虎變未占有孚者九五居中處尊以大人之德爲革之主損益前王創制立法有文章之美煥然可觀有似虎變其文彪炳則是湯武革命順天應人不勞占決信德自著故曰大人虎變未占有孚也象曰其文炳者義取文章炳著也　上六君子至從君也　正義曰君子豹變小人革面者上六居革之終變道已成君子處之雖不能同九五革命創制如虎文之彪炳然亦潤色鴻業如豹文之蔚縟故曰君子豹變也小人革面者小人處之但能變其顔面容色順上而已故曰

小人革面也征凶居貞吉者革道已成宜安靜守正更有所征則凶居而守正則吉故曰征凶居貞吉也象曰其文蔚者明其不能大變故文細而相暎蔚也順以從君者明其不能潤色立制但順而從君也

周易正義卷第八

周易正義卷第九

國子祭酒上護軍曲阜縣開國子臣孔　穎達奉

勅撰

☲☴巽下離上　鼎元吉亨

正義曰鼎者器之名也自火化之後鑄金而爲此器以供亨飪之用謂之爲鼎亨飪成新能成新法然則鼎之爲器且有二義一有亨飪之用二有物象之法故彖曰鼎象也明其有法象也雜卦曰革去故而鼎取新明其亨飪有成新之用此卦明聖人革命示物法象惟新其制有鼎之義以木巽火有鼎之象故名爲鼎焉變故成新必須當理故先元吉而後乃亨故曰鼎元吉亨

彖曰鼎象至元亨

正義曰鼎象也者明鼎有亨飪成新之法象也以木巽火亨飪也者此明上下二象有亨飪之用此就用釋卦名也聖人亨以亨上帝而大亨以養聖賢者此明鼎用之美亨飪所須不出二種一供祭祀二當賓客若祭祀則天神爲大賓客則聖賢爲重故舉其重大則輕小可知亨帝直言亨養人則言大亨者亨帝尚質特牲而已故直言亨

聖賢既多養須飽飫故亨上加大字也巽而耳目聰明者此明鼎用
之益言聖人既能謙巽大養聖賢聖賢獲養則憂其事而助於己明
目達聰不勞己之聰明則不爲而成矣柔進而上行得中而應乎剛
是以元亨者此就六五釋元吉亨以柔進上行體已獲通得中應剛
所通者大故能制法成新而獲大亨也象曰木上至凝命　正義
曰木上有火即是以木巽火有亨飪之象所以爲鼎也君子以正位
凝命者凝者嚴整之貌也鼎既成新即須制法制法之美莫若上下
有序正尊卑之位輕而難犯布嚴凝之命故君子象此以正位凝命也
初六鼎顛至從貴也　正義曰鼎顛趾趾足也凡陽爲實而陰爲
虛鼎之爲物下實而上虛初六居鼎之始以陰處下則是下虛下虛
而鼎足倒矣故曰鼎顛趾也利出否者否者不善之物鼎之倒趾失
其所利鼎覆而不失其利在於寫出否穢之物也故曰利出否也得
妾以其子无咎者妾者側媵非正室也施之於人正室雖亡妾猶不
得爲室主妾爲室主亦猶鼎之顛趾而有咎過妾若有賢子則母以
子貴以之繼室則得无咎故曰得妾以其子无咎也象曰未悖也者

倒趾以出否未為悖逆也以從貴者舊穢也新貴也棄穢納新所以從貴也然則去妾之賤名而為室主亦從子貴也　九二鼎有至无尤也　正義曰鼎有實我仇有疾不我能即吉者實謂陽也仇是匹也即就也九二以陽之質居鼎之中有實者也故曰鼎有實也有實之物不可復加也加之則溢而傷其實矣六五我之仇匹欲來應我困於乘剛之疾不能就我則我不溢而全其吉也故曰我仇有疾不我能即吉也象曰愼所之者之往也自此巳往所宜愼之也終无尤也者五既有乘剛之疾不能加我則我終无尤也　九三鼎耳至其義也　正義曰鼎耳革其行塞者鼎之為義下實上虛是空以待物者也鼎耳之用亦宜空以待鉉今九三處下體之上當此鼎之耳宜居空之地而以陽居陽是以實處實者也既實而不虛則變革鼎耳之常義也常所納物受鉉之處今則塞矣故曰鼎耳革其行塞也雉膏不食者非直體實不受又上九不應於己亦无所納雖有其器而无所用雖有雉膏而不能見食也故曰雉膏不食方雨虧悔終吉者雨者陰陽交和不偏亢者也雖體陽爻而統屬陰卦若不

全任剛亢務在和通方欲爲此和通則悔虧而終獲吉故曰方雨虧悔終吉也象曰失其義也者失其虛中納受之義也　九四鼎折足至如何也　正義曰鼎折足覆公餗者餗糝也八珍之膳鼎之實也初以出否至四所盛故當馨絜矣故以餗言之初處下體之下九四處上體之下上有所承而又應初下有所施既承且施非己所堪故曰鼎折足鼎足既折則覆公餗也渥霑濡之貌也既覆公餗體則渥霑也施之於人知小而謀大力薄而任重如此必受其至辱災及其身也故曰其形渥凶象曰信如何也者言不能治之於未亂既敗之後乃責之云不量其力果致凶災災既及矣信如之何也言信有此不可如何之事也　六五鼎黃耳至爲實也　正義曰鼎黃耳金鉉利貞者黃中也金剛也鉉所以貫鼎而舉之也五爲中位故曰黃耳應在九二以柔納剛故曰金鉉所納剛正故曰利貞也象曰中爲實也者言六五以中爲實所受不妄也　上九鼎玉鉉至剛柔節也　正義曰鼎玉鉉者玉者堅剛而有潤者也上九居鼎之終鼎道之成體剛處柔則是用玉鉉以自舉者也故曰鼎玉鉉也大吉无不利者

應不在一即靡所不舉故得大吉而无不利象曰剛柔節者以剛須柔雖復在上不爲乾之亢龍故曰剛柔節也

䷲震下震上震亨至匕鬯

正義曰震亨者震動也此象雷之卦天之威動故以震爲名震既威動莫不驚懼驚懼以威則物皆整齊由懼而獲通所以震有亨德故曰震亨也震來虩虩笑言啞啞者虩虩恐懼之貌也啞啞笑語之聲也震之爲用天之威怒所以肅整怠慢故迅雷風烈君子爲之變容施之於人事則是威嚴之教行於天下也故震之來也莫不恐懼故曰震來虩虩也物既恐懼不敢爲非保安其福遂至笑語之盛故曰笑言啞啞也震驚百里不喪匕鬯者匕所以載鼎實鬯香酒也奉宗廟之盛者也震卦施之於人又爲長子長子則正體於上將所傳重出則撫軍守則監國威震驚於百里可以奉承宗廟彝器粢盛守而不失也故曰震驚百里不喪匕鬯　注威震至廟之盛也

正義曰先儒皆云雷之發聲聞乎百里故古帝王制國公侯地方百里故以象焉竊謂天之震雷不應止聞百里蓋以古之啓土百里爲

極文王作繇在邠時明長子威震於一國故以百里言之也匕所以載鼎實鬯香酒者陸績云匕者棘匕撓鼎之器先儒皆云匕形似畢但不兩歧耳以棘木爲之長三尺刊柄與末詩云有捄棘匕是也用棘者取其赤心之義祭祀之禮先烹牢於鑊既納諸鼎而加冪焉將薦乃舉冪而以匕出之升于俎上故曰匕所以載鼎實也鬯者鄭玄之義則爲秬黍之酒其氣調暢故謂之鬯詩傳則爲鬯是香草案王度記云天子鬯諸侯薰大夫蘭以例而言之則鬯是草明矣今特言匕鬯者鄭玄云人君於祭祀之禮尚牲薦鬯而已其餘不足觀也

彖曰震亨至祭主也　正義曰震亨者卦之名德但舉經而不釋名德所由者正明由懼得通故曰震亨更无他義或本无此二字震來虩虩恐致福也者威震之來初雖恐懼能因懼自修所以致福也笑言啞啞後有則也者因前恐懼自修未敢寬逸致福之後方有笑言以曾經戒懼不敢失則必時然後言樂然後笑故曰笑言啞啞後有則也震驚百里驚遠而懼邇者言威震驚於百里之遠則惰者恐懼於近也出可以守宗廟社稷以爲祭主者釋不喪匕鬯之義也出

謂君出巡狩等事也君出則長子留守宗廟社稷攝祭主之禮事也注已出

正義曰已出謂君也　象曰洊雷至脩省　正義曰洊者重也因仍也

雷相因仍乃爲威震也此是重震之卦故曰洊雷震也君子以恐懼脩省者君

子恒自戰戰兢兢不敢懈惰今見天之怒畏雷之威彌自脩身省察已過故曰

君子以恐懼脩省也　初九震來至有則也　正義曰初九剛陽之德爲

一卦之先剛則不闇於幾先則能有前識故處震驚之始能以恐懼自脩而獲

其吉故曰震來虩虩後笑言啞啞吉此爻辭兩句既與卦同象辭釋之又與彖

不異者蓋卦擧威震之功令物恐懼致福爻論遇震而懼脩省致福之人卦則

自震言人爻則據人威震所説雖殊其事一也所以爻卦二辭本末俱等其猶

屯卦初九與卦俱稱利建侯然卦則汎擧屯時宜其有所封建爻則以貴下賤

則是堪建之人此震之初九亦其類也　六二震來厲至乘剛也　正義

曰震來厲億喪貝者億辭也貝資貨糧用之屬震之爲用本威惰慢者也初九

以剛處下聞震而懼恐而致福即是有德之人六二以陰賤之體不能敬於剛

陽尊其有德而反乘之是傲尊陵貴爲天所誅震來則有危亡喪其資貨故曰

震來厲億喪貝也躋于九陵勿逐七日得者躋升也犯逆受戮无應而行行无

所舍威嚴大行物莫之納既喪資貨无糧而走雖復超越陵險必困於窮匱不過七日爲有司所獲矣故曰躋於九陵勿逐七日得象曰乘剛也者只爲乘於剛陽所以犯逆受戮也　六三震蘇蘇至不當也　正義曰震蘇蘇震行无眚者蘇蘇畏懼不安之貌六三居不當位故震懼而蘇蘇然也雖不當位而无乘剛之逆故可以懼行而无災眚也故曰震蘇蘇震行无眚也象曰位不當者其猶竊位者遇威嚴之世不能自安也　注位非所處故懼蘇蘇又去懼行而无眚　正義曰驗注以訓震爲懼蓋懼不自爲懼由震故懼也自下爻辭皆以震言懼也　九四震遂泥　至未光也　正義曰震遂泥者九四處四陰之中爲衆陰之主當恐懼之時宜勇其身以安於衆若其自懷震懼則遂滯溺而困難矣故曰震遂泥也然四失位違中則是有罪自懼遂沈泥者也象曰未光也者身既不正不能除恐使物安已是道德未能光大也　六五震往至无喪也　正義曰震往來厲者六五往則无應來則乘剛恐而往來不免於咎故曰震往來厲也億无喪有事者夫處震之時而得尊位斯乃有事之機而懼以往來將喪其事故戒之曰億无喪有事也象曰危行也者懷懼往來是致危之行其事在中大无喪也者六五居尊當其有事在於中位得建大功若守

中建大則无喪有事若恐懼往來則致危无功也　上六震索索至鄰戒也
正義曰震索索視矍矍者索索心不安之貌矍矍視不專之容上六處震之極
極震者也既居震位欲求中理以自安而未能得故懼而索索視而矍矍无所
安親征凶者夫處動懼之極而復征焉凶其宜也故曰征凶也震不于其躬于
其鄰无咎者若恐非已造彼動故懼懼鄰而戒合於備豫則得无咎故曰震不
于其躬于其鄰无咎也婚媾有言者居極懼之地雖復婚媾相結亦不能无相
疑之言故曰婚媾有言也象曰中未得也者猶言未得中也畏鄰戒也者畏鄰
之動懼而自戒乃得无咎

䷳艮下艮上艮其背至无咎

正義曰艮其背不獲其身行其庭不見其人无咎者艮止也静止之義此是象
山之卦故以艮爲名施之於人則是止物之情防其動欲故謂之止艮其背者
此明施止之所也施止得所則其道易成施止不得其所則其功難成故老子
曰不見可欲使心不亂也背者无見之物也夫无見則自然静止夫欲防止之
法宜防其未兆既而止則傷物情故施止於无見之所則不隔物欲得其所止也
若施止於面則對面而不相通强止其情則姦邪並興而有凶咎止而无見則所

止在後不與面相對言有物對面而來則情欲有私於己既止在後則是施止无
見所止无見何及其身故不獲其身既不獲其身則相背矣相背者雖近而不相
見故行其庭不見其人如此乃得无咎故曰艮其背不獲其身行其庭不見其人
无咎也又若能止於未兆則是治之於未萌若對面不相交通則是否之道也但
止其背可得无咎也　注目无患也　正義曰目者能見之物施止於面則抑割
所見強隔其欲是目見之所患今施止於背則目无患也　彖曰艮止至无咎也
正義曰艮止也者訓其名也時止則止時行則行動靜不失其時其道光明者
將釋施止有所光明施止有時凡物之動息自若有時運用止之法不可爲常必
須應時行止然後其道乃得光明也艮其止止其所也者此釋施止之所也艮其
止者疊經文艮其背也易背曰止以明背者无見之物即是可止之所也既時止
即宜止時行則宜行所以施止須得其所艮既訓止今言艮其止是止其所止也
故曰艮其止止其所也上下敵應不相與也者此就六爻皆不相應釋艮卦之名
又釋不獲其身以下之義凡應者一陰一陽二體不敵今上下之位雖復相當
而爻皆峙敵不相交與故曰上下敵應不相與也然八純之卦皆六爻不應何
獨於此言之者謂此卦既止而不交爻又峙而不應與止義相協故兼取以明之

也是以不獲其身行其庭不見其人无咎也者此舉經文以結之明相與而止之則有咎也　象曰兼山至其位　正義曰兼山艮者兩山兼重謂之兼山也直置一山已能鎮止今兩山重疊止義彌大故曰兼山艮也君子以思不出其位者止之爲義各止其所故君子於此之時思慮所及不出其己位也　初六艮其至未失正也

正義曰艮其趾无咎者趾足也初處體下故謂之足居止之初行无所適止其足而不行乃得无咎故曰艮其趾无咎也利永貞者靜止之初不可以躁動故利在永貞也象曰未失正也者行則有咎止則不失其正釋所以在永貞　六二艮其腓至退聽也　正義曰艮其腓不拯其隨者腓腸也在足之上腓體或屈或伸躁動之物腓動則足隨之故謂足爲隨拯舉也今既施止於腓腓不得動則足无由舉故曰艮其腓不拯其隨也其心不快者腓是躁動之物而強止之貪進而不得動則情與質乖也故曰其心不快此爻明施止不得其所也象曰未退聽也者聽從也既不能拯動又不能靜退聽從其見止之命所以其心不快矣　九三艮其限至危薰心也

正義曰艮其限列其夤厲薰心者限身之中人繫帶之處言三當兩象之中故謂之限施止於限故曰艮其限也夤當中脊之肉也薰燒灼也既止加其身之中則上下不通之義也是分列其夤夤既分列身將喪亡故憂危之切薰灼其心矣然則君臣共治大體若身大體不通則君臣不接君臣不接則上下離心列夤則身亡離心則國喪故曰列其夤厲薰心　注體分兩主大器喪矣　正義曰大器謂國與身也此爻亦明施止不得其所也　六四艮其身至諸躬也正義曰艮其身无咎者中上稱身六四居止之時已入上體履得其位止求諸身不陷於咎故曰艮其身无咎也求責也諸之也象曰止諸躬也者躬猶身也明能靜止其身不爲躁動也　注自止其躬不分全體　正義曰艮卦揔其兩體以爲一身兩體不分乃謂之全全乃謂之身以九三居兩體之際在於身中未入上體則是止於下體不與上交所以體分夤列六四已入上體則非上下不接故能揔止其身不分全體然則身是揔名而言中上稱身者何也蓋至中則體分而身喪入上體則不分而身全九三施止於分體故謂之限

六四施止於全體故謂之身非中上獨是其身而中下非身也

六五艮其輔至中正也　正義曰艮其輔言有序悔亡者輔頰車也能止於輔頰也以處其中故曰无擇言也言有倫序能亡其悔故曰艮其輔言有序悔亡也象曰以中正者位雖不正以居得其中故不失其正故言有序也　上九敦艮至厚終也　正義曰敦艮吉者敦厚也上九居艮之極極止者也在上能用敦厚以自止不陷非妄宜其吉也故曰敦艮吉也象曰以厚終者言上九能以敦厚自終所以獲吉也

䷴艮下巽上漸女歸吉利貞

正義曰漸者不速之名也凡物有變移徐而不速謂之漸也女歸吉者歸嫁也女人生有外成之義以夫爲家故謂嫁曰歸也婦人之嫁備禮乃動故漸之所施吉在女嫁故曰女歸吉也利貞者女歸有漸得禮之正故曰利貞也　彖曰漸之至不窮也　正義曰漸之進也者釋卦名也漸是徐動之名不當進退但卦所名漸是之於進也女歸吉也者漸漸而進之施於人事是女歸之吉也進得位往有

功也進以正可以正邦也者此就九五得位剛中釋利貞也言進而得於貴位是往而有功也以六二適九五是進而以正身既得正可以正邦也其位剛得中者此卦爻皆得位上言進得位嫌是兼二三四等故特言剛得中以明得位之言惟是九五也止而巽動不窮也者此就二體廣明漸進之美也止不爲暴巽能用謙以斯適進物无違拒故能漸而動進不有困窮也　象曰山上至善俗　正義曰山上有木漸者木生山上因山而高非是從下忽高故是漸義也君子以居賢德善俗者夫止而巽者漸之美也君子求賢德使居位化風俗使淸善皆須文德謙下漸以進之若以卒暴威刑物不從矣

初六鴻漸于干至无咎也　正義曰鴻漸于干者鴻水鳥也干水涯也漸進之道自下升高故取譬鴻飛自下而上也初之始進未得祿位上无應援體又窮下若鴻之進於河之干不得安寧也故曰鴻漸于干也小子厲有言无咎者始進未得顯位易致陵辱則是危於小子而被毁於謗言故曰小子厲有言小人之言未傷君子之義故曰无咎也象曰義无咎者備如經釋　六二鴻漸至不素飽也

正義曰鴻漸于磐飲食衎衎吉者磐山石之安者也衎衎樂也六二進而得位居中而應得可安之地故曰鴻漸于磐既得可安之地所以飲食衎衎然樂而獲吉福也故曰鴻漸于磐飲食衎衎吉也象曰不素飽者素故也故无祿養今日得之故願莫先焉　注磐山石之安也　正義曰馬季長云山中石磐紆故稱磐也鴻是水鳥非是集於山石陵陸之禽而爻辭以此言鴻漸者蓋漸之爲義漸漸之於高故取山石陵陸以應漸高之義不復係水鳥也　九三鴻漸于陸至相保也　正義曰鴻漸于陸夫征不復婦孕不育凶者陸高之頂也九三居下體之上是進而得高之象故曰鴻漸于陸也進而之陸无應於上與四相比四亦无應近而相得三本是艮體與初二相同一家棄其羣類而與四合好即是夫征而不反復也夫既樂於邪配妻亦不能保其貞非夫而孕故不育也見利忘義貪進忘舊凶之道也故曰夫征不復婦孕不育凶也利禦寇者異體合好恐有寇難離間之者然和比相順共相保安物莫能間故曰利用禦寇也象曰離羣醜者醜類也言三與初二雖有陰陽之殊同體艮卦故謂

之羣醜也失其道也者非夫而孕孕而不育失道故也順相保也者
謂四以陰乘陽嫌其非順然好合相得和比相安故曰順相保也
注陸高之頂也　正義曰爾雅云高平曰陸故曰高之頂也
六四鴻漸于木至以巽也　正義曰鴻漸于木者鳥而之木得其
宜也六四進而得位故曰鴻漸于木也或得其桷无咎者桷榱也之
木而遇堪為桷之枝取其易直可安也六四與三相得順而相保故
曰或得其桷既與相得无乘剛之咎故曰无咎象曰順以巽也者言
四雖乘三體巽而下附三雖被乘上順而相保所以六四得其安
栖由順以巽也　九五鴻漸于陵至所願也　正義曰鴻漸于
陵者陵次陸者也九五進得中位處於尊高故曰鴻漸于陵婦三歲
不孕者有應在二而隔乎三四不得與其應合是二五情意徒相感
說而隔礙不交故曰婦三歲不孕也終莫之勝吉者然二與五合各
履正而居中三四不能久塞其路終得遂其所懷故曰終莫之勝吉
也象曰得所願也者所願在於與二合好既各履中正无能勝之故
終得其所願也　注進以正邦三年有成　正義曰九五居尊

得位故曰進以正邦也三歲有成則三四不敢塞其路故曰不過三歲也　上九鴻漸至不可亂也　正義曰鴻漸于陸者上九與三皆處卦上故並稱陸上九最居上極是進處高絜故曰鴻漸于陸也其羽可用爲儀吉者然居无位之地是不累於位者也處高而能不以位自累則其羽可用爲物之儀表可貴可法也故曰其羽可用爲儀吉也必言羽者既以鴻明漸故用羽表儀也象曰不可亂也者進處高絜不累於位无物可以亂其志也

䷵兌下震上歸妹征凶无攸利

正義曰歸妹者卦名也婦人謂嫁曰歸歸妹猶言嫁妹也然易論歸妹得名不同泰卦六五云帝乙歸妹彼據兄嫁妹謂之歸妹此卦名歸妹以妹從娣而嫁謂之歸妹故初九爻辭云歸妹以娣是也上咸卦明二少相感恒卦明二長相承今此卦以少承長非是匹敵明是妹從娣嫁故謂之歸妹焉古者諸侯一取九女嫡夫人及左右媵皆以姪娣從故以此卦當之矣不言歸姪者女娣是兄弟之行亦舉尊以包之也征凶无攸利者歸妹之戒也征謂進有所往也妹從娣嫁

本非正匹惟須自守卑退以事元妃若妄進求寵則有並后凶咎之敗故曰征凶无攸利　彖曰歸妹至乘剛也　正義曰歸妹天地之大義也天地不交而萬物不興者此舉天地交合然後萬物蕃興證美歸妹之義所以未及釋卦名先引證者以歸妹之義非人情所欲且違於匹對之理蓋以聖人制禮令姪娣從其姑姊而充妾媵者所以廣其繼嗣以象天地以少陰少陽長陰長陽之氣共相交接所以蕃興萬物也歸妹人之終始也者上既引天地交合爲證此又舉人事歸妹結合其義也天地以陰陽相合而得生物不已人倫以長少相交而得繼嗣不絕歸妹豈非天地之大義人倫之終始也說以動所歸妹也者此就二體釋歸妹之義少女而與長男交少女所不樂也而今說以動所歸必妹也雖與長男交嫁而係於姊是以說也係姊所以說者既係姊爲媵不得別適若其不以備數更有勤望之憂故係姊而行合禮說以動也征凶位不當也者此因二三四五皆不當位釋征凶之義位既不當明非正嫡因說動而更求進妖邪之道也所戒其征凶也无攸利柔乘剛也者此因六三六五乘剛釋

无攸利之義夫陽貴而陰賤以妾媵之賤進求殊寵即是以賤陵貴故无施而利也　注以征至之逆　正義曰彖以失位釋征凶乘剛釋无攸利而注連引言之者略例云去初上而論位分則三五各在一卦之上何得不謂之陽二四各在一卦之下何得不謂之陰然則二四陰位也三五陽位也陽應在上陰應在下今二三四五並皆失位其勢自然柔皆乘剛其猶妾媵求寵其勢自然以賤陵貴以明柔之乘剛緣於失正而進也　象曰澤上至知敝　正義曰澤上有雷說以動也故曰歸妹君子以永終知敝者歸妹相終始之道也故君子象此以永長其終知應有不終之敝故也　初九歸妹至相承也　正義曰歸妹以娣者少女謂之妹從姊而行謂之歸初九以兊適震非夫婦匹敵是從姊之義也故曰歸妹以娣也跛能覆者妹而繼姊爲娣雖非正配不失常道譬猶跛人之足然雖不正不廢能履故曰跛能履也征吉者少長非偶爲妻而行則凶焉爲娣而行則吉故曰征吉也象曰以恒也者妹而爲娣恒久之道也吉相承也者行得其宜是相承之吉也　注夫承嗣以君之子雖幼

而不妄行　正義曰此爲少女作比例也言君之子宜爲嗣承以類妃之妹應爲娣也立嗣宜取長然君之子雖幼而立之不爲妄也以言行嫁宜匹敵然妃之妹雖至少而爲娣則可行也　九二眇能至變常也　正義曰九二不云歸妹者既在歸妹之卦歸妹可知故略不言也然九二雖失其位不廢居内處中以言歸妹雖非正配不失交合之道猶如眇目之人視雖不正不廢能視耳故曰眇能視也利幽人之貞者居内處中能守其常施之於人是處幽而不失其貞正也故曰利幽人之貞也象曰未變常也者貞正者人之常也九二失位嫌其變常不貞也能以履中不偏故云未變常也

六三歸妹以須至未當也　正義曰歸妹以須者六三在歸妹之時處下體之上有欲求爲室主之象而居不當位則是室主猶存室主既存而欲求進爲未值其時也未當其時則宜有待故曰歸妹以須也反歸以娣者既而有須不可以進宜反歸待時以娣乃行故曰反歸以娣象曰未當也者未當其時故宜有待也　九四歸妹至而行也　正義曰歸妹愆期遲歸有時者九四居不得位又无其

應以斯適人必待彼道窮盡无所與交然後乃可以往故曰愆期遲歸有時也象曰愆期之志有待而行者嫁宜及時今乃過期而遲歸者此嫁者之志正欲有所待而後乃行也　六五帝乙至貴行也

正義曰帝乙歸妹者六五居歸妹之中獨處貴位是帝王之所嫁妹也故曰帝乙歸妹其君之袂不如其娣之袂良者六五雖處貴位卦是長陽之卦若以爻爲人即是婦人之道故爲帝乙之妹既居長卦乃是長女之象其君即五也袂衣袖也所舉斂以爲禮容帝王嫁妹爲之崇飾故曰其君之袂也配在九二兑少震長以長從少者也以長從少雖有其君崇飾之袂猶不若以少從長之爲美故曰不如其娣之袂良也月幾望吉者陰而貴盛如月之近望以斯適配雖不如以少從長然以貴而行往必合志故得吉也故曰月幾望吉也象曰帝乙歸妹不如其娣之袂良者釋其六五雖所居貴位然長不如少也言不如少女而從於長男也其位在中以貴行也者釋月幾望吉也既以長適少非歸妹之美而得吉者其位在五之中以貴盛而行所往必得合而獲吉也　上六女承至虛筐也　正義曰女承

筐无實士刲羊无血无攸利者女之爲行以上有承順爲美士之爲功以下有應命爲貴上六處卦之窮仰則无所承受故爲女承筐則虚而无實又下无其應下命則无應之者故爲士刲羊則乾而无血故曰女承筐无實士刲羊无血則進退莫與故无所利象曰承虚筐者筐本盛幣以幣爲實今之无實正是承捧虚筐空无所有也

䷶離下震上豐亨至日中

正義曰豐亨者豐卦名也彖及序卦皆以大訓豐也然則豐者多大之名盈足之義財多德大故謂之爲豐德大則无所不容財多則无所不濟无所擁礙謂之爲亨故曰豐亨王假之者假至也豐亨之道王之所尚非有王者之德不能至之故曰王假之也勿憂宜日中者勿无也王能至於豐亨乃得无復憂慮故曰勿憂也用夫豐亨无憂之德然後可以君臨萬國徧照四方如日中之時徧照天下故曰宜日中也

彖曰豐大至鬼神乎

正義曰豐大也者釋卦名正是弘大之義也明以動故豐者此就二體釋卦得名爲豐之意動而不明未能光大資明以動乃能致豐故曰明以動故豐也王假之尚

大也者豐大之道王所崇尚所以王能至之以能尚大故也勿憂宜
日中宜照天下也者日中之時徧照天下王无憂慮德乃光被同於
日中之盛故曰勿憂宜日中冝照天下也日中則昃月盈則食天地
盈虛與時消息而況於人乎況於鬼神乎者此孔子因豐設戒以上
言王者以豐大之德照臨天下同於日中然盛必有衰自然常理日
中至盛過中則昃月滿則盈過盈則食天之寒暑往來地之陵谷遷
貿盈則與時而息虛則與時而消天地日月尚不能久況於人與鬼
神而能長保其盈盛乎勉令及時修德仍戒居存慮亡也此辭先陳
天地後言人鬼神者欲以輕譬重亦先尊後卑也而日月先天地者
承上宜日中之下遂言其昃食因舉日月以對之然後并陳天地作
文之體也　注音闡大之大也　正義曰闡者弘廣之言凡物
之大其有二種一者自然之大二者由人之闡弘使大豐之爲義既
闡弘微細則豐之稱大乃闡大之大非自然之大故音之也
象曰雷電至致刑　正義曰雷電皆至豐者雷者天之威動電者
天之光耀雷電俱至則威明備足以爲豐也君子以折獄致刑者君

子法象天威而用刑罰亦當文明以動折獄斷決也斷決獄訟須得虚實之情致用刑罰必得輕重之中若動而不明則淫濫斯及故君子象於此卦而折獄致刑　初九遇其至旬災也　正義曰遇其配主者豐者文明以動尚乎光大者也初配在四俱是陽爻以陽適陽以明之動能相光大者也故曰遇其配主也雖旬无咎往有尚者旬均也俱是陽爻謂之爲均非是陰陽相應嫌其有咎以其能相光大故雖均可以无咎而往有嘉尚也故曰雖均无咎往有尚也象曰過旬災也者言勢若不均則相傾奪既相傾奪則爭競乃興而相違背災咎生焉故曰過旬災也　注過均則爭交斯叛也

正義曰初四應配謂之爲交勢若不均則初四之相交於斯乖叛矣

六二豐其至發志也　正義曰豐其蔀者二以陰居陰又處於内幽闇无所覩見所豐在於覆蔽故曰豐其蔀也蔀者覆曖障光明之物也日中見斗者二居離卦之中如日正中則至極盛者也處日中盛明之時而斗星顯見是二之至闇使斗星見明者也處光大之世而爲極闇之行譬日中而斗星見故曰日中見斗也二五俱陰二已

見斗之闇不能自發以自求於五往則得見疑之疾故曰往得疑疾也然居中履正處闇不邪是有信者也有信以自發其志不困於闇故獲吉也故曰有孚發若吉也象曰信以發志者雖處幽闇而不爲邪是有信以發其豐大之志故得吉也　九三豐其沛至可用也

正義曰豐其沛日中見沬者沛幡幔所以禦盛光也沬微昧之明也以九三應在上六志在乎陰雖愈於六二以陰處陰亦未見免於闇也是所以豐在沛日中見沬也處光大之時而豐沛見沬雖愈於豐蔀見斗然施於大事終不可用假如折其右肱自守而已乃得无咎故曰折其右肱无咎象曰不可大事者當光大之時可爲大事而明不足故不可爲大事也終不可用者凡用事在右肱右肱既折雖有左在終不可用也　九四豐其至吉行也　正義曰豐其蔀者九四以陽居陰闇同於六二故曰豐其蔀也日中見斗遇其夷主吉者夷平也四應在初而同是陽爻能相顯發而得其吉故曰遇其夷主吉也言四之與初交相爲主者若賓主之義也若據初適四則以四爲主故曰遇其配主自四之初則以初爲主故曰遇其夷主也二

陽體敵兩主均平故初謂四爲旬而四謂初爲夷也象曰位不當者止謂以陽居陰而位不當所以豐其蔀而闇者也幽不明也者日中盛明而反見斗以譬當光大而居陰[illegible]應明而幽闇不明也吉行也者處於陰位爲闇已甚更應於陰无由獲吉猶與陽相遇故得吉行也

六五來章至有慶也　正義曰六五處豐大之世以陰柔之質來適尊陽之位能自光大章顯其德而獲慶善也故曰來章有慶譽吉也象曰有慶也者言六五以柔處尊履得其中故致慶譽也

上六豐其屋至自藏也　正義曰屋者藏蔭隱蔽之物也上六以陰處陰極以處外不履於位是深自幽隱絶跡深藏也事同豐厚於屋者也既豐厚其屋而又覆蔀其家屋厚家闇蔽鄣之甚也雖闚視其戶而闃寂无人棄其所處而自深藏也處於豐大之世隱不爲賢治道未濟隱猶可也三年豐道已成而猶不見所以爲凶故曰豐其屋蔀其家闚其戶闃其无人三歲不覿凶象曰天際翔也者如鳥之飛翔於天際言隱翳之深也自藏也者言非有爲而當自藏可以出而不出无事自爲隱藏也

周易正義卷第九

計九千七百一十字

周易正義卷第十

國子祭酒上護軍曲阜縣開國子臣孔穎達奉

勑撰

☲☶離上艮下　旅小亨旅貞吉　正義曰旅者客寄之名羇旅之稱失其本居而寄他方謂之爲旅既爲羇旅苟求僅存雖得自通非甚光大故旅之爲義小亨而已故曰旅小亨羇旅而獲小亨是旅之正吉故曰旅貞吉也　彖曰旅小至大矣哉　正義曰旅小亨者舉經文也柔得中乎外而順乎剛止而麗乎明是以小亨旅貞吉者此就六五及二體釋旅得亨貞之義柔處於外弱而爲客之象若所託不得其主得主而不能順從則乖逆而離散何由得自通而貞吉乎今柔雖處外而得中順陽則是得其所託而順從於主又止而麗明動不履妄故能於寄旅之時得通而正不失所安也旅之時義大矣哉者此歎美寄旅之時物皆失其所居若能與物爲附使旅者獲安非小才可濟惟大智能然故曰旅之時義大矣哉　象曰山上至留獄　正義曰山上有火旅君子以明愼用刑而不留獄者火在

三〇九

山上逐草而行勢不久留故爲旅象又上下二體艮止離明故君子
象此以靜止明察審慎用刑而不稽留獄訟 初六旅瑣瑣至窮災也
正義曰旅瑣瑣斯其所取災者瑣瑣者細小卑賤之貌也初六當旅
之時最處下極是寄旅不得所安而爲斯卑賤之役然則爲斯卑賤
勞役由其處於窮下故致此災故曰旅瑣瑣斯其所取災也象曰志
窮災志意窮困自取此災也 六二旅即至无尤也 正義曰
旅即次懷其資得童僕貞者得位居中體柔承上以此而爲寄旅必
爲主君所安故得次舍懷來資貨又得童僕之正不同初六賤役故
曰旅即次懷其資得童僕貞 象曰終无尤者旅不可以處盛盛
則爲物所害今惟正於童僕則終保无尤也 九三旅焚至義喪
也 正義曰旅焚其次喪其童僕貞厲者九三居下體之上下據
於二上无其應與二相得是欲自尊而惠施於下也以羇旅之身而
爲惠下之道是與萌侵權爲主君之所疑也爲君主所疑則被黜而
見害故焚其次舍喪其童僕之正而身危也象曰亦以傷矣者言失
其所安亦可悲傷也其義喪者言以旅與下理是喪亡也 注與

萌侵權　正義曰言與得政事之萌漸侵奪主君之權勢若齊之田氏故爲主所疑也　九四旅于至未快也　正義曰旅于處得其資斧我心不快者　九四處上體之下不同九三之自尊然不得其位猶寄旅之人求其次舍不獲平坦之所而得用斧之地言用斧除荆棘然後乃處故曰旅于處得其資斧也求安處而得資斧之地所以其心不快也　六五射雉至上逮也　正義曰射雉一矢亡終以譽命者羇旅不可以處盛位六五以羇旅之身進居貴位其位終不可保辟之射雉惟有一矢射之而復亡失其矢其雉終不可得故曰射雉一矢亡也然處文明之内能照禍福之幾不乘下以侵權而承上以自保故得終以美譽而見爵命故曰終以譽命也

象曰上逮者逮及也以能承及於上故得終以譽命也　上九鳥焚至之聞　正義曰鳥焚其巢旅人先笑後號咷喪牛于易凶者最居於上如鳥之巢以旅處上必見傾奪如鳥巢之被焚故曰鳥焚其巢也客得上位所以先笑凶害必至故後號咷衆所同疾喪其稼穡之資理在不難故曰喪牛于易物莫之與則傷之者至矣故曰凶

也象曰終莫之聞也者衆所同疾危而不扶至于喪牛于易終无以
一言告之使聞而悟也
䷸巽下巽上巽小亨至大人　正義曰巽小亨利有攸往利見大人
者巽者卑順之名說卦云巽入也蓋以巽是象風之卦風行无所不
入故以入爲訓若施之於人事能自卑巽者亦无所不容然巽之爲
義以卑順爲體以容入爲用故受巽名矣上下皆巽不爲違逆君唱
臣和教令乃行故於重巽之卦以明申命之理雖上下皆巽命令可
行然全用卑巽則所通非大故曰小亨巽悌以行物无違距故曰利
有攸往但能用巽者皆无往不利然大人用巽其道愈隆故曰利見
大人明上下皆須用巽也　彖曰重巽至大人　正義曰重巽
以申命者此卦以卑巽爲名以申命爲義故就二體上下皆巽以明
可以申命也上巽能接於下下巽能奉於上上下皆巽命乃得行故
曰重巽以申命也剛巽乎中正而志行者雖上下皆巽若命不可從
則物所不與也故又因二五之爻剛而能巽不失其中所以志意得
行申其命令也柔皆順乎剛者剛雖巽爲中正柔若不順乎剛何所

申其命乎故又就初四各處卦下柔皆順剛无有違逆所以敎命得申成小亨以下之義也是以小亨以下舉經結也　注明无違逆故得小亨　正義曰案彖併舉小亨利有攸往利見大人以結之則柔皆順剛之意不專釋小亨二字而注獨言明无違逆故得小亨者褚氏云夫獻可替否其道乃弘柔皆順剛非大通之道所以文王繫小亨之辭孔子致皆順之釋案王注上下卦之體皆以巽言之柔不違剛正是巽義故知皆順之言通釋諸辭也　象曰隨風至行事　正義曰隨風巽者兩風相隨故曰隨風風既相隨物无不順故曰隨風巽君子以申命行事者風之隨至非是令初故君子則之以申命行事也　初六進退至志治也　正義曰進退利武人之貞者初六處令之初法未宜著體於柔巽不能自決心懷進退未能從令者也成命齊邪莫善威武既未能從令則宜用武人之正以整齊之故曰進退利武人之貞也象曰志疑者欲從之則未明其令欲不從則懼罪及巳志意懷疑所以進退也志治也者武非行令所宜而言利武人者志在使人從治故曰利武人其猶蒙卦初六象曰

利用刑人以正法也　九二巽在至得中也　正義曰巽在牀下者九二處巽下體而復以陽居陰卑巽之甚故曰巽在牀下用史巫紛若吉无咎者史謂祝史巫謂巫覡並是接事鬼神之人也紛若者盛多之貌卑甚失正則入於過咎人有威勢易爲行恭神道无形多生怠慢若能用居中之德行至卑之道用之於神祇不行之於威勢則能致之於盛多之吉而无咎過故曰用史巫紛若吉无咎也象曰得中者用卑巽於神祇是行得其中故能致紛若之吉也

九三頻巽至志窮也　正義曰頻巽吝者頻者頻蹙憂戚之容也九三體剛居正爲四所乘是志意窮屈不得申遂也既處巽時只得受其屈辱也頻蹙而巽鄙吝之道故曰頻巽吝也　象曰志窮者志意窮屈所以爲吝也

六四悔亡至有功也　正義曰悔亡田獲三品者六四有乘剛之悔然得位承尊得其所奉雖以柔乘剛而依尊履正以斯行命必能有功取譬田獵能獲而有益莫善三品所以得悔亡故曰悔亡田獲三品也三品者一曰乾豆二曰賓客三曰充君之庖厨也象曰有功者田獵有獲以喻行命有功也

九五貞吉至正中也　正義曰九五以陽居陽違於謙巽是悔也然執乎中正以宣其令物莫之違是由貞正獲吉故得悔亡而无不利　故曰貞吉悔亡无不利也无初有終者若卒用剛直化不以漸物皆不說故曰无初也終於中正物服其化故曰有終也先庚三日後庚三日吉者申命令謂之庚民迷固久申不可卒故先申之三日令著之後復申之三日然後誅之民服其罪无怨而獲吉矣故曰先庚三日後庚三日吉也象曰位正中者若不以九居五位則不能以中正齊物物之不齊无由致吉致吉是由九居五位故舉爻位言之

上九巽在至正乎凶也　正義曰巽在牀下者上九處巽之極巽之過甚故曰巽在牀下喪其資斧者斧能斬決以喻威斷也巽過則不能行威命命之不行是喪其所用之斧故曰喪其資斧也貞凶者失其威斷是正之凶故曰貞凶也象曰上窮者處上窮巽故過在牀下也正乎凶者正理須當威斷而喪之是正乎凶也

䷹兌下兌上兌亨利貞　正義曰兌說也說卦曰說萬物者莫說乎澤以兌是象澤之卦故以兌爲名澤以潤生萬物所以萬物皆說施

於人事猶人君以恩惠養民民兌不說也惠施民說所以爲亨以說
說物恐陷諂邪其利在於貞正故曰兌亨利貞　彖曰兌說至矣
哉　正義曰兌說也者訓此名也剛中而柔外說以利貞者此就
二五以剛居中上六六三以柔處外釋兌亨利貞之義也外雖柔說
而内德剛正則不畏邪諂内雖剛正而外迹柔說則不憂侵暴只爲
剛中而柔外中外相濟故得說亨而利貞也是以順乎天而應乎人
者廣明說義合於天人天爲剛德而有柔克是剛而不失其說也今
說以利貞是上順乎天也人心說於惠澤能以惠澤說人是下應乎
人也說以先民民忘其勞以下歎美說之所致亦申明應人之法先
以說豫撫民然後使之從事則民皆竭力忘其從事之勞故曰說以
先民民忘其勞也說以犯難民忘其死者先以說豫勞民然後使之
犯難則民皆授命忘其犯難之死故曰說以犯難民忘其死也施說
於人所致如此豈非說義之大能使民勸勉矣哉故曰說之大民勸
矣哉　象曰麗澤至講習　正義曰麗澤兌者麗猶連也兩澤
相連潤說之盛故曰麗澤兌也君子以朋友講習者同門曰朋同志

曰友朋友聚居講習道義相說之盛莫過於此也故君子象之以朋友講習也　初九和兑吉　正義曰和兑吉者初九居兑之初應不在一无所私說說之和也說物以和何往不吉故曰和兑吉也象曰行未疑者說不爲謟瀆斯而行未見疑之者也所以得吉也　九二孚兑吉悔亡　正義曰孚兑吉悔亡者九二說不失中有信者也說而有信則吉從之故曰孚兑吉也然履失其位有信而吉乃得亡悔故曰孚兑吉悔亡也象曰信志也者失位而得吉是其志信也　六三來兑凶　正義曰來兑凶者三爲陽位陰來居之是進來求說故言來兑而以不正求說佞邪之道故曰來兑凶也象曰位不當者由位不當所以致凶也　九四商兑至有慶　正義曰商兑未寧者商商量裁制之謂也夫佞邪之人國之疾也三爲佞說將近至尊故四以剛德裁而隔之使三不得進匡內制外未遑寧處故曰商兑未寧居近至尊防邪隔疾宜其有喜故曰介疾有喜象曰有慶者四能匡內制外介疾除邪此之爲喜乃爲至尊所善天下蒙賴故言有慶也　九五孚于至正當也

正義曰孚于剥有厲者剥者小人道長消君子之正故謂小人爲剥也九五處尊正之位下无其應比於上六與之相得是説信於小人故曰孚于剥信而成剥危之道也故曰有厲象曰位正當者以正當之位宜任君子而信小人故以當位責之也上六引兑至未光也

正義曰引兑者上六以陰柔之質最在兑後是自靜退不同六三自進求説必須他人見引然後乃説故曰引兑也象曰未光也者雖免躁求之凶亦有後時之失所以經无吉文以其道未光故也

䷺坎下巽上 渙亨至利貞

正義曰渙亨者渙卦名也序卦曰説而後散之故受之以渙然則渙者散釋之名雜卦曰渙離也此又渙是離散之號也蓋渙之爲義小人遭難離散奔迸而逃避也大德之人能於此時建功立德散難釋險故謂之爲渙能釋險難所以爲亨故曰渙亨王假有廟者王能渙難而亨可以至於建立宗廟故曰王假有廟也利涉大川者德洽神人可濟大難故曰利涉大川利貞者大難既散宜以正道而柔集之故曰利貞

彖曰渙亨至有功也

正義曰渙亨者疊經文略舉名德也剛來而不窮柔得位乎外而上

同者此就九二剛德居險六四得位從上釋所以能散釋險難而致亨通乃至利涉大川利貞等也二以剛德來居險中而不窮於險四以柔順得位於外而上與五同内剛无險困之難外柔无違逆之乖所以得散釋險難而通亨建立宗廟而祭亨利涉大川而克濟利以正道而鳩民也王假有廟王乃在中者此重明渙時可以有廟之義險難未夷方勞經略今在渙然之中故至於有廟也利涉大川乘木有功者重明用渙可以濟難之事乘木涉川必不沉溺以渙濟難必有成功故曰乘木有功也　注凡剛至利貞也　正義曰凡剛得暢而无忌回之累者此還言九二居險不窮是剛得暢遂剛既得暢无復畏忌回邪之累也柔履正而同志乎剛者此還言六四得位履正同志乎五也剛德不暢柔不同剛何由得亨通而濟難利貞而不邪乎故言則皆亨利涉大川利貞也注於此言皆者凡有二意一則彖雖疊渙亨二字即以剛來而不窮柔得位乎外而上同釋之下別言王假有廟王乃在中利涉大川乘木有功恐剛來之言惟釋亨德不通在下二則先儒有以剛來不窮釋亨德柔得位乎外釋利貞

故言皆以通之明剛柔皆釋亨以下至于利貞也　注乘木即涉難也木者專所以涉川也　正義曰先儒皆以此卦坎下巽上以爲乘木水上涉川之象故言乘木有功王不用象直取況喻之義故言此以序之也　象曰風行至立廟　正義曰風行水上渙者風行水上激動波濤散釋之象故曰風行水上渙先王以享于帝立廟者先王以渙然无難之時享于上帝以告太平建立宗廟以祭祖考故曰先王以享于帝立廟也　初六用拯至順也　正義曰初六處散之初乖散未甚可用馬以自拯拔而得壯吉也故曰用拯馬壯吉象曰初六之吉順也者觀難而行不與險爭故曰順也

九二渙奔至得願也　正義曰渙奔其机者机承物者也初承於二謂初爲机二俱无應與初相得而初得遠難之道今二散奔歸初故曰渙奔其机也悔亡者初得散道而二往歸之得其所安故悔亡也象曰得願者違難奔散願得所安奔初獲安是得其願也　六三渙其至在外也　正義曰渙其躬无悔者渙之爲義內險外安六三內不比二而外應上九是不固所守能散其躬故得无悔故曰渙

其躬无悔象曰志在外者釋六三所以能渙其躬者正爲身在於內
而應在上九是志意在外也六四渙其羣至光大也　正義曰渙
其羣者六四出在坎上已踰於險得位體巽與五合志內掌機密外
宣化命者也能爲羣物散其險害故曰渙其羣也元吉渙有丘匪夷
所思者能散羣險則有大功故曰元吉然處上體之下不可自專而
得位承尊憂責復重雖獲元吉猶宜於散難之中有丘墟未平之慮
爲其所思故曰渙有丘匪夷所思也象曰光大也者能散羣險而獲
元吉是其道光大也　九五渙汗至正位也　正義曰渙汗其
大號者人遇險阨驚怖而勞則汗從體出故以汗喻險阨也九五處
尊履正在號令之中能行號令以散險阨者也故曰渙汗其大號也
渙王居无咎者爲渙之主名位不可假人惟王居之乃得无咎故曰
渙王居无咎象曰正位者釋王居无咎之義以九五是王之正位若
非王居之則有咎矣　上九渙其血至遠害也　正義曰渙其
血去逖出者血傷也逖遠也上九處於卦上最遠於險不近侵害是
能散其憂傷去而遠出者也故曰渙其血去逖出也无咎者散患於

遠害之地，誰將咎之矣。故曰无咎。象曰遠害者，釋渙其血也。是居遠害之地故也。

䷻ 兌下坎上 節亨，苦節不可貞。正義曰：節，卦名也。彖曰節以制度，雜卦云節止也，然則節者制度之者，節止之義。制事有節，其道乃亨，故曰節亨。節須得中，爲節過苦，傷於刻薄，物所不堪，不可復正，故曰苦節不可貞也。

彖曰：節亨至不害民。正義曰：節亨剛柔分而剛得中者，此就上下二體及二五剛中釋所以爲節得亨之義也。坎剛居上，兌柔處下，是剛柔分也。剛柔分，男女別，節之大義也。二五以剛居中，爲制之主，所以得節，節不違中，所以得亨，故曰節亨剛柔分而剛得中也。苦節不可貞其道窮者，爲節過苦，不可爲正，若以苦節爲正，則其道困窮，故曰苦節不可貞其道窮也。說以行險，當位以節，中正以通者，上言苦節不可貞其道窮者，止由爲節不中，則物所不說，不可復正，其道困窮，故更就二體及四五當位重釋行節得亨之義，以明苦節之窮也。行險以說，則爲節得中，當位以節，則可以爲正，良由中而能正，所以得通，故曰中正以通，此其所以爲亨也。天地節而四時成者此下就天地與人廣明節義天地以氣序爲節使寒暑往來各以其序則四時功成之也王者以制度爲節使用之有道役之有時則不傷財不害民也　象曰澤上至德行　正義曰澤上有水節者水在澤中乃得其節故曰澤上有水節也君子以制數度議德行者數度謂尊卑禮命之多少德行謂人才堪任之優劣君子象節以制其禮數等差皆使有度議人之德行任用皆使得宜

初九不出至通塞也　正義曰不出戶庭无咎者初九處節之初將立制度宜其慎密不出戶庭若不慎而泄則民情姦險應之以僞故慎密不失然後事濟而无咎故曰不出戶庭无咎象曰知通塞者識時通塞所以不出也　注爲節之初將整離散　正義曰序卦云物不可以終離故受之以節以此卦承渙之後初九居節之初故曰將整離散而立法度也

九二不出至時極也　正義曰不出門庭凶若初已制法至二宜宣若猶匿之則失時之極可施之事則遂廢矣不出門庭所以致凶故曰不出門庭凶象曰失時極者極中也應出不出失時之中所以爲凶

六三不節至誰咎也

正義曰不節若則嗟若无咎者節者制度之卦處節之時位不可失六三以陰處陽以柔乘剛失位驕逆違節之道禍將及已以至哀嗟故曰不節若則嗟若也禍自已致无所怨咎故曰无咎象曰又誰者由已不節自致禍災又欲怨咎誰乎

六四安節至上道也　正義曰安節亨者六四得位而上順於五是得節之道但能安行此節而不改變則何往不通故曰安節亨明六三以失位乘剛則失節而招咎六四以得位承陽故安節而致亨象曰承上道者以能承於上故不失其道也

九五甘節至位中也　正義曰甘節吉往有尚者甘者不苦之名也九五居於尊位得正履中能以中正爲節之主則當象曰節以制度不傷財不害民之謂也爲節而无傷害則是不苦而甘所以得吉故曰甘節吉以此而行所往皆有嘉尚故曰往有尚也象曰居位中者以居尊位而得中故致甘節之吉也

上六苦節至道窮也　正義曰苦節貞凶悔亡者上六處節之極過節之中節不能甘以至於苦故曰苦節也爲節過苦物所不堪不可復正正之凶也故曰貞凶若以苦節脩人則是正道之凶若以苦節脩

身則儉約无妄可得亡悔故曰悔亡也

䷼兌下巽上中孚豚魚至利貞　正義曰中孚豚魚吉者中孚卦名也信發於中謂之中孚魚者蟲之幽隱豚者獸之微賤人主內有誠信則雖微隱之物信皆及矣莫不得所而獲吉故曰豚魚吉也利涉大川利貞者微隱獲吉顯著可知既有誠信光被萬物萬物得宜以斯涉難何往不通故曰利涉大川信而不正凶邪之道故利在貞也

彖曰中孚至乎天也　正義曰中孚柔在內而剛得中說而巽孚者此就三四陰柔併在兩體之內二五剛德各處一卦之中及上下二體說而以巽釋此卦名爲中孚之義也柔內剛中各當其所說而以巽乖爭不作所以信發於內謂之中孚故曰柔在內而剛得中說而巽孚也乃化邦也者誠信發於內則邦國化於外故曰乃化邦也豚魚吉信及豚魚也者釋所以得吉由信及豚魚故也利涉大川乘木舟虛者釋此涉川所以得利以中信而濟難若乘虛舟以涉川也中孚以利貞乃應乎天者釋中孚所以利貞者天德剛正而氣序不差是正而信也今信不失正乃得應於天是中孚之盛故須濟以利

貞也象曰澤上至緩死　正義曰澤上有風中孚者風行澤上无所不周其猶信之被物无所不至故曰澤上有風中孚君子以議獄緩死者中信之世必非故犯過失爲辜情在可恕故君子以議其過失之獄緩捨當死之刑也　初九虞吉至未變也　正義曰虞吉有它不燕者虞猶專也燕安也初爲信始應在于四得其專一之吉故曰虞吉既係心於一故更有他來不能與之共相燕安也故曰有它不燕也象曰志未變者所以得專一之吉以志未改變不更親於他也　九二鳴鶴至心願也　正義曰鳴鶴在陰其子和之者九二體剛處於卦内又在三四重陰之下而履不失中是不徇於外自任其眞者也處於幽昧而行不失信則聲聞于外爲同類之所應焉如鶴之鳴於幽遠則爲其子所和故曰鳴鶴在陰其子和之也我有好爵吾與爾靡之者靡散也又无偏應是不私權利惟德是與若我有好爵吾願與爾賢者分散而共之故曰我有好爵吾與爾靡之象曰中心願者誠信之人願與同類相應得誠信而應之是中心願也　六三得敵至不當也　正義曰得敵或鼓或罷或泣或

歌者六三與四俱是陰爻相與爲類然三居少陰之上四居長陰之下各自有應對而不相比敵之謂也故曰得敵欲進礙四恐其害己故或鼓而攻之而四履正承尊非己所勝故或罷而退敗也不勝而退懼見侵陵故或泣而憂悲也四履于順不與物校退不見害故或歌而歡樂也故曰或鼓或罷或泣或歌也象曰位不當者所以或鼓或罷進退无恒者止爲不當其位妄進故也　六四月幾至類上也　正義曰月幾望者六四居中孚之時處巽應說得位履順上之於五内毗元首外宣德化充乎陰德之盛如月之近望故曰月幾望也馬匹亡无咎者三與己敵進來攻己己若與三校戰則失其所盛故棄三之類如馬之亡匹上承其五不與三爭乃得无咎故曰馬匹亡无咎也象曰絶類上者絶三之類不與三爭而上承於五也

九五有孚至正當也　正義曰有孚攣如无咎者攣如者相牵繫不絶之名也五在信時處於尊位爲羣物之主恒須以中誠交物孚信何可暫舍故曰有孚攣如繫信不絶乃得无咎故曰有孚攣如无咎也象曰位正當者以其正當尊位故戒以繫信乃得无咎若直以

陽得正位而无有係信則招有咎之嫌也　上九翰音至可長也

正義曰翰音登于天貞凶者翰高飛也飛音者音飛而實不從之謂也上九處信之終信終則衰也信衰則詐起而忠篤内喪華美外揚若鳥之翰音登于天虛聲遠聞也故曰翰音登于天虛聲无實正之凶也故曰貞凶象曰何可長也者虛聲无實何可久長

䷽艮下震上 小過亨至大吉　正義曰小過亨者小過卦名也王於大過卦下注云音相過之過恐人作罪過之義故以音之然則小過之義亦與彼同也過於小事謂之小過即行過乎恭喪過乎哀之例是也褚氏云謂小人之行小有過差君子爲過厚之行以矯之也如晏子狐裘之比也此因小人有過差故君子爲過厚之行非即以過差釋卦名彖曰小過小者過而亨言因過得亨明非罪過故王於大過音之明雖義兼罪過得名止在君子爲過行也而周氏等不悟此理兼以罪過釋卦名失之遠矣過爲小事道乃可通故曰小過亨也利貞者矯世勵俗利在歸正故曰利貞也可小事不可大事者時也小有過差惟可矯以小事不可正以大事故曰可小事不可大事也

飛鳥遺之音不宜上宜下大吉者借喻以明過厚之行有吉有凶飛鳥遺其音聲哀以求處過上則愈无所適過下則不失其安以辟君子處過差之時爲過矯之行順而止之則吉逆而忤鱗則凶故曰飛鳥遺之音不宜上宜下大吉順則執卑守下逆則犯君陵上故以臣之逆順類鳥之上下也　注飛鳥遺其音聲哀以求處　正義曰遺失也鳥之失聲必是窮迫未得安處論語曰鳥之將死其鳴也哀故知遺音即哀聲也　彖曰小過至下順也　正義曰小過小者過而亨也者此釋小過之名也并明小過有亨德之義過行小事謂之小過順時矯俗雖過而通故曰小者過而亨也過以利貞與時行也者此釋利貞之德由爲過行而得利貞然矯枉過正應時所宜不可常也故曰與時行也柔得中是以小事吉也剛失位而不中是以不可大事也者此就六二六五以柔居中九四失位不中九三得位不中釋可小事不可大事之義柔順之人惟能行小事柔而得中是行小中時故曰小事吉也剛健之人乃能行大事失位不中是行大不中時故曰不可大事也有飛鳥之象焉者釋不取餘物爲況

惟取飛鳥者以不宜上宜下有飛鳥之象故也飛鳥遺之音不宜上宜下大吉上逆而下順者此就六五乘九四之剛六二承九三之陽釋所以不宜上宜下大吉之義也上則乘剛而逆下則承陽而順故曰不宜上宜下大吉以上逆而下順也　象曰山上至過乎儉

正義曰山上有雷小過君子以行過乎恭喪過乎哀用過乎儉者雷之所出本出於地今出山上過其本所故曰小過小人過差失在慢易奢侈故君子矯之以行過乎恭喪過乎哀用過乎儉也　初六飛鳥至如何也　正義曰飛鳥以凶者小過之義上逆下順而初應在上卦進而之逆同於飛鳥无所錯足故曰飛鳥以凶也象曰不可如何也者進而之逆孰知不可自取凶咎欲如何乎　六二過其至可過也　正義曰過其祖遇其妣不及其君遇其臣无咎者過而得之謂之遇六二在小過而當位是過而得之也祖始也謂初也妣者母之稱六二居内履中而正故謂之妣巳過於初故曰過其祖也履得中位故曰遇其妣也過不至於僭盡於臣位而巳故曰不及其君遇其臣无咎象曰臣不可過者臣不可自過其位也

九三弗過至如何也　正義曰弗過防之者小過之世大者不能立德故令小者得過九三居下體之上以陽當位不能先過爲防至令小者咸過上六小人最居高顯而復應而從焉其從之也則有殘害之凶至矣故曰弗過防之從或戕之凶者春秋傳曰在內曰弑在外曰戕然則戕者皆殺害之謂也言或者不必之辭也謂爲此行者有幸而免也象曰凶如何者從於小人果致凶禍將如何乎言不可如何也

九四无咎至不可長也　正義曰无咎弗過遇之往厲必戒勿用永貞者居小過之世小人有過差之行須大德之人防使无過今九四雖體陽爻而不居其位不防之責責不在已故得无咎所以无其咎者以其失位在下不能爲過厚之行故得遇於无咎之宜故曰无咎弗過遇之也既能无爲自守則无咎有往則危厲故曰往厲不交於物物亦不與无援之助故危則必自戒愼而已无所告救故曰必戒以斯而處於羣小之中未足委任不可用之以長行其正也故曰勿用永貞也象曰位不當者釋所以弗過而遇得免於咎者以其位不當故也終不可長者自身有危无所告救豈可任之

長以爲正也　注夫宴安酖毒不可懷也　正義曰此春秋狄
伐邢管仲勸齊侯救邢爲此辭言宴安不救邢比酖鳥之毒不可懷
而安之也　六五密雲至巳上也　正義曰密雲不雨自我西
郊者小過者小者過於大也六得五位是小過於大陰之盛也陰盛
於上而艮止之九三陽止於下是陰陽不交雖復至盛密雲至于西
郊而不能爲雨也施之於人是柔得過而處尊未能行其恩施廣其
風化也故曰密雲不雨自我西郊也公弋取彼在穴者公者臣之極
五極陰盛故稱公也小過之時爲過猶小而難未大作猶在隱伏以
小過之才治小過之失能獲小過在隱伏者有如公之弋獵取得在
穴隱伏之獸也故曰公弋取彼在穴也象曰巳上者釋所以密雲不
雨也以艮之陽爻巳止於一卦之上而成止故不上交而爲雨也
注除過至能雨也　正義曰雨者以喻德之惠化也除過差之道
在於文德懷之使其自服弋而取之是尚威武尚威武即密雲不雨
之義也　上六弗遇至巳亢也　正義曰弗遇過之飛鳥離之
凶是謂災眚者上六處小過之極是小人之過遂至上極過而不知

限至于亢者也過過至於亢无所復遇故曰弗遇過之也以小人之身過而弗遇必遭羅網其猶飛鳥飛而无託必離矰繳故曰飛鳥離之凶也過亢離凶是謂自災而致眚復何言哉故曰是謂災眚也象曰已亢者釋所以弗遇過之以其已在亢極之地故也

䷾離下坎上既濟亨小利貞初吉終亂　正義曰既濟亨小利貞初吉終亂者濟者濟渡之名既者皆盡之稱萬事皆濟故以既濟爲名既萬事皆濟若小者不通則有所未濟故曰既濟亨小也小者尚亨何況于大則大小剛柔各當其位皆得其所當此之時非正不利故曰利貞也但人皆不能居安思危慎終如始故戒以今日既濟之初雖皆獲吉若不進德脩業至於終極則危亂及之故曰初吉終亂也　彖曰既濟至道窮也　正義曰既濟亨小者亨也者此釋卦名德既濟之亨必小者皆亨也但舉小者則大者可知所以爲既濟也具足爲文當更有一小字但既疊經文略足以見故從省也利貞剛柔正而位當者此就二三四五並皆得正以釋利貞也剛柔皆正則邪不可行故惟正乃利貞也初吉柔得中者此就六二以柔居中釋初吉也

以柔小尚得其中則剛大之理皆獲其濟物无不濟所以爲吉故曰初吉也終止則亂其道窮者此正釋戒若能進脩不止則既濟无終既濟終亂由止故亂終止而亂則既濟之道窮矣故曰終止則亂其道窮也　象曰水在至豫防之　正義曰水在火上既濟君子以思患而豫防之者水在火上炊爨之象飲食以之而成性命以之而濟故曰水在火上既濟也但既濟之道初吉終亂故君子思其後患而豫防之　初九曳其輪至无咎也　正義曰曳其輪濡其尾无咎者初九處既濟之初體剛居下是始欲濟渡也始濟未涉於燥故輪曳而尾濡故云曳其輪濡其尾也但志在棄難雖復曳輪濡尾其義不有咎故云无咎　六二婦喪至中道也　正義曰婦喪其茀勿逐七日得者茀者婦人之首飾也六二居中履正處文明之盛而應乎五陰之光盛者也然居初三之間而近不相得夫以光盛之陰處於二陽之間近而不相得能无見侵乎故曰婦喪其茀稱婦者以明自有夫而他人侵之也夫以中道執乎貞正而見侵者物之所助也處既濟之時不容邪道者也時既明峻衆又助之竊之者

逃竄而莫之歸矣量斯勢也不過七日不須巳逐而自得故曰勿逐
七日得象曰以中道者釋不須追逐而自得者以執守中道故也
九三高宗至憊也　正義曰高宗伐鬼方三年克之者高宗者殷
王武丁之號也九三處既濟之時居文明之終履得其位是居衰末
而能濟者也高宗伐鬼方以中興殷道事同此爻故取辟焉高宗德
實文明而勢甚衰憊不能即勝三年乃克故曰高宗伐鬼方三年克
之也小人勿用者勢既衰弱君子處之能建功立德故興而復之小
人居之日就危亂必喪邦也故曰小人勿用象曰憊也者以衰憊之
故故三年乃克之　六四繻有至所疑也　正義曰繻有衣袽
終日戒者王注云繻宜曰濡衣袽所以塞舟漏者也六四處既濟之
時履得其位而近不與三五相得如在舟而漏矣而舟漏則濡濕所
以得濟者有衣袽也鄰於不親而得全者終日戒也故曰繻有衣袽
終日戒也象曰有所疑者釋所以終日戒以不與三五相得懼其侵
克有所疑故也　九五東鄰至大來也　正義曰牛祭之盛者
也禴殷春祭之名祭之薄者也九五居既濟之時而處尊位物既濟

矣將何爲焉其所務者祭祀而已祭祀之盛莫盛脩德九五履正居
中動不爲妄脩德者也苟能脩德雖薄可饗假有東鄰不能脩德雖
復殺牛至盛不爲鬼神歆饗不如我西鄰禴祭雖薄能脩其德故神
明降福故曰東鄰殺牛不如西鄰之禴祭實受其福也象曰不如西
鄰之時者神明饗德能脩德致敬合於祭祀之時雖薄降福故曰時
也吉大來者非惟當身福流後世　注沼沚之毛蘋蘩之菜可羞
於鬼神　正義曰並略左傳之文也　注在於合時　正義
曰詩云威儀孔時言周王廟中羣臣助祭並皆威儀肅敬甚得其時
此合時之義亦當如彼也上六濡其至可久也　正義曰濡其首
厲者上六處既濟之極則反於未濟若反於未濟則首先犯焉若進
而不已必遇於難故濡其首也既被濡首將沒不久危莫先焉故曰
濡其首厲也象曰何可久者首既被濡身將陷沒何可久長者也
䷿坎下離上 未濟亨至无攸利　正義曰未濟亨者未能濟
渡之名也未濟之時小才居位不能建功立德拔難濟險若能執柔
用中委任賢哲則未濟有可濟之理所以得通故曰未濟亨小狐汔

濟濡其尾无攸利者汔者將盡之名小才不能濟難事同小狐雖能渡水而无餘力必須水汔方可涉川未及登岸而濡其尾濟不免濡豈有所利故曰小狐汔濟濡其尾无攸利也　彖曰未濟至剛柔應也　正義曰未濟亨柔得中者此就六五以柔居中下應九二釋未濟所以得亨柔而得中不違剛也與二相應納剛自輔故於未濟之世終得亨通也小狐汔濟未出中也者釋小狐涉川所以必須水汔乃濟以其力薄未能出險之中故也濡其尾无攸利不續終者濡尾力竭不能相續而終至於登岸所以无攸利也雖不當位剛柔應者重釋未濟之義凡言未者今日雖未濟後有可濟之理以其不當其位故即時未濟剛柔皆應足得相拯是有可濟之理故稱未濟不言不濟也　象曰火在至居方　正義曰火在水上未濟者火在水上不成烹飪未能濟物故由火在水上未濟君子以慎辨物居方者君子見未濟之時剛柔失正故用慎為德辨别衆物各居其方使皆得求其所所以濟也　初六濡其至知極也　正義曰濡其尾吝者初六處未濟之初最居險下而欲上之其應進則溺身

如小狐之渡川濡其尾也未濟之始始於既濟之上六也既濟上六
但云濡其首言始入於難未沒其身此言濡其尾者進不知極已没
其身也然以陰處下非爲進亢遂其志者也困則能反故不曰凶不
能豫昭事之幾萌困而後反頑亦甚矣故曰吝也象曰亦不知極者
未濟之初始於既濟之上六濡首而不知遂濡其尾故曰不知極也
注不知紀極者　正義曰春秋傳曰聚斂積實不知紀極謂之饕
餮言无休已也　九二曳其輪至行正也　正義曰曳其輪貞
吉者九二居未濟之時處險難之內體剛中之質以應於五五體陰
柔委任於二令其濟難者也經綸屯蹇任重憂深故曰曳其輪曳其
輪者言其勞也循難在正然後得吉故曰曳其輪貞吉也象曰中以
行正者釋九二失位而稱貞吉者位雖不正以其居中故能行正也
六三未濟至當也　正義曰未濟征凶者六三以陰柔之質失
位居險不能自濟者也身既不能自濟而欲自進求濟必喪其身故
曰未濟征凶也利涉大川者二能拯難而已比之若能棄己委二則
没溺可免故曰利涉大川象曰位不當者以不當其位故有征則凶

九四貞吉至志行也　正義曰居未濟之時履失其位所以爲悔
但出險難之外居文明之初以剛健之質接近至尊志行其正正則
貞吉而悔亡故曰貞吉悔亡正志既行靡禁其威故震發威怒用伐
鬼方也然處文明之初始出於險其德未盛不能即勝故曰三年也
五以柔順文明而居尊位不奪物功九四既克而還必得百里大國
之賞故曰有賞於大國也象曰志行者釋九四失位而得貞吉悔亡
者也以其正志得行而終吉故也　六五貞吉至暉吉也
正義曰貞吉无悔者六五以柔居尊處文明之盛爲未濟之主故必
正然後乃吉吉乃得无悔故曰貞吉无悔也君子之光者以柔順文
明之質居於尊位有應於二是能付物以能而不自役有君子之光
華矣故曰君子之光也有孚吉者付物以能而无疑焉則物竭其誠
功斯克矣故曰有孚吉也象曰其暉吉者言君子之德光暉著見然
後乃得吉也上九有孚至不知節也　正義曰有孚于飲酒无咎
者上九居未濟之極則反於既濟既濟之道則所任者當也所任者
當則信之无疑故得自逸飲酒而已故曰有孚于飲酒无咎濡其首

者既得自逸飲酒而不知其節則濡首之難還復及之故曰濡其首也有孚失是者言所以濡首之難及之者良由信任得人不憂事廢故失於是矣故曰有孚失是也象曰亦不知節者釋飲酒所以致濡首之難以其不知止節故也

周易正義卷第十

一萬一千七百四十字

周易正義卷第十一

國子祭酒上護軍曲阜縣開國子臣孔穎達奉
勑撰

周易繫辭上第七

正義曰謂之繫辭者凡有二義論字取繫屬之義聖人繫屬此辭於爻卦之下故此篇第六章云繫辭焉以斷其吉凶第十二章云繫辭焉以盡其言是繫屬其辭於爻卦之下則上下二篇經辭是也文取繫屬之義故字體從毄又音爲係者取綱係之義卦之與爻各有其辭以釋其義則卦之與爻各有綱係所以音謂之係也夫子本作十翼申說上下二篇經文繫辭條貫義理別自爲卷揔曰繫辭分爲上下二篇者何氏云上篇明无故曰易有太極太極即无也又云聖人以此洗心退藏於密是其无也下篇明幾從无入有故云知幾其神乎今謂分爲上下更无異義直以簡編重大是以分之或以上篇論易之大理下篇論易之小理者事必不通何則案上繫云君子出其言善則千里之外應之出其言不善則千里之外違之又云藉用白

茅无咎皆人言語小事及小慎之行豈爲易之大理又下繫云天地之道貞觀者也日月之道貞明者也豈復易之小事乎明以大小分之義必不可故知聖人既无其意若欲強釋理必不通諸儒所釋上篇所以分段次下凡有一十二章周氏云天尊地卑爲第一章聖人設卦觀象爲第二章彖者言乎象者爲第三章精氣爲物爲第四章顯諸仁藏諸用爲第五章聖人有以見天下之賾爲第六章初六藉用白茅爲第七章大衍之數爲第八章子曰知變化之道爲第九章天一地二爲第十章是故易有太極爲第十一章子曰書不盡言爲第十二章馬季長荀爽姚信等又分白茅章後取負且乘更爲別章成十三章案白茅以下歷序諸卦獨分負且乘以爲別章義无所取也虞翻分爲十一章合大衍之數并知變化之道共爲一章案大衍一章揔明揲蓍策數及十有八變之事首尾相連其知變化之道已下別明知神及唯幾之事全與大衍章義不類何得合爲一章今從先儒以十二章爲定　天尊地卑至其中矣　正義曰此第一章明天尊地卑及貴賤之位剛柔動靜寒暑往來廣明乾坤簡易之

德聖人法之能見天下之理天尊地卑乾坤定矣者天以剛陽而尊地以柔陰而卑則乾坤之體安定矣乾健與天陽同坤順與地陰同故得乾坤定矣若天不剛陽地不柔陰是乾坤之體不得定也此經明天地之德也卑高以陳貴賤位矣者卑謂地體卑下高謂天體高上卑高既以陳列則物之貴賤得其位矣若卑不處卑謂地在上高不處高謂天在下上下既亂則萬物貴賤不得其位矣此經明天地之體此雖明天地之體亦涉乎萬物之形此貴賤揔兼萬物不唯天地而已先云卑者便文爾案前經云天尊地卑天地別陳此卑高以陳不更別陳揔云卑高者上文詳於此略也動靜有常剛柔斷矣者天陽爲動地陰爲靜各有常度則剛柔斷定矣動而有常則成剛靜而有常則成柔所以剛柔可斷定矣若動而无常則剛道不成靜而无常則柔道不立是剛柔雜亂動靜无常則剛柔不可斷定也此經論天地之性也此雖天地動靜亦揔兼萬物也萬物稟於陽氣多而爲動也稟於陰氣多而爲靜也方以類聚物以羣分吉凶生矣者方謂法術性行以類共聚同方者則同聚也物謂物色羣黨共在一

處而與他物相分別若順其所同則吉也若乖其所趣則凶也故曰吉凶生矣此經雖因天地之性亦廣包萬物之情也在天成象在地成形變化見矣者象謂懸象日月星辰也形謂山川草木也懸象運轉而成昏明山澤通氣而雲行雨施故變化見也是故剛柔相摩者以變化形見即陽極變爲陰陰極變爲陽陽剛而陰柔故剛柔共相切摩更遞變化也八卦相盪者剛則陽爻也柔則陰爻也剛柔兩體是陰陽二爻相雜而成八卦遞相推盪若十一月一陽生而推去一陰五月一陰生而推去一陽雖諸卦遞相推移本從八卦而來故云八卦相盪也鼓之以雷霆潤之以風雨日月運行一寒一暑者重明上經變化見矣及剛柔相摩八卦相盪之事八卦既相推盪各有功之所用也又鼓動之以震雷離電滋潤之以巽風坎雨或離日坎月運動而行一節爲寒一節爲暑者直云震巽離坎不云乾坤艮兌者乾坤上下備言艮兌非鼓動運行之物故不言之其實亦兼焉雷電風雨亦出山澤也乾道成男坤道成女者道謂自然而生故乾得自然而爲男坤得自然而成女必云成者有故以乾因陰而得成男坤因

陽而得成女故云成也乾知太始者以乾是天陽之氣萬物皆始
於氣故云知其太始也坤作成物者坤是地陰之形坤能造作以成
物也初始无形未有營作故但云知也已成之物事可營爲故云作
也乾以易知者易謂易略无所造爲以此爲知故曰乾以易知也坤
以簡能者簡謂簡省凝靜不須繁勞以此爲能故曰坤以簡能也若
於物艱難則不可以知故以易而得知也若於事繁勞則不可能也
必簡省而後可能也易則易知者此覆說上乾以易知也乾德既能
說易若求而行之則易可知也簡則易從者覆說上坤以簡能也於
事簡省若求而行之則易可從也上乾以易知坤以簡能論乾坤之
體性也易則易知簡則易從者此論乾坤既有此性人則易可倣效
也易知則有親者性意易知心无險難則相和親故云易知則有親
也易從則有功者於事易從不有繁勞其功易就故曰易從則有功
此二句論聖人法此乾坤易簡則有所益也有親則可久者物既和
親无相殘害故可久也有功則可大者事業有功則積漸可大此二
句論人法乾坤久而益大可久則賢人之德者使物長久是賢人之

德能養萬物故云可久則賢人之德也可大則賢人之業者功勞既大則是賢人事業行天地之道揔天地之功唯聖人能然今云賢人者聖人則隱迹藏用事在无境今云可久可大則是離无入有賢人亦事在有境故可久可大以賢人目之也易簡而天下之理得矣者此則贊明聖人能行天地易簡之化則天下萬事之理並得其宜矣天下之理得而成位乎其中者成位況立象言聖人極易簡之善則能通天下之理故能成立卦象於天地之中言並天地也　注乾坤其易至之體　正義曰云先明天尊地卑以定乾坤之體者易含萬象天地最大若天尊地卑各得其所則乾坤之義得定矣若天之不尊降在滯溺地之不卑進在剛盛則乾坤之體何由定矣案乾坤是天地之用非天地之體今云乾坤之體者是所用之體乾以健為體坤以順為體故云乾坤之體　注天尊地卑至明矣　正義曰天尊地卑之義既列解經卑高以陳也云則涉乎萬物貴賤之位明矣解經貴賤位矣上經既云天尊地卑此經又云貴賤者則貴賤非唯天地是兼萬物之貴賤　注方有類至生矣　正義

曰云方有類者方謂法術情性趣舍故春秋云敎子以義方注云方
道也是方謂性行法術也言方雖以類而聚亦有非類而聚者若陰
之所求者陽陽之所求者陰是非類聚也若以人比禽獸即是非類
雖男女不同俱是人例亦是以類聚也故云順所同則吉乖所趣則
凶　注天地之道至易簡　正義曰云天地之道不爲而善始
者釋經之乾以易知不勞而善成者釋經坤以簡能也案經乾易坤
簡各自別言而注合云天地者若以坤對乾乾爲易也坤爲簡也經
之所云者是也若據乾坤相合皆无爲自然養物之始也是自然成
物之終也是乾亦有簡坤亦有易故注合而言之也用使聖人俱行
易簡法无爲之化　注天地易簡至其德業　正義曰云聖人
不爲羣方各遂其業者聖人顯仁藏用唯見生養之功不見其何以
生養猶若日月見其照臨之力不知何以照臨是聖人用无爲以及
天下是聖人不爲也云德業既成則入於形器者初行德業未成之
時不見其所爲是在於虛无若德業既成覆被於物在於有境是入
於形器也賢人之分則見其所爲見其成功始末皆有德之與業是

所有形器故以賢人目其德業然則本其虛无玄象謂之聖據其成
功事業謂之賢也　注天下之理至分位　正義曰云天下之
理莫不由於易簡而各得順其分位者若能行說易簡靜任物自生
則物得其性矣故列子云不生而物自生不化而物自化若不行易
簡法令滋章則物失其性也老子云水至清則无魚人至察則无徒
又莊子云馬翦剔羈絆所傷多矣是天下之理未得也　聖人設
卦至不利　正義曰此第二章也前章言天地成象成形簡易之
德明乾坤之大旨此章明聖人設卦觀象爻辭吉凶悔吝之細別聖
人設卦觀象者謂聖人設畫其卦之時莫不瞻觀物象法其物象然
後設之卦象則有吉有凶故下文云吉凶者失得之象也悔吝者憂
虞之象變化者進退之象剛柔者晝夜之象是施設其卦有此諸象
也繫辭焉而明吉凶者卦象爻象有吉有凶若不繫辭其理未顯故
繫屬吉凶之文辭於卦爻之下而顯明此卦爻吉凶也案吉凶之外
猶有悔吝憂虞直云而明吉凶者悔吝憂虞是凶中之小別舉吉凶
則包之可知也剛柔相推而生變化者八純之卦卦之與爻其象既

定變化猶少若剛柔二氣相推陰爻陽爻交變分爲六十四卦有三百八十四爻委曲變化事非一體是而生變化也繫辭而明吉凶明繫辭之意剛柔相推而生變化明其推引而生雜卦之意也是故吉凶者失得之象也者此下四句經揔明諸象不同之事辭之吉者是得之象辭之凶者是失之象故曰吉凶者是失得之象也初時於事有失有得積漸成著乃爲吉凶也然易之諸卦及爻不言吉凶者義有數等或吉凶據文可知不須明言吉凶者若乾元亨利貞及九五飛龍在天利見大人之屬尋文考義是吉可知故不須云吉也若其剥不利有攸往離之九四突如其來如焚如死如棄如之屬據其文辭其凶可見故不言凶也亦有爻處吉凶之際吉凶未定行善則吉行惡則凶是吉凶未定亦不言吉凶若乾之九三君子終日乾乾夕惕若厲无咎若屯之六二屯如邅如乘馬班如匪寇婚媾女子貞不字十年乃字是吉凶未定亦不言吉凶也又諸稱无咎者若不有善應則有咎若有善應則无咎此亦不定言吉凶也諸稱吉凶者皆嫌其吉凶不明故言吉凶以正之若坤之六五黄裳元吉以陰居尊位

嫌其不吉故言吉以明之推此餘可知也亦有於事无嫌吉凶灼然可知而更明言吉凶者若剥之初六剥牀以足蔑貞凶六二剥牀以辨蔑貞凶者此皆凶狀灼然而言凶也或有一卦之内或一爻之中得失相形須言吉凶若大過九三棟橈凶九四棟隆吉是一卦相形也屯卦九五屯其膏小貞吉大貞凶是一爻相形也亦有一事相形始終有異若訟卦有孚窒惕中吉終凶之類是也大略如此原夫易之爲書曲明萬象苟在釋辭明其意達其理不可以一爻爲例義有變通也悔吝者憂虞之象也者經稱悔吝者是得失微小初時憂念虞度之形象也以憂虞不已未是大凶終致悔吝悔者其事已過意有追悔之也吝者當事之時可輕鄙恥故云吝也吝既是小凶則易之爲書亦有小吉則无咎之屬善補過是也此亦小吉而不言者下經備陳之也故於此不言其餘元亨利貞則是吉象之境有四德别言故於此不言也其以祉有慶有福之屬各於爻卦别言故不在此而説且易者戒人爲惡故於惡事備言也變化者進退之象也者萬物之象皆有陰陽之爻或從始而上進或居終而倒退以其往復相

推或漸變而頓化故云進退之象也剛柔者晝夜之象也者晝則陽
日照臨萬物生而堅剛是晝之象也夜則陰潤浸被萬物而皆柔弱
是夜之象也六爻之動三極之道也者此覆明變化進退之義言六
爻遞相推動而生變化是天地人三才至極之道以其事兼三才故
能見吉凶而成變化也是故君子所居而安者易之序也者以其在
上吉凶顯其得失變化明其進退以此之故君子觀象知其所處故
可居治之位而安靜居之是易位之次序也若居在乾之初九而安
在勿用若居在乾之九三而安在乾乾是以所居而安者由觀易之
位次序也所樂而玩者爻之辭也者言君子愛樂而習玩者是六爻
之辭也辭有吉凶悔吝見善則思齊其事見惡則懼而自改所以愛
樂而耽玩也卦之與爻皆有其辭但爻有變化取象既多以知得失
故君子尤所愛樂所以特云爻之辭也是故君子居則觀其象而玩
其辭者以易象則明其善惡辭則示其吉凶故君子自居處其身觀
看其象以知身之善惡而習玩其辭以曉事之吉凶動則觀其變而
玩其占者言君子出行興動之時則觀其爻之變化而習玩其占之

吉凶若乾之九四或躍在淵是動則觀其變也春秋傳云先王卜征五年又云卜以決疑是動玩其占也是以自天祐之吉无不利者君子既能奉遵易象以居處其身无有凶害是以從天以下悉皆祐之吉无不利此大有上九爻辭　注此揔言也　正義曰此設卦觀象揔爲下而言故云此揔言也　注晝則陽剛至其義

正義曰云始揔言吉凶變化者謂上文云繫辭焉而明吉凶剛柔相推而生變化是始揔言吉凶變化也云而下別明悔吝晝夜者謂次文云悔吝者憂虞之象剛柔者晝夜之象是別明悔吝晝夜也言悔吝則吉凶之類者案上文繫辭而明吉凶次文別序云吉凶者失得之象悔吝者憂虞之象是吉凶之外別生悔吝是悔吝亦吉凶之類大略揔言吉凶若細別之吉凶之外別有悔吝也故云悔吝則吉凶之類云晝夜亦變化之道者案上文云剛柔相推而生變化次文別序云變化者進退之象剛柔者晝夜之象變化之外別云晝夜揔言之則變化晝夜是一分之則變化晝夜是殊故云晝夜亦變化之道也云吉凶之類則同因繫辭而明者案上文云繫辭焉而明吉凶次

文別序云吉凶悔吝兩事同因上繫辭而明之也故云吉凶之類則同因繫辭而明也云變化之道則俱由剛柔而著者上文剛柔相推而生變化次文別序云變化者進退之象剛柔者晝夜之象上文則變化剛柔合爲一次文則別序變化剛柔分爲二合之則同分之則異是變化從剛柔而生故云變化之道俱由剛柔而著也云故始揔言之也上文繫辭焉而明吉凶不云悔吝是揔言之也又上文剛柔相推而生變化不云晝夜是揔變化言之也云下則明失得之輕重辨變化之大小故別序其義者案次文別序云吉凶者失得之象是失得重也悔吝者憂虞之象是失得輕也又次經云變化者進退之象是變化大也剛柔者晝夜之象是變化小也兩事並言失得別明輕重變化別明小大是別序其義

彖者言乎至生之說

正義曰此第三章也上章明吉凶悔吝繫辭之義而細意未盡故此章更委曲說卦爻吉凶之事是以義理深奧能彌綸天地之道仰觀俯察知死生之說彖者言乎象者也彖謂卦下之辭言說乎一卦之象也爻者言乎變者也謂爻下之辭言說此爻之象改變也吉凶者

言乎其失得也者謂爻卦下辭也著其吉凶者言論其卦爻失之與得之義也前章言據其卦爻之象故云吉凶者失得之象此章據其卦爻之辭故云吉凶者言乎其失得也悔吝者言乎其小疵也者辭著悔吝者言說此卦爻有小疵病也有小疵病必預有憂虞故前章云悔吝者憂虞之象但前章據其象此章論其辭也无咎者善補過也者辭稱无咎者即此卦爻能補其過若不能補過則有咎也案略例无咎有二一者善能補過故无咎二者其禍自已招无所怨咎故節之六三不節之嗟又誰咎也但如此者少此據多者言之故云善補過也前章舉其大略故不細言无咎之事此章備論也是故列貴賤者存乎位者以爻者言乎變以此之故陳列物之貴賤者在存乎六爻之位皆上貴而下賤也齊小大者存乎卦者以彖者言乎象象有小大故齊辯物之小大者存乎卦也猶若泰則小往大來吉亨否則大往小來之類是也辯吉凶者存乎辭者謂辯明卦之與爻之吉凶存乎卦爻下之言辭是也憂悔吝者存乎介者介謂纖介謂小小疵病能預憂虞悔吝者存於細小之疵病也震无咎者存乎悔者震

動也動而无咎者存乎能自悔過也是故卦有小大辭有險易者其
道光明謂之大其道銷散謂之小若之適通泰其辭則説易若之適
否塞其辭則艱險也辭也者各指其所之者謂爻卦之辭各斥其爻
卦之之適也若之適於善則其辭善若之適於惡則其辭惡也易與
天地準者自此已上論卦爻辭理之義自此已下廣明易道之美言
聖人作易與天地相準謂準擬天地則乾健以法天坤順以法地之
類是也故能彌綸天地之道者以易與天地相準爲此之故聖人用
易能彌綸天地之道彌謂彌縫補合綸謂經綸牽引能補合牽引天
地之道用此易道也仰以觀於天文俯以察於地理者天有懸象而
成文章故稱文也地有山川原隰各有條理故稱理也是故知幽明
之故者故謂事也故以用易道仰觀俯察知无形之幽有形之明義
理事故也原始反終故知死生之説者言用易理原窮事物之初始
反復事物之終末始終吉凶皆悉包羅以此之故知死生之數也止
謂用易道參其逆順則禍福可知用蓍策求其吉凶則死生可識也
注辭爻辭至之差　正義曰云辭爻辭也者其實卦之與爻皆有

其辭知是爻辭者但卦辭變化少爻辭變化多此經辯吉凶者存乎辭與齊小大者存乎卦二文相對上既云卦故此辭爲爻辭也云言象所以明小大者即齊小大者存乎卦是也云言變化所以明吉凶者則辯吉凶者存乎辭是也云故小大之義存乎卦者覆說言象所以明小大也云吉凶之狀見乎爻者覆說言變所以明吉凶也云悔吝无咎其例一也者謂悔吝无咎體例與吉凶一也皆是存乎辭云悔吝小疵无咎皆生乎變者謂皆坐於爻也言乎變者謂皆從爻變而來云事有小大者大則爲吉凶小則爲悔吝无咎也云故下歷言五者之差者謂於吉凶下歷次言五者之差別數五者謂吉一凶二悔三吝四无咎五然諸儒以爲五者皆數列貴賤者存乎位是其一也齊小大者存乎卦是其二也辯吉凶者存乎辭是其三也憂悔吝者存[illegible]是其四也震无咎者存乎悔是其[illegible]也於經數之爲便但於注理[illegible]乖今並存焉任後賢所釋　精氣爲物至鮮矣

正義曰此第四章也上章明卦爻之義其事類稍盡但卦爻未明鬼神情[illegible]此章說物之改變而爲鬼神易能通鬼神之變化故於此章

明之云精氣爲物者謂陰陽精靈之氣氤氳積聚而爲萬物也遊魂爲變者物既積聚極則分散將散之時浮遊精魂去離物形而爲改變則生變爲死成變爲敗或未死之間變爲異類也是故知鬼神之情狀者能窮易理盡生死變化以此之故能知鬼神之內外情狀也物既以聚而生以散而死皆是鬼神所爲但極聚散之理則知鬼神之情狀也言聖人以易之理而能然也與天地相似故不違者天地能知鬼神任其變化聖人亦窮神盡性能知鬼神是與天地相似所爲所作故不違於天地能與天地合也知周乎萬物而道濟天下者聖人无物不知是知周於萬物天下皆養是道濟天下也故不過者所爲皆得其宜不有愆過使物失分也旁行而不流者言聖人之德應變旁行无不被及而不有流移淫過若不應變化非理而動則爲流淫也樂天知命故不憂者順天施化是歡樂於天識物始終是自知性命順天道之常數知性命之始終任自然之理故不憂也安土敦乎仁故能愛者言萬物之性皆欲安靜於土敦厚於仁聖人能行此安土敦仁之化故能愛養萬物也範圍天地之化而不過者範謂

模範圍謂周圍言聖人所爲所作模範周圍天地之化養言法則天
地以施其化而不有過失違天地者也曲成萬物而不遺者言聖人
隨變而應屈曲委細成就萬物而不有遺棄細小而不成也通乎晝
夜之道而知者言聖人通曉於晝夜之道晝則明也夜則幽也言通
曉於幽明之道而无事不知也自此已上皆神之所爲聖人能極神
之幽隱之德也故神无方而易无體者神則寂然虛无陰陽深遠不
可求測是无一方可明也易則隨物改變應變而往无一體可定也
一陰一陽之謂道者一謂无也无陰无陽乃謂之道一得爲无者无
是虛无虛无是太虛不可分別唯一而已故以一爲无也若其有境
則彼此相形有二有三不得爲一故在陰之時而不見爲陰之功在
陽之時而不見爲陽之力自然而有陰陽自然无所營爲此則道之
謂也故以言之爲道以數言之謂之一以體言之謂之无以物得開
通謂之道以微妙不測謂之神以應機變化謂之易揔而言之皆虛
无之謂也聖人以人事名之隨其義理立其稱號繼之者善也者道
是生物開通善是順理養物故繼道之功者唯善行也成之者性也

者若能成就此道者是人之本性若性仁者成就此道爲仁性知者成就此道爲知也故云仁者見之謂之仁知者見之謂之知是仁之與知皆資道而得成仁知也百姓日用而不知者言萬方百姓恒日日賴用此道以得生而不知道之功力也言道冥昧不以功爲功故百姓日用而不能知也故君子之道鮮矣者君子謂聖人也仁知則各滯於所見百姓則日用不知明體道君子不亦少乎　注盡聚散至不通　正義曰案下云神无方韓氏云自此以上皆言神之所爲則此經情狀是虛无之神聖人極虛无之神知變化之道幽冥悉通故能知鬼神之情狀　注自此以上至體明　正義曰自此已上皆言神之所爲者謂從神无方以上至精氣爲物下經之所云皆言神所施爲神者微妙玄通不可測量故能知鬼神之情狀與天地相似知周萬物樂天知命安土敦仁範圍天地曲成萬物通乎晝夜此皆神之功用也作易者因自然之神以垂教欲使聖人用此神道以被天下雖是神之所爲亦是聖人所爲云方體者皆係於形器者方是處所之名體是形質之稱凡處所形質非是虛无皆係著

於器物故云皆係於形器也云神則陰陽不測者既幽微不可測度
不可測則何有處所是神无方也云易則唯變所適者既是變易唯
變之適不有定往何可有體是易无體也云不可以一方一體明者
解无方无體也凡无方无體各有二義一者神則不見其處所云爲
是无方也二則周遊運動不常在一處亦是无方也无體者一是自
然而變而不知變之所由是无形體也二則隨變而往无定在一體
亦是无體也　注道者何至一陽也　正義曰云道者何无之
稱者此韓氏自問其道而釋之也道是虛无之稱以虛无能開通於
物故稱之曰道云无不通无不由者若處於有有則爲物礙難不可
常通道既虛无爲體則不爲礙難故无不通也无不由者言萬物皆
因之而通由之而有云況之曰道者比況道路以爲稱也寂然无體
不可爲象者謂寂然幽靜而无體不可以形象求是不可爲象至如
天覆地載日照月臨冬寒夏暑春生秋殺萬物運動皆由道而然豈
見其所營知其所爲是寂然无體不可爲象也云必有之用極而无
之功顯者猶若風雨是有之所用當用之時以无爲心風雨既極之

後萬物賴此風雨而得生育是生育之功由風雨无心而成是有之用極而无之功顯是神之發作動用以生萬物其功成就乃在於无形應機變化雖有功用本其用之所以亦在於无也故至乎神无方而易无體自然无爲之道可顯見矣當其有用之時道未見也云故窮變以盡神者神則杳然不測千變萬化聖人則窮此千變萬化以盡神之妙理故云窮變化以盡神云因神以明道者謂盡神之理唯在虛无因此虛无之神以明道之所在道亦虛无故云因神以明道也陰陽雖殊无一以待之者言陰之與陽雖有兩氣恒用虛无之一以擬待之言在陽之時亦以爲虛无无此陽也在陰之時亦以爲虛无无此陰也云在陰爲无陰陰以之生者謂道雖在於陰而无於陰言道所在皆无陰也雖无於陰陰終由道而生故言陰以之生也在陽爲无陽陽以之成者謂道雖在陽陽中必无道也雖无於陽陽必由道而成故言陽以之成也道雖无於陰陽然亦不離於陰陽陰陽雖由道成即陰陽亦非道故曰一陰一陽也

注君子體道至極也

正義曰君子體道以爲用者謂聖人爲君子體履於至道法道而施

政則老子云爲而不宰功成不居是也云仁知則滯於所見者言仁知雖賢猶有偏見仁者觀道謂道爲仁知者觀道謂道爲知不能徧曉是滯於所見也是道既以爲用若以仁以知則滯所見也至於百姓但日用通生之道又不知通生由道而來故云百姓日用而不知也云體斯道者不亦鮮矣者是聖人君子獨能悟道故云不亦鮮矣云故常无欲以觀其妙者引老子道經之文以結成此義无欲謂无心若能寂然无心无欲觀其道之妙趣謂不爲所爲得道之妙理也云始可以語至而言極也者若能无欲觀此道之妙理无事无爲如此可以語說其至理而言其極趣也若不如此不可語至而言極也

顯諸仁至之門　正義曰此第五章也上章論神之所爲此章廣明易道之大與神功不異也顯諸仁者言道之爲體顯見仁功衣被萬物是顯諸仁也藏諸用者謂潛藏功用不使物知是藏諸用也鼓萬物而不與聖人同憂者言道之功用能鼓動萬物使之化育故云鼓萬物聖人化物不能全无以爲體猶有經營之憂道則虛无爲用无事无爲不與聖人同用有經營之憂也盛德大業至矣哉者聖人

爲功用之母體同於道萬物由之而通衆事以之而理是聖人極盛之德廣大之業至極矣哉於行謂之德於事謂之業富有之謂大業者自此已下覆說大業盛德因廣明易與乾坤及其占之與事并明神之體以廣大悉備萬事富有所以謂之大業日新之謂盛德者聖人以能變通體化合變其德日日增新是德之盛極故謂之盛德也生生之謂易者生生不絶之辭陰陽變轉後生次於前生是萬物恒生謂之易也前後之生變化改易生必有死易主勸戒獎人爲善故云生不云死也成象之謂乾者謂畫卦成乾之象擬乾之健故謂卦爲乾也效法之謂坤者謂畫卦效坤之法擬坤之順故謂之坤也極數知來之謂占者謂窮極蓍策之數豫知來事占問吉凶故云謂之占也通變之謂事者物之窮極欲使開通須知其變化乃得通也凡天下之事窮則須變萬事乃生故云通變之謂事陰陽不測之謂神者天下萬物皆由陰陽或生或成本其所由之理不可測量之謂神也故云陰陽不測之謂神夫易廣矣大矣者此贊明易理之大易之變化極於四遠是廣矣窮於上天是大矣故下云廣大配天地也以

言乎遠則不禦者禦止也言乎易之變化窮極幽深之遠則不有禦止也謂无所止息也以言乎邇則靜而正者邇近也言易之變化在於邇近之處則寧靜而得正謂變化之道於其近處物各靜而得正不煩亂邪僻也遠尚不禦近則不禦可知近既靜正則遠亦靜正互文也以言乎天地之閒則備矣者變通之道徧滿天地之内是則備矣夫乾其靜也專其動也直是以大生焉者上經既論易道資陰陽而成故此經明乾復兼明坤也乾是純陽德能普備无所偏二唯專一而已若氣不發動則靜而專一故云其靜也專若其運轉則四時不忒寒暑无差剛而得正故云其動也直以其動靜如此故能大生焉夫坤其靜也翕其動也闢是以廣生焉者此經明坤之德也坤是陰柔閉藏翕斂故其靜也翕動則開生萬物故其動也闢以其如此故能廣生於物焉天體高遠故乾云大生地體廣博故坤云廣生對則乾爲物始坤爲物生散則始亦爲生故揔云生也廣大配天地者此經申明易之德以易道廣大配合天地大以配天廣以配地變通配四時者四時變通易理亦能變通故云變通配四時也陰陽之義

配日月易簡之善配至德者案初章論乾坤易簡可久可大配至極微妙之德也然易初章易爲賢人之德簡爲賢人之業今揔云至德者對則德業別散則業由德而來俱爲德也子曰易其至矣乎者更美易之至極是語之別端故言子曰夫易聖人所以崇德而廣業者言易道至極聖人用之增崇其德廣大其業故云崇德而廣業也知崇禮卑者易兼知之與禮故此明知禮之用知者通利萬物象天陽无不覆以崇爲貴也禮者卑敬於物象地柔而在下故以卑爲用也崇效天卑法地者知既崇高故效天禮以卑退故法地也天地設位而易行乎其中矣者天地陳設於位謂知之與禮而效法天地也而易行乎其中矣者變易之道行乎知禮之中言知禮與易而並行也若以實象言之天在上地在下是天地設位天地之間萬物變化是易行乎天地之中也成性存存道義之門者此明易道既在天地之中能成其萬物之性使物生不失其性存其萬物之存使物得其存成也性謂稟其始也存謂保其終也道謂開通也義謂得其宜也既能成性存存則物之開通物之得宜從此易而來故云道義之門謂

易與道義爲門戶也　注萬物由之至之跡　正義曰云聖人雖體道以爲用者言聖人不能无憂之事道則无心无跡聖人則亦无心有跡聖人能體附於道其跡以有爲用云未能全无以爲體者道則心跡俱无是其全无以爲體聖人則无心有跡是跡有而心无是不能全无以爲體云故順通天下則有經營之跡者言聖人順通天下之理内則雖是无心外則有經營之跡則有憂也道則心跡俱无无憂无患故云不與聖人同憂也　注神也者至於神矣

正義曰云神也者變化之極者言神之施爲自將變化之極以爲名也云妙萬物而爲言者妙謂微妙也萬物之體有變象可尋神則微妙於萬物而爲言也謂不可尋求也云不可以形詰者杳寂不測无形无體不可以物之形容所求而窮詰也云造之非我理自玄應者此言神力也我謂宰主之名也言物之造作非由我之宰主所爲其造化之理自然玄空相應而自然造作也云是以明兩儀以太極爲始者言欲明兩儀天地之體必以太極虛无爲初始不知所以然將何爲始也云言變化而稱極乎神者欲言論變化之理不知涯際唯

稱極乎神神則不可知也云夫唯知天之所爲者窮理體化坐忘遺照者言若能知天之所造爲者會能窮其物理體其變化靜坐而忘其事及遺棄所照之物任其自然之理不以他事係心端然玄寂如此者乃能知天之所爲也言天之道亦如此也坐忘遺照之言事出莊子大宗師篇也云至虚而善應則以道爲稱者此解道之目也言至極空虚而善應於物則乃目之爲道故云則以道爲稱云不思而玄覽則以神爲名者謂不可思量而玄遠覽見者乃目之爲神故云則以神爲名也云蓋資道而同乎道者此謂聖人設教資取乎道行无爲之化積久而遂同於道內外皆无也云由神而冥於神也者言聖人設教法此神之不測无體无方以垂於教久能積漸而冥合於神不可測也此皆謂聖人初時雖法道法神以爲无體未能全无但行之不已遂至全无不測故云資道而同於道由神而冥於神也

周易正義卷第十一

計一萬三百二十一字

周易正義卷第十二

國子祭酒上護軍曲阜縣開國子臣孔穎達奉

勑撰

聖人有以至如蘭

正義曰此第六章也上章既明易道變化神理不測聖人法之所以配於天地道義從易而生此章又明聖人擬議易象以賛成變化又明人擬議之事先慎其身在於慎言語同心行動舉措守謙退勿驕盈保靜密勿貪非位凡有七事是行之尤急者故引七卦之義以證成之聖人有以見天下之賾者賾謂幽深難見聖人有其神妙以能見天下深賾之至理也而擬諸其形容者以此深賾之理擬度諸物形容也見此剛理則擬諸乾之形容見此柔理則擬諸坤之形容也象其物宜者聖人又法象其物之所宜若象陽物宜於剛也若象陰物宜於柔也是各象其物之所宜六十四卦皆擬諸形容象其物宜也若泰卦比擬泰之形容象其泰之物宜若否卦則比擬否之形容象其否之物宜也舉此而言諸卦可知也是故謂之象者以是之故

謂之象也謂六十四卦是也故前章云卦者言乎象者也此以上結
成卦象之義也聖人有以見天下之動者謂聖人有其微妙以見天
下萬物之動也而觀其會通以行其典禮者既知萬物以此變動觀
看其物之會合變通當此會通之時以施行其典法禮儀也繫辭焉
以斷其吉凶者既觀其會通而行其典禮以定爻之通變而有三百
八十四爻於此爻下繫屬文辭以斷定其吉凶若會通典禮得則爲
吉若會通典禮失則爲凶也是故謂之爻者以是之故謂此會通之
事而爲爻也夫爻者效也效諸物之通變故上章云爻者言乎變者
也自此已上結爻義也言天下之至賾而不可惡也者此覆說前文
見天下之賾卦象義也謂聖人於天下至賾之理必重慎明之不可
鄙賤輕惡也若鄙賤輕惡不存意明之則逆於順道也言天下之至
動而不可亂者覆說上聖人見天下之至動爻之義也謂天下至賾
變動之理論說之時明不可錯亂也若錯亂則乖違正理也若以文
勢上下言之宜云至動而不可亂也擬之而後言者覆說上天下之
至賾不可惡也聖人欲言之時必擬度之而後言也議之而後動者

覆說上天下之至動不可亂也謂欲動之時必擬論之而後動也擬
議以成其變化者言則先擬也動則先議也則能成盡其變化之道
也鳴鶴在陰者上既明擬議而動若擬議於善則善來應之若擬於
惡則惡亦隨之故引鳴鶴在陰取同類相應以證之此引中孚九二
爻辭也鳴鶴在幽陰之處雖在幽陰而鳴其子則在遠而和之以其
同類相感召故也我有好爵者言我有美好之爵而在我身吾與爾
靡之者言我雖有好爵不自獨有吾與汝外物共靡散之謂我既有
好爵能靡散以施於物物則有感我之恩亦來歸從於我是善往則
善者來皆證明擬議之事我擬議於善以及物物亦以善而應我也
子曰君子居其室者既明易辭前語已絕故言子曰況其邇者乎者
出其言善遠尚應之則近應可知故曰況其邇者乎此證明擬議而
動之事言身有善惡無問遠近皆應之也言行君子之樞機者樞謂
戶樞機謂弩牙言戶樞之轉或明或闇弩牙之發或中或否猶言行
之動從身而發以及於物或是或非也言行君子之所以動天地者
言行雖初在於身其善惡積而不已所感動天地豈可不愼乎同人

先號咷而後笑者證擬議而動則同類相應以同人初未和同故先號咷後得同類故後笑也子曰君子之道者各引易之後其文勢已絕故言子曰或出或處或默或語者言同類相應本在於心不必共同一事或此物而出或彼物而處或此物而默或彼物而語出處默語其時雖異其感應之事其意則同或處應於出或默應於語二人同心其利斷金者二人若同齊其心其纖利能斷截於金金是堅剛之物能斷而截之盛言利之甚也此謂二人心行同也同心之言其臭如蘭者言二人同齊其心吐發言語氤氲臭氣香馥如蘭也此謂二人言同也　初六藉用至咎之招也　正義曰此第七章也此章欲求外物來應必須擬議謹慎則外物來應之故引藉用白茅无咎之事以證謹慎之理此藉用白茅大過初六爻辭也子曰苟錯諸地而可矣者苟且也錯置也凡薦獻之物且置於地其理可矣言今乃謹慎薦藉此物而用絜白之茅可置於地藉之用茅何咎之有者何愆咎之有是謹慎之至也勞謙君子有終吉者欲求外物來應非唯謹慎又須謙以下人故引謙卦九三爻辭以證之也子曰勞而

不伐者以引卦之後故言子曰勞而不伐者雖謙退疲勞而不自伐其善也有功而不德厚之至者雖有其功而不自以爲恩德是篤厚之至極語以其功下人者言易之所言者語說其謙卦九三能以其有功卑下於人者也德言盛禮言恭者謂德以盛爲本禮以恭爲主德貴盛新禮尚恭敬故曰德言盛禮言恭謙也者致恭以存其位者言謙退致其恭敬以存其位者也言由恭德保其祿位也亢龍有悔者上既以謙德保位此明无謙則有悔故引乾之上九亢龍有悔證驕亢不謙也不出戶庭无咎者又明擬議之道非但謙而不驕又當謹愼周密故引節之初九周密之事以明之子曰亂之所生則言語以爲階者階謂梯也言亂之所生則由言語以爲亂之階梯也君不密則失臣者臣既盡忠不避危難爲君謀事君不愼密乃彰露臣之所爲使在下聞之衆共嫉怒害此臣而殺之是失臣也臣不密則失身者言臣之言行既有虧失則失身也幾事不密則害成者幾謂幾微之事當須密愼預防禍害若其不密而漏泄禍害交起是害成也是以君子愼密而不出者於易言之是身愼密不出戶庭於此義言

之亦謂不妄出言語也子曰作易者其知盜乎者此結上不密失身之事事若不密人則乘此機危而害之猶若財之不密盜則乘此機危而竊之易者愛惡相攻遠近相取盛衰相變若此爻有釁隙衰弱則彼爻乘釁而奪之故云作易者其知盜乎易曰負且乘致寇至者此又明擬議之道當量身而行不可以小處大以賤貪貴故引解卦六三以明之也負也者小人之事也負者擔負於物合是小人所爲也乘也者君子之器者言乘車者君子之器物言君子合乘車今應負之人而乘車是小人乘君子之器也則盜竊之人思欲奪之矣上慢下暴盜思伐之矣者小人居上位必驕慢而在下必暴虐爲政如此大盜思欲伐之矣慢藏誨盜冶容誨淫者若慢藏財物守掌不謹則教誨於盜者使來取此物女子妖冶其容身不精慤是教誨淫者使來淫已也以比小人而居貴位驕矜而不謹慎而致寇至也易曰負且乘致寇至盜之招也者又引易之所云是盜之招來也言自招來於盜以慎重其事故首尾皆稱易曰而載易之爻辭也　大衍之數至祐神矣　正義曰此第八章明占筮之法揲蓍之體顯天

地之數定乾坤之策以爲六十四卦而生三百八十四爻大衍之數五十其用四十有九者京房云五十者謂十日十二辰二十八宿也凡五十其一不用者天之生氣將欲以虛來實故用四十九焉馬季長云易有太極謂北辰也太極生兩儀兩儀生日月日月生四時四時生五行五行生十二月十二月生二十四氣北辰居位不動其餘四十九轉運而用也荀爽云卦各有六爻六八四十八加乾坤二用凡有五十乾初九潛龍勿用故用四十九也鄭康成云天地之數五十有五以五行氣通凡五行減五大衍又減一故四十九也姚信董遇云天地之數五十有五者其六以象六畫之數故減之而用四十九但五十之數義有多家各有其說未知孰是今案王弼云演天地之數所賴者五十據王弼此說其意皆與諸儒不同萬物之策凡有萬一千五百二十其用此策推演天地之數唯用五十策也一謂自然所須策者唯用五十就五十策中其所用揲蓍者唯用四十有九其一不用以其虛无非所用也故不數之顧懽同王弼此說故顧懽云立此五十數以數神神雖非數因數而顯故虛其一數以明不可

言之義只如此意則别无所以自然而有此五十也今依用之分而爲二以象兩者五十之内去其一餘有四十九合同未分是象太一也今以四十九分而爲二以象兩儀也掛一以象三者就兩儀之間於天數之中分掛其一而配兩儀以象三才也揲之以四以象四時者分揲其蓍皆以四四爲數以象四時歸奇於扐以象閏者奇謂四揲之餘歸此殘奇於所扐之策而成數以法象天道歸殘聚餘分而成閏也五歲再閏者凡前閏後閏相去大略三十二月在五歲之中故五歲再閏再扐而後卦者既分天地天於左手地於右手乃四四揲天之數最末之餘歸之合於扐掛之一處是一揲也又以四四揲地之數最末之餘又合於前所歸之扐而總掛之是再扐而後掛也天數五者謂一三五七九也地數五者謂二四六八十也五位相得而各有合者若天一與地六相得合爲水地二與天七相得合爲火天三與地八相得合爲木地四與天九相得合爲金天五與地十相得合爲土也天數二十有五者總合五奇之數地數三十者總合五偶之數也凡天地之數五十有五者是天地二數相合爲五十五此

乃天地陰陽奇偶之數非是上文演天地之策也此所以成變化而行鬼神者言此陽奇陰偶之數成就其變化言變化以此陰陽而成故云成變化也而宣行鬼神之用言鬼神以此陰陽而得宣行故云而行鬼神也乾之策二百一十有六者以乾老陽一爻有三十六策六爻凡有二百一十六策也乾之少陽一爻有二十八策六爻則有一百六十八策此經據老陽之策也坤之策百四十有四者坤之老陰一爻有二十四策六爻故一百四十有四策也若坤之少陰一爻有三十二六爻則有一百九十二此經據坤之老陰故百四十有四也凡三百有六十當期之日者舉合乾坤兩策有三百有六十當期之數三百六十日舉其大略不數五日四分日之一也二篇之策萬有一千五百二十當萬物之數者二篇之爻摠有三百八十四爻陰陽各半陽爻一百九十二爻爻則三十六摠有六千九百一十二也陰爻亦一百九十二爻爻別二十四摠有四千六百八也陰陽摠合萬有一千五百二十當萬物之數也是故四營而成易者營謂經營謂四度經營蓍策乃成易之一變也十有八變而成卦者每一爻

有三變謂初一揲不五則九是一變也第二揲不四則八是二變也第三揲亦不四則八是三變也若三者俱多爲老陰謂初得九第二第三俱得八也若三者俱少爲老陽謂初得五第二第三俱得四也若兩少一多爲少陰謂初與二三之間或有四或有五而有八也或有二箇四而有一箇九此爲兩少一多也其兩多一少爲少陽者謂三揲之間或有一箇九有一箇八而有一箇四或有二箇八而有一箇五此爲兩多一少也如此三變既畢乃定一爻六爻則十有八變乃始成卦也八卦而小成者象天地雷風日月山澤於大象略盡是易道小成引而伸之者謂引長八卦而伸盡之謂引之爲六十四卦也觸類而長之者謂觸逢事類而增長之若觸剛之事類以次增長於剛若觸柔之事類以次增長於柔天下之能事畢矣者天下萬事皆如此例各以類增長則天下所能之事法象皆盡故曰天下之能事畢矣也顯道神德行者言易理備盡天下之能事故可以顯明无爲之道而神靈其德行之事言太虛以養萬物爲德行今易道以其神靈助太虛而養物是神其德行也是故可與酬酢者酬酢謂應報

對荅言易道如此若萬物有所求爲此易道可與應荅萬物有求則
報故曰可與酬酢也可與祐神矣者祐助也易道弘大可與助成神
化之功也　注演天地之數至由之宗也　正義曰王弼云演
天地之數所賴者五十者韓氏親○受業於王弼承王弼之旨故引
王弼云以證成其義演天地之數所賴者五十謂萬物籌策雖萬有
一千五百二十若用之推演天地之數所須賴者唯賴五十其餘不
賴也但賴五十者自然如此不知其所以然云則其一不用者經既
云五十又云其用四十九也既稱其用明知五十之内其一是不用
者也言不用而用以之通者若全不用理應不賴此既當論用所以
并言不用爲用五十者雖是不用其有用從不用而來以不用而得
用也故云不用而用以之通所用者則四十九蓍也蓍所以堪用者
從造化虚无而生也若无造化之生此蓍何由得用也言非數而數
以之成者太一虚无无形之數是非可數也然有形之數由非數而
得成也即四十九是有形之數原從非數而來故將非數之一揔爲
五十故云非數而數以之成也言斯易之太極者斯此也言此其一

不用者是易之太極之虛无也无形即无數也凡有皆從无而來故易從太一爲始也言夫无不可以无明必因於有者言虛无之體處處皆虛何可以无説之明其虛无也若欲明虛无之理必因於有物之境可以却本虛无猶若春生秋殺之事於虛无之時不見生殺之象是不可以无明也就有境之中見其生殺却推於无始知无中有生殺之理是明无必因於有也言故常於有物之極而必明其所由之宗者言欲明於无常須因有物至極之處而明其所由宗若易由太一有由於无變化由於神皆是所由之宗也言有且何因如此皆由於虛无自然而來也

子曰知變化至此之謂也

正義曰此第九章也上章既明大衍之數極盡蓍策之名數可與助成神化之功此又廣明易道深遠聖人之道有四又明易之深遠窮極幾神也知變化之道者其知神之所爲乎者言易既知變化之道理不爲而自然也則能知神化之所爲言神化亦不爲而自然也易有聖人之道四焉者言易之爲書有聖人所用之道者凡有四事焉以言者尚其辭者謂聖人發言而施政教者貴尚其爻卦之辭發其言辭出

言而施政教也以動者尚其變者謂聖人有所興動營爲故法其陰陽變化變有吉凶聖人之動取吉不取凶也以制器者尚其象者謂造制形器法其爻卦之象若造弧矢法睽之象若造杵臼法小過之象也以卜筮者尚其占者策是筮之所用并言卜者卜雖龜之見兆亦有陰陽五行變動之狀故卜之與筮尚其爻卦變動之占也是以君子將有爲也將有行也問焉而以言者旣易道有四是以君子將欲有所施爲將欲有所行往占問其吉凶而以言命蓍也其受命也如響者謂蓍受人命報人吉凶如響之應聲也无有遠近幽深者言易之告人吉凶无問遠之與近及幽邃深遠之處悉皆告之也遂知來物者物事也然易以萬事告人人因此遂知將來之事也非天下之至精其孰能與於此者言易之功深如此若非天下萬事之內至極精妙誰能參與於此與易道同也此已上論易道功深告人吉凶使豫知來事故以此結之也參伍以變者參三也伍五也或三或五以相參合以相改變略舉三五諸數皆然也錯綜其數者錯謂交錯綜謂揔聚交錯揔聚其陰陽之數也通其變者由交錯揔聚通極其

陰陽相變也遂成天地之文者以其相變故能遂成就天地之文若青赤相雜故稱文也極其數遂定天下之象者謂窮極其陰陽之數以定天下萬物之象猶若極二百一十六策以定乾之老陽之象窮一百四十四策以定坤之老陰之象舉此餘可知也非天下之至變其孰能與於此者言此易之理若非天下萬事至極之變化誰能與於此者言皆不能也此結成易之變化之道故更言與於此也前經論易理功深故云非天下之至精此經論極數變通故云非天下之至變也易无思也无爲也者任運自然不關心慮是无思也任運自動不須營造是无爲也寂然不動感而遂通天下之故者既无思无爲故寂然不動有感必應萬事皆通是感而遂通天下之故也故謂事故言通天下萬事也非天下之至神其孰能與於此者言易理神功不測非天下萬事之中至極神妙其孰能與於此也此經明易理神妙不測故云非天下之至神若非天下之至神誰能與於此也夫易聖人之所以極深而研幾也者言易道弘大故聖人用之所以窮極幽深而研覈幾微也極深者則前經初一節云君子將有爲將有

行問焉而以言其受命如嚮旡有遠近幽深是極深也研幾者上經次節云參伍以變錯綜其數通其變遂成天地之文極其數以定天下之象是研幾也唯深也故能通天下之志者言聖人用易道以極深故聖人德深也故能通天下之志意即是前經上節問焉而以言其受命如嚮遂知來物是通天下之志也唯幾也故能成天下之務者聖人用易道以研幾故聖人知事之幾微是前經次節參伍以變錯綜其數通其變遂成天地之文是也幾者離旡入有是有初之微以能知有初之微則能興行其事故能成天下之事務也唯神也故不疾而速不行而至者此覆說上經下節易之神功也以旡思旡爲寂然不動感而遂通故不須急疾而事速成不須行動而理自至也案下節云唯深也言通天下之志唯幾也言成天下之務今唯神也直云不疾而速不行而至不言通天下者神則至理微妙不可測知旡象旡功於天下之事理絶名言不可論也故不云成天下之功也子曰易有聖人之道四焉者此之謂也者章首論聖人之道四焉章中歷陳其三事章末結而成之故曰聖人之道四焉是此之謂也章

首聖人之道有四者韓氏注云此四者存乎器象可得而用者則辭也變也象也占也是有形之物形器可知也若章中所陳則有三事一是至精精則唯深也二是至變變則中幾也三是至神神則微妙无形是其无也神既无形則章中三事不得配章首四事韓氏云四者存乎器象故知章中三事不得配章首四事者也但行此四者即能致章中三事故章中歷陳三事下揔以聖人之道四焉結之也

注此四者存乎器象可得而用也　正義曰辭是爻辭爻辭是器象也變是變化見其來去亦是器象也象是形象占是占其形狀並是有體之物有體則是物之可用故云可得而用者也　注夫非忘象至與於斯也　正義曰云夫非忘象者則无以制象者凡自有形象者不可以制他物之形象猶若海不能制山之形象山不能制海之形象遺忘已象者乃能制衆物之形象也非遺數者无以極數者若以數數物則不能極其物數猶若以萬而數則不能苞億以一億而數則不能苞千億萬億遺去數名者則无所不苞是非遺去其數无以極盡於數也言至精者无籌策而不可亂者以其心之至

精理在玄通无不記憶雖无籌策而不可亂也言至變者體一而无不周者言至極曉達變理者能體其淳一之理其變通无不周徧言雖萬類之變同歸於一變也斯蓋功用之母象數所由立者言至精至變至神三者是物之功用之母物之功用象之與數由此至精至變至神所由來故云象數所由立也言象之所以立有象者豈由象而來由太虛自然而有象也數之所以有數者豈由數而來由太虛自然而有數也是太虛之象太虛之數是其至精至變也由其至精故能制數由其至變故能制象若非至精至變至神則不得參與妙極之玄理也

天一地二至謂之神　正義曰此第十章也前章論易有聖人之道四焉以卜筮尚其占此章明卜筮蓍龜所用能通神知也天一地二至天九地十此言天地陰陽自然奇偶之數也子曰夫易何爲者言易之功用其體何爲是問其功用之意夫易開物成務冒天下之道如斯而已者此夫子還自釋易之體用之狀言易能開通萬物之志成就天下之務有覆冒天下之道斯此也易之體用如此而已是故聖人以通天下之志者言易道如此是故聖人

以其易道通達天下之志極其幽深也以定天下之業者以此易道
定天下之業由能研幾成務故定天下之業也以斷天下之疑者以
此易道決斷天下之疑用其蓍龜占卜定天下疑危也是故蓍之德
圓而神卦之德方以知者神以知來是來无方也知以藏往是往有
常也物既有常猶方之有止數无恒體猶圓之不窮故蓍之變通則
无窮神之象也卦列爻分有定體知之象也知可以識前言往行神
可以逆知將來之事故蓍以圓象神卦以方象知也六爻之義易以
貢者貢告也六爻有吉凶之義變易以告人也聖人以此洗心者聖
人以此易之卜筮洗蕩萬物之心萬物有疑則卜之是蕩其疑心行
善得吉行惡遇凶是盪盡其惡心也退藏於密者言易道進則盪除萬
物之心退則不知其所以然萬物日用而不知是功用藏於密也吉
凶與民同患者易道以示人吉凶民則亦憂患其吉凶是與民同其
所憂患也凶者民之所憂也上並言吉凶此獨言同患者凶雖民之
所患吉亦民之所患也既得其吉又患其失故老子云寵辱若驚也
神以知來知以藏往者此明蓍卦德同神知知來藏往也蓍定數於

始於卦爲來卦成象於終於蓍爲往以蓍望卦則是知卦象將來之事故言神以知來以卦望蓍則是聚於蓍象往去之事故言知以藏往也其孰能與此哉者言誰能同此也蓋是古之聰明叡知神武而不殺者夫易道深遠以吉凶禍福威服萬物故古之聰明叡知神武之君謂伏犧等用此易道能威服天下而不用刑殺而威服之也是以明於天之道者言聖人能明天道也而察於民之故者故事也易窮變化而察知民之事也是興神物以前民用者謂易道興起神理事物豫爲法象以示於人以前民之所用定吉凶於前民乃法之所用故云以前民用也聖人以此齊戒者聖人以易道自齊自戒謂照了吉凶齊戒其身洗心曰齊防患曰戒以神明其德夫者言聖人既以易道自齊戒又以易道神明其已之德化也是故闔戶謂之坤者聖人既用此易道以化天下此已下又廣明易道之大易從乾坤而來故更明乾坤也凡物先藏而後出故先言坤而後言乾闔戶謂閉藏萬物若室之閉闔其戶故云闔戶謂之坤也闢戶謂之乾者闢戶謂吐生萬物也若室之開闢其戶故云闢戶謂之乾也一闔一闢謂

之變者開閉相循陰陽遞至或陽變爲陰或開而更閉或陰變爲陽或閉而還開是謂之變也往來不窮謂之通者須往則變來爲往須來則變往爲來隨須改變不有窮已恒得通流是謂之通也見乃謂之象者前往來不窮據其氣也氣漸積聚露見萌兆乃謂之象言物體尚微也形乃謂之器者體質成形是謂器物故曰形乃謂之器言其著也制而用之謂之法者言聖人裁制其物而施用之垂爲模範故云謂之法利用出入民咸用之謂之神者言聖人以利而用或出或入使民咸用之是聖德微妙故云謂之神　注易以極數至天地之數也　正義曰易以極數通神明之德者謂易之爲道先由窮極其數乃以數通神明之德也故明易之道先舉天地之數者此章欲明神之德先由天地之數而成故云故明易之道先舉天地之數也　注圓者運至故曰方也　正義曰圓者運而不窮者謂團圓之物運轉无窮已猶阪上走圜也蓍亦運動不已故稱圓也言方者止而有分者方謂處所既有處所則是止而有分且物方者著地則安其卦既成更不移動亦是止而有分故卦稱方也　是故

易有至无不利也　正義曰此第十一章也前章既明蓍卦有神
明之用聖人則而象之成其神化此又明易道之大法於天地明象
日月能定天下之吉凶成天下之亹亹也是故易有太極是生兩儀
者太極謂天地未分之前元氣混而爲一即是太初太一也故老子
云道生一即此太極是也又謂混元既分即有天地故曰太極生兩
儀即老子云一生二也不言天地而言兩儀者指其物體下與四象
相對故曰兩儀謂兩體容儀也兩儀生四象者謂金木水火稟天地
而有故云兩儀生四象土則分王四季又地中之別故唯云四象也
四象生八卦者若謂震木離火兌金坎水各主一時又巽同震木乾
同兌金加以坤艮之土爲八卦也八卦定吉凶者八卦既立爻象變
而相推有吉有凶故八卦定吉凶也吉凶生大業者萬事各有吉凶
廣大悉備故能生天下大事業也是故法象莫大乎天地者言天地
最大也變通莫大乎四時者謂四時以變得通是變中最大也縣象
著明莫大乎日月者謂日月中時徧照天下无幽不燭故云著明莫
大乎日月也崇高莫大乎富貴者以王者居九五富貴之位力能齊

一天下之動而道濟萬物是崇高之極故云莫大乎富貴備物致用
立成器以爲天下利莫大乎聖人者謂備天下之物招致天下所用
建立成就天下之器以爲天下之利唯聖人能然故云莫大乎聖人
也探賾索隱鉤深致遠以定天下之吉凶成天下之亹亹者莫大乎
蓍龜者探謂闚探求取賾謂幽深難見卜筮則能闚探幽昧之理故
云探賾也索謂求索隱謂隱藏卜筮能求索隱藏之處故云索隱也
物在深處能鉤取之物在遠方能招致之卜筮能然故云鉤深致遠
也以此諸事正定天下之吉凶成就天下之亹亹者唯卜筮能然故
云莫善乎蓍龜也案釋詁云亹亹勉也言天下萬事悉動而好生皆
勉勉營爲此蓍龜知其好惡得失人則棄其惡而取其好背其失而
求其得是成天下之亹亹也是故天生神物聖人則之者謂天生蓍
龜聖人法則之以爲卜筮也天地變化聖人效之者行四時生殺賞
以春夏刑以秋冬是聖人效之天垂象見吉凶聖人象之者若璿璣
玉衡以齊七政是聖人象之也河出圖洛出書聖人則之者如鄭康
成之義則春秋緯云河以通乾出天苞洛以流坤吐地符河龍圖發

洛龜書感河圖有九篇洛書有六篇孔安國以爲河圖則八卦是也洛書則九疇是也輔嗣之義未知何從易有四象所以示者莊氏云四象謂六十四卦之中有實象有假象有義象有用象爲四象也今於釋卦之處已破之矣何氏以爲四象謂天生神物聖人則之一也天地變化聖人效之二也天垂象見吉凶聖人象之三也河出圖洛出書聖人則之四也今謂此等四事乃是聖人易外別有其功非專易內之物何得稱易有四象且又云易有四象所以示也繫辭焉所以告也然則象之與辭相對之物辭既爻卦之下辭則象謂爻卦之象也則上兩儀生四象七八九六之謂也故諸儒有爲七八九六今則從以爲義繫辭焉所以告者繫辭於象卦下所以告其得失也定之以吉凶所以斷者謂於繫辭之中定其行事吉凶所以斷其行事得失易曰自天祐之吉无不利者言人於此易之四象所以示繫辭所以告吉凶告所斷而行之行則鬼神无不祐助无所不利故引易之大有上九爻辭以證之子曰祐者助也者上既引易文下又釋其易理故云子曰祐者助也天之所助者順也人之所助者信也履信

思乎順者人之所助唯在於信此上九能履踐於信也天之所助唯在於順此上九恒思於順既有信思順又能尊尚賢人是以從天已下皆祐助之而得其吉无所不利也　子曰書不盡言至乎德行

正義曰此第十二章也此章言立象盡意繫辭盡言易之興廢存乎其人事也書不盡言言不盡意然則聖人之意其不可見乎者此一節夫子自發其問謂聖人之意難見也所以難見者書所以記言言有煩碎或楚夏不同有言无字雖欲書録不可盡竭於其言故云書不盡言也言不盡意者意有深邃委曲非言可寫是言不盡意也聖人之意意又深遠若言之不能盡聖人之意書之又不能盡聖人之言是聖人之意其不可見也故云然則聖人之意其不可見乎疑而問之故稱乎也子曰聖人立象以盡意已下至幾乎息矣此一節是夫子還自釋聖人之意有可見之理也聖人立象以盡意者雖言不盡意立象可以盡之也設卦以盡情僞者非唯立象以盡聖人之意又設卦以盡百姓之情僞也繫辭焉以盡其言者雖書不盡言繫辭可以盡其言也變而通之以盡利者變謂化而裁之通謂推而行之

故能盡物之利也鼓之舞之以盡神者此一句揔結立象盡意繫辭
盡言之美聖人立象以盡其意繫辭則盡其言可以說化百姓之心
百姓之心自然樂順若鼓舞然而天下從之非盡神其孰能與於此
故曰鼓之舞之以盡神也乾坤其易之緼邪者上明盡言盡意皆由
於易道此明易之所立本乎乾坤若乾坤不存則易道无由興起故
乾坤是易道之所緼積之根源也是與易爲川府奧藏故云乾坤其
易之緼邪乾坤成列而易立乎其中矣者夫易者陰陽變化之謂陰
陽變化立爻以效之皆從乾坤而來故乾生三男坤生三女而爲八
卦變而相重而有六十四卦三百八十四爻本之根源從乾坤而來
故乾坤既成列位而易道變化建立乎乾坤之中矣乾坤毀則无以
見易者易既從乾坤而來乾坤若缺毀則易道損壞故云无以見易
也易不可見則乾坤或幾乎息矣若易道毀壞不可見其變化之理
則乾坤亦壞或其近乎止息矣幾近也猶若樹之枝幹生乎根株[illegible]
株毀則枝條不茂若枝幹已枯死其根株雖未全死僅有微生將
不久根株譬乾坤也易譬枝幹也故云易不可見則乾坤或幾乎息

矣是故形而上者謂之道形而下者謂之器者道是无體之名形是有質之稱凡有從无而生形由道而立是先道而後形是道在形之上形在道之下故自形外已上者謂之道也自形内而下者謂之器也形雖處道器兩畔之際形在器不在道也既有形質可爲器用故云形而下者謂之器也化而裁之謂之變者陰陽變化而相裁節之謂之變也是得以理之變也猶若陽氣之化不可久長而裁節之以陰雨也是得理之變也陰陽之化自然相裁聖人亦法此而裁節也推而行之謂之通者因推此以可變而施行之謂之通也猶若亢陽之後變爲陰雨因陰雨而行之物得開通聖人亦當然也舉而錯之天下之民謂之事業者謂舉此理以爲變化而錯置於天下之民凡民得以營爲事業故云謂之事業也此乃自然以變化錯置於民也聖人亦當法此錯置變化於萬民使成其事業也凡繫辭之說皆說易道以爲聖人德化欲使聖人法易道以化成天下是故易與聖人恒相將也以作易者本爲立教故也非是空說易道不關人事也是故夫象聖人有以見天下之賾至是故謂之爻者於第六章已具其

文今於此更復言者何也爲下云極天下之賾存乎卦鼓天下之動存乎辭爲此故更引其文也且已下又云存乎變存乎通存乎其人廣陳所存之事所以須重論也極天下之賾存乎卦者言窮極天下深賾之處存乎卦言觀卦以知賾也鼓天下之動存乎辭者鼓謂發揚天下之動動有得失存乎爻卦之辭謂觀辭以知得失也化而裁之存乎變者謂覆說上文化而裁之謂之變也推而行之存乎通者覆說上文推而行之謂之通也神而明之存乎其人者言人能神此易道而顯明之者存在於其人若其人聖則能神而明之若其人愚則不能神而明之故存於其人不在易象也默而成之不言而信存乎德行者若能順理足於内默然而成就之闇與理會不須言而自信也存乎德行者若有德行則得默而成就之不言而信也若无德行則不能然此言德行據賢人之德行也前經神而明之存乎其人謂聖人也

周易正義卷第十二

計一萬三百五十二字

周易正義卷第十三

國子祭酒上護軍曲阜縣開國子臣孔穎達奉
勑撰

周易繫辭下第八　正義曰此篇章數諸儒不同劉瓛爲十二章以對上繫十二章也周氏莊氏並爲九章今從九章爲說也第一起八卦成列至非曰義第二起古者包犧至蓋取諸夬第三起易者象也至德之盛第四起困于石至勿恒凶第五起乾坤其易之門至失得之報第六起易之興至巽以行權第七起易之爲書至思過半矣第八起二與四至謂易之道第九起夫乾天下至其辭屈八卦成列至非曰義　正義曰此第一章覆釋上繫第二章象爻剛柔吉凶悔吝之事更具而詳之八卦成列象在其中矣者言八卦各成列位萬物之象在其八卦之中也因而重之爻在其中矣者謂因此八卦之象而更重之萬物之爻在其所重之中矣然象亦有爻爻亦有象所以象獨在卦爻獨在重者卦則爻少而象多重則爻多而象少故在卦舉象在重論爻也剛柔相推變在其中矣者則上繫第二章云

剛柔相推而生變化是變化之道在剛柔相推之中剛柔即陰陽也論其氣即謂之陰陽語其體即謂之剛柔也繫辭焉而命之動在其中矣者謂繫辭於爻卦之下而呼命其卦爻得失吉凶則適時變動好惡故在其繫辭之中也吉凶悔吝者生乎動者也上既云動在繫辭之中動則有吉凶悔吝所以悔吝生在乎所動之中也剛柔者立本者也言剛柔之象立在其卦之根本者也言卦之根本皆由剛柔陰陽而來變通者趣時者也其剛柔之氣所以改變會通趣向於所也若乾之初九趣向勿用之時乾之上九趣向亢極之時是諸爻之變皆臻趣於時也其剛柔立本者若剛定體爲乾若柔定體爲坤陽卦兩陰而一陽陰卦兩陽而一陰是立其卦本而不易也則上八卦成列象在其中矣是也卦既與爻爲本又是揔主其時故略例云卦者時也變通者趣時者也則上因而重之爻在其中矣是也卦既揔主一時爻則就一時之中各趣其所宜之時故略例云爻者趣時者也吉凶者貞勝者也貞正也言吉之與凶皆由所動不能守一而生吉凶唯守一貞正而能克勝此吉凶謂但能貞正則免此吉凶之累

三九八

也天地之道貞觀者也謂天覆地載之道以貞正得一故其功可爲物之所觀也日月之道貞明者也言日月照臨之道以貞正得一而爲明也若天覆地載不以貞正而有二心則天不能普覆地不能兼載則不可以觀由貞乃得觀見也日月照臨若不以貞正有二之心則照不普及不爲明也故以貞而爲明也天下之動貞夫一者也言天地日月之外天下萬事之動皆正乎純一也若得於純一則所動遂其性若失於純一則所動乖其理是天下之動得正在一也夫乾確然示人易矣者此明天之得一之道剛質確然示人以和易由其得一无爲物由以生是示人易也夫坤隤然示人簡矣者此明地之得一以其得一故坤隤然而柔自然无爲以成萬物是示人簡矣若乾不得一或有隤然則不能示人易矣若坤不隤然或有確然則不能示人簡矣爻也者效此者也此釋爻之名也言爻者効此物之變動也象也者像此者也言象此物之形狀也爻象動乎內者言爻之與象發動於卦之內也吉凶見乎外者其爻象吉凶見於卦外在事物之上也功業見乎變者言功勞事業由變乃興故功業見於變也

聖人之情見乎辭者辭則言其聖人所用之情故觀其辭而知其情也是聖人之情見乎爻象之辭也若乾之初九其辭云潛龍勿用則聖人勿用之情見於初九爻辭也他皆倣此天地之大德曰生者自此巳下欲明聖人同天地之德廣生萬物之意也言天地之盛德在乎常生故言曰生若不常生則德之不大以其常生萬物故云大德也聖人之大寶曰位者言聖人大可寶愛者在於位耳位是有用之地寶是有用之物若以居盛位能廣用无疆故稱大寶也何以守位曰仁者言聖人何以保守其位必須仁愛故言曰仁也何以聚人曰財者言何以聚集人衆必須財物故言曰財也理財正辭禁民爲非曰義者言聖人治理其財用之有節正定號令之辭出之以理禁約其民爲非僻之事勿使行惡是謂之義義宜也言以此行之而得其宜也

注夫八卦至其中矣　正義曰夫八卦備天下理者前注云備天下之象據其體此云備天下之理據其用也言八卦大略有八以備天下大象大理大者旣備則小者亦備矣直是不變之備未是變之備也故云未極其變故因而重之以象其動用也云則爻卦之義所

存各異者謂爻之所存存乎已變之義因而重之爻在其中是也卦
之所存存於未變之義八卦成列象在其中是也
注剛柔至例詳矣　正義曰云立卦之義則見於彖象者彖象謂
卦下之辭説其卦之義也適時之功則存於爻辭者卦者時也六爻
在一卦之中各以適當時之所宜以立功也欲知適時之功用觀於
爻辭也云王氏之例詳矣者案略例論彖云彖者何也統論一卦之
體明其所由之主者也夫衆不能治衆治衆者至寡者也論卦體皆
以一爲主是卦之大略也又論爻云爻者何也言乎其變者也變者
何也情僞之所爲也夫情僞之動非數之所求也故合散屈伸與體
相乖形躁好靜質柔愛剛體與情反質與願違是故情僞相感遠近
相追愛惡相攻屈伸相推見情者獲直往則違此是爻之大略也其
義既廣不能備載是王氏之例詳矣
注貞者正也至執一御也　正義曰貞者正也一也者言貞之爲
訓訓正訓一正者體无傾邪一者情无差二寂然无慮任運而行者
也凡吉凶者由動而來若守貞靜寂何吉何凶之有是貞正能勝其

吉凶也云夫有動則未能免乎累者寂然不動則无所可累若動有
營求則恥累將來故云動則未免於累也云殉吉則未離乎凶者殉
求也若不求其吉无慮无思凶禍何因而至由其求吉有所貪欲則
凶亦將來故云殉吉未離乎凶也云盡會通之變而不累於吉凶者
其唯貞者乎言若能窮盡萬物會通改變之理而不繫累於吉凶之
事者唯貞一者乃能然也猶若少必有老老必有死能知此理是盡
會通之變既知老必將死是運之自然何須憂累於死是不累乎吉
凶唯守貞一任其自然故云其唯貞者乎云老子曰王侯得一以爲
天下貞者王侯若不得一二三其德則不能治正天下若得純粹无
二无邪則能爲天下貞也謂可以貞正天下也云萬變雖殊可以執
一御也者猶若寒變爲暑暑變爲寒少變爲壯壯變爲老老變爲死
禍變爲福盛變爲衰變改不同是萬變殊也其變雖異皆自然而有
若能知其自然不造不爲无喜无感而乘御於此是可以執一御也
古者包犧至取諸夬　正義曰此第二章明聖人法自然之理而
作易象易以制器而利天下此一章其義既廣今各隨文釋之自此

至取諸離此一節明包犧法天地造作八卦法離卦而爲罔罟也云
仰則觀象於天俯則觀法於地者言取象大也觀鳥獸之文與地之
宜者言取象細也大之與細則无所不包也地之宜者若周禮五土
動物植物各有所宜是也近取諸身者若耳目鼻口之屬是也遠取
諸物者若雷風山澤之類是也舉遠近則萬事在其中矣於是始作
八卦以通神明之德者言萬事云爲皆是神明之德若不作八卦此
神明之德閉塞幽隱既作八卦則而象之是通達神明之德也以類
萬物之情者若不作易物情難知今作八卦以類象萬物之情皆可
見也作結繩而爲罔罟以佃以漁者用此罟罔或陸畋以羅鳥獸或
水澤以罔魚鼈也蓋取諸離者離麗也麗謂附著也言罔罟之用必
審知鳥獸魚鼈所附著之處故稱離卦之名爲罔罟也案諸儒象卦
制器皆取卦之爻象之體今韓氏之意直取卦名因以制器案上繫
云以制器者尚其象則取象不取名也韓氏乃取名不取象於義未
善矣今既遵韓氏之學且依此釋之　包犧氏至取諸噬嗑此一
節明神農取卦造器之義一者制耒耜取於益卦以利益民也二者

日中爲市聚合天下之貨設法以合物取於噬嗑象物噬齧乃得通也包犧者案帝王世紀云大皞帝包犧氏風姓也母曰華胥燧人之世有大人跡出於雷澤華胥履之而生包犧長於成紀蛇身人首有聖德取犧牲以充包廚故號曰包犧氏後世音謬故或謂之伏犧或謂之虙犧一號皇雄氏在位一百一十年包犧氏沒女媧氏代立爲女皇亦風姓也女媧氏沒次有大庭氏柏皇氏中央氏栗陸氏驪連氏赫胥氏尊盧氏混沌氏皞英氏有巢氏朱襄氏葛天氏陰康氏无懷氏凡十五世皆習包犧氏之號也神農者案帝王世紀云炎帝神農氏姜姓也母曰任己有蟜氏女名曰女登爲少典正妃游華山之陽有神龍首感女登於尚羊生炎帝人身牛首長於姜水有聖德繼无懷之後本起烈山或稱烈山氏在位一百二十年而崩納奔水氏女曰聽談生帝臨魁次帝承次帝明次帝直次帝釐次帝哀次帝榆罔凡八代及軒轅氏

神農氏沒至吉无不利此一節明神農氏沒後乃至黄帝堯舜通其易之變理於是廣制器物此節與下制器物爲引緒之勢爲下起文黄帝堯舜氏作者案世紀云黄帝有熊氏

少典之子姒姓也母曰附寶其先即炎帝母家有蟜氏之女附寶見大電光繞北斗樞星照於郊野感附寶孕二十四月而生黃帝於壽丘長於姬水龍顏有聖德戰蚩尤于涿鹿擒之在位一百年崩子青陽代立是爲少皞少皞帝名摯字青陽姬姓也母曰女節黃帝時大星如虹下臨華渚女節夢接意感生少皞在位八十四年而崩顓頊高陽氏黃帝之孫昌意之子母曰昌僕蜀山氏之女爲昌意正妃謂之女樞瑶光之星貫月如虹感女樞於幽房之宫生顓頊於弱水在位七十八年而崩少皞之孫蟜極之子代立是爲帝嚳帝嚳高辛氏姬姓也其母不見生而神異自言其名在位七十年而崩子帝摯立在位九年摯立不肖而崩弟放勛代立是爲帝堯帝堯陶唐氏伊祁姓母曰慶都生而神異常有黃雲覆其上爲帝嚳妃出以觀河遇赤龍晻然陰風而感慶都孕十四月而生堯於丹陵即位九十八年而崩帝舜代立帝舜姚姓其先出自顓頊顓頊生窮蟬窮蟬生敬康敬康生句芒句芒生蟜牛蟜牛生瞽瞍瞍之妻握登見大虹意感而生舜於姚墟故姓姚氏此歷序三皇之後至堯舜之前所爲君也此既

云黄帝即云尧舜者略舉五帝之終始則少皞顓頊帝嚳在其閒也通其變使民不倦者事久不變則民倦而窮今黄帝尧舜之等以其事久或窮故開通其變量時制器使民用之日新不有懈倦也神而化之使民宜之者言所以通其變者欲使神理微妙而變化之使民各得其宜若黄帝已上衣鳥獸之皮其後人多獸少事或窮乏故以絲麻布帛而制衣裳是神而變化使民得宜也易窮則變變則通通則久者此覆説上文通其變之事所以通其變者言易道若窮則須隨時改變所以須變者變則開通得久長故云通則久也是以自天祐之吉无不利者此明若能變通則无所不利故引易文證結變通之善上繫引此文者證明人事之信順此乃明易道之變通俱得天之祐故各引其文也

黄帝尧舜至取諸乾坤自此已下凡有九事皆黄帝尧舜取易卦以制象此於九事之第一也何以連云尧舜者謂此九事黄帝制其初尧舜成其末事相連接共有九事之功故連云黄帝尧舜也案皇甫謐帝王世紀載此九事皆爲黄帝之功若如所論則尧舜无事易繫

何須連云堯舜則皇甫之言未可用也垂衣裳者以前衣皮其制短小今衣絲麻布帛所作衣裳其制長大故云垂衣裳也取諸乾坤者衣裳辯貴賤乾坤則上下殊體故云取諸乾坤也　刳木爲舟至取諸渙此九事之第二也舟必用大木刳鑿其中故云刳木也剡木爲楫者楫必須纖長理當剡削故曰剡木也取諸渙者渙散也渙卦之義取乘理以散動也舟楫亦乘水以載運故取諸渙也　服牛乘馬至取諸隨此九事之第三也隨者謂隨時之所宜也今服用其牛乘駕其馬服牛以引重乘馬以致遠是以人之所用各得其宜故取諸隨也　重門擊柝至取諸豫此九事之第四也豫者取其豫有防備韓氏以此九事皆以卦名而爲義者特以此豫文取備豫之義其事相合故其餘八事皆以卦名解義量爲此也　斷木爲杵至取諸小過此九事之第五也杵須短木故斷木爲杵臼須鑿地故掘地爲臼取諸小過以小事之用過而濟物杵臼亦小事過越而用以利民故取諸小過也　弦木爲弧至取諸睽此九事之第六也案爾雅弧木弓也故云弦木爲弧取諸睽者睽謂乖離弧矢所以服

此乖離之人故取諸睽也案弧矢杵臼服牛乘馬舟楫皆云之利此皆器物益人故稱利也　重門擊柝非如舟楫杵臼故不云利也變稱以禦暴客是亦利也垂衣裳不言利者此亦隨便立稱故云天下治治亦利也此皆義便而言不可以一例取也　上古穴居而野處至取諸大壯此九事之第七也已前不云上古已下三事或言上古或言古與上不同者已前未造此器之前更无餘物之用非是後物以替前物故不云上古也此已下三事皆是未造此物之前已更別有所用今將後用而代前用欲明前用所有故本之云上古及古者案未有衣裳之前則衣鳥獸之皮亦是已前有用不云上古者雖云古者衣皮必不專衣皮也或衣草衣木事无定體故不得稱上古衣皮也若此穴居野處及結繩以治唯專一事故可稱上古由後物代之也取諸大壯者以造制宮室壯大於穴居野處故取大壯之名也　古之葬者至取諸大過此九事之第八也不云上古直云古之葬者若極遠者則云上古其次遠者則直云古則厚衣之以薪葬之中野猶在穴居結繩之後故直云古也不封不樹者不積土爲

墳是不封也不種樹以摽其處是不樹也喪期无數者哀除則止无日月限數也後世聖人易之以棺椁者若禮記云有虞氏瓦棺未必用木爲棺也則禮記又云殷人之棺椁以前云椁无文也取諸大過者送終追遠欲其甚大過厚故取諸大過也案書稱堯崩百姓如喪考妣三載四海遏密八音則喪期无數在堯已前而棺椁自殷已後則夏已前棺椁未具也所以其文參差前後不齊者但此文舉大略明前後相代之義不必確在一時故九事上從黃帝下稱堯舜連延不絕更相增脩也　上古結繩而治至取諸夬此明九事之終也夬者決也造立書契所以決斷萬事故取諸夬也結繩者鄭康成注云事大大結其繩事小小結其繩義或然也

是故易者象也至德之盛也　正義曰此第三章明陰陽二卦之體及日月相推而成歲聖人用之安身崇德德之盛也是故易者象也者但前章皆取象以制器以是之故易卦者寫萬物之形象故易者象也象也者像也者謂卦爲萬物象者法像萬物猶若乾卦之象法像於天也彖者材也者謂卦下彖辭者論此卦之材德也爻也者效天

下之動者謂每卦六爻皆倣效天下之物而發動也吉凶生而悔吝
著者動有得失故吉凶生也動有細小疵病故悔吝著也陽卦多陰
陰卦多陽其故何者此夫子將釋陰陽二卦不同之意故先發其問
云其故何也陽卦多陰謂震坎艮一陽而二陰也陰卦多陽謂巽離
兌一陰而二陽也陽卦奇陰卦耦者陽卦則以奇爲君故一陽而二
陰陽爲君陰爲臣也陰卦則以耦爲君故二陽而一陰陰爲君陽爲
臣也故注云陽卦二陰故奇爲之君陰卦二陽故耦爲之主其德行
何者前釋陰陽之體未知陰陽德行之故故夫子將釋德行先自問
之故云其德行何也陽一君而二民君子之道者夫君以无爲統衆
无爲者爲每事因循委任臣下不司其事故稱一也臣則有事代終
各司其職有職則有對故稱二也今陽爻以一爲君以二爲民得其
尊卑相正之道故爲君子之道者也陰二君而一民小人之道者陰
卦則以二爲君是失其正以一爲臣乖反於理上下失序故稱小人
之道也易曰憧憧往來朋從爾思者此明不能无心感物使物來應
乃憧憧然役用思慮或來或往然後朋從爾之所思若能虛寂以純

一感物則不須憧憧往來朋自歸也此一之爲道得爲可尚結成前文陽卦以一爲君是君子之道也注云天下之動必歸乎一思以求朋未能一也一以感物不思而至矣子曰天下何思何慮者言得一之道心既靜寂何假思慮也天下同歸而殊塗者言天下萬事終則同歸於一但初時殊異其塗路也一致而百慮者所致雖一慮必有百言慮雖百種必歸於一致也塗雖殊異亦同歸於至真也言多則不如少動則不如寂則天下之事何須思也何須慮也日往則月來至相推而歲成者此言不須思慮任運往來自然明生自然歲成也往者屈也來者信也者此覆明上日往則月來寒往則暑來自然相感而生利之事也往是去藏故爲屈也來是施用故爲信也一屈一信遞相感動而利生則上云明生歲成是利生也尺蠖之屈以求信者覆明上往來相感屈信相須尺蠖之蟲初行必屈者欲求在後之信也言信必須屈屈以求信是相須也龍蛇之蟄以存身者言靜以求動也蛟蛇初蟄是靜也以此存身是後動也言動必因靜也靜而得動亦動靜相須也精義入神以致用者亦言先靜而後動此言人

[illegible]之用言聖人用精粹微妙之義入於神化寂然不動乃能致其所
用精義入神是先静也以致用是後動也是動因静而來利用安身
以崇德者此亦言人事也言欲利己之用先須安静其身不須役其
思慮可以增崇其德言利用安身是静也言崇德是動也此亦先静
而後動動亦由静而來也過此以往未之或知也者言精義入神以
致用利用安身以崇德此二者皆人理之極過此二者以往則微妙
不可知故云未之或知也窮神知化德之盛者此言過此二者以往
之事若能過此以往則窮極微妙之神曉知變化之道乃是聖人德
之盛極也

注陽君道至小人之道也　正義曰陽君道者陽是虚无爲體純
一不二君德亦然故云陽君道也陰臣道者陰是形器各有質分不
能純一臣職亦然故云陰臣道也案經云民而注云臣者臣則民也
經中對君故稱民注意解陰故稱臣也

注利用之道至愈彰矣　正義曰云利用之道皆安其身而後動
者言欲利益所用先須自安其身身既得安然後舉動德乃尊崇若

不先安身身有患害何能利益所用以崇德也云精義由於入神以致
其用者言精粹微妙之義由入神寂然不動乃能致其用云利用由於
安身以崇德者言欲利益所用先須自安其身乃可以增崇其德也
易曰困于石至勿恒凶　正義曰此第四章凡有九節以上章先
利用安身可以崇德若身自危辱何崇德之有故此章第一節引困
之六三危辱之事以證之也困之六三履非其位欲上干於四四自
應初不納於己是困於九四之石也三又乘二二是剛陽非己所乘
是下向據於九二之蒺蔾也六三又无應是入其宫不見其妻死期
將至所以凶也子曰非所困而困焉者夫子既引易文又釋其義故
云子曰非所困謂九四若六三不往犯之非六三之所困而六三彊
往干之而取困焉名必辱者以向上而進取故以聲名言之云名必
辱也非所據而據焉者謂九二也若六三能卑下九二則九二不爲
其害是非所據也今六三彊往陵之是非所據而據焉身必危者下
向安身之處故以身言之云身必危也　易曰公用射隼于高墉
至語成器而動者也以前章先須安身可以崇德故此第二節論明

先藏器於身待時而動而有利也故引解之上六以證之三不應上以陰居陽此上六處解之極欲除其悖亂而去其三也故公用射此六三之隼於下體高墉之上云自上攻下合於順道故獲之无不利也子曰隼者禽也者既引易文於上下以解之故言子曰也君子藏器於身待時而動何不利者猶若射人持弓矢於身此君子若包藏其器於身待時而動何不利之有似此射隼之人也動而不括者言射隼之人既持弓矢待隼可射之動而射之則不括結而有礙也猶若君子藏善道於身待可動之時而興動亦不滯礙而括結也語成器而後動者謂易之所説此者語論有見成之器而後興動也

子曰小人不耻不仁至滅趾无咎者此章第三節也明小人之道不能恒善若因懲誡而得福也此亦證前章安身之事故引易噬嗑初九以證之以初九居无位之地是受刑者以處卦初其過未深故屨校滅趾而无咎也　善不積不足以成名至何校滅耳凶者此章第四節也明惡人爲惡之極以致凶也此結成前章不能安身之事故引噬嗑上九之義以證之上九處斷獄之終是罪之深極者故荷

何校滅耳之凶案第一第二節皆先引易文於上其後乃釋之此第
三已下皆先豫張卦義於上然後引易於下以結之體例不同者蓋
夫子隨義而言不爲例也　子曰危者安其位者也至繫于苞桑
此第五節以上章有安身之事故此節恒須謹慎可以安身故引否
之九五以證之危者安其位者也言所以今有傾危者由往前安樂
於其位自以爲安不有畏慎故致今日危也亡者保其存者所以今
[illegible]滅亡者由往前保有其存恒以爲存不有憂懼故今致滅亡也亂
者有其治者所以今有禍亂者由往前自恃有其治理也謂恒以爲
治不有憂慮故令致禍亂也是故君子今雖獲安心恒不忘傾危之
[illegible]國[illegible]　心恒不忘滅亡之事政之雖治心恒不忘禍亂之事其
亡其亡繫于苞桑者言心恒畏慎其將滅亡其將滅亡乃繫于苞桑
之固也　子曰德薄而位尊至不勝其任此第六節言不能安其
身知小謀大而遇禍也故引易鼎卦九四以證之鼎折足覆公餗其
形渥凶者處上體之下而又應初既承且施非已所堪故有折足之
凶既覆敗其美道災及其形以致渥凶也言不勝其任者此夫子之

言引易後以此結之其文少故不云子曰也　　子曰知幾其神乎
至萬夫之望者此第七節前章云精義入神故此章明知幾入神之
事故引豫之六二以證之云易曰介于石不終日貞吉知幾其神乎
者神道微妙寂然不測人若能豫知事之幾微則能與其神道合會
也君子上交不諂下交不瀆者上謂道也下謂器也若聖人知幾窮
理冥於道絶於器故能上交不諂下交不瀆若於道不冥而有求焉
未能離於諂也於器不絶而有交焉未能免於瀆也能无諂瀆知幾
窮理者乎幾者動之微吉之先見者此釋幾之義也幾微也是已動
之微動謂心動事動初動之時其理未著唯纖微而已若其已著之
後則心事顯露不得爲幾若未動之前又寂然頓无兼亦不得稱幾
也幾是離无入有在有无之際故云動之微也若事著之後乃成爲
吉此幾在吉之先豫前已見故云吉之先見者也此直云吉不云凶
者凡豫前知幾皆向吉而背凶違凶而就吉无復有凶故特云吉也
諸本或有凶字者其定本則无也君子見幾而作不俟終日者言君
子既見事之幾微則須動作而應之不得待終其日言赴幾之速也

易曰介于石不終日貞吉者此豫之六二辭也得位居中故守介如
石見幾則動不待終其一日也介如石焉寧用終日斷可識矣者此
夫子解釋此爻之辭既守志耿介如石不動纔見幾微即知禍福何
用終竟其日當時則斷可識矣君子知微知彰者初見事幾是知其
微既見其幾逆知事之禍福是知其彰著也知柔知剛者剛柔是變
化之道既知初時之柔則逆知在後之剛言凡物之體從柔以至剛
凡事之理從微以至彰知幾之人既知其始又知其末是合於神道
故爲萬夫所瞻望也萬夫舉大略而言若知幾合神則爲天下之主
何直只云萬夫而已此知幾其神乎者也子曰顏氏之子至元吉者
此第八節上節明其知幾是聖人之德此節論賢人唯庶於幾雖未
能知幾故引顏氏之子以明之也其殆庶幾乎者言聖人知幾顏子
亞聖未能知幾但殆近庶慕而已故云其殆庶幾乎又以殆爲辭有
不善未嘗不知者若知幾之人本无不善以顏子未能知幾故有不
善不近於幾之人既有不善不能自知於惡此顏子以其近幾若有
不善未嘗不自知也知之未嘗復行者以顏子近幾既知不善之事

見過則改未嘗復更行之但顔子於幾理闇昧故有不善之事於形器顯著乃自覺悟所有不善未嘗復行以去幾既近尋能改悔故引復卦初九以明之也以復卦初九既在卦初則能復於陽道是速而不遠則能復也所以无大悔而有元吉也　天地絪緼至勿恒凶

此第九節也以前章利用安身以崇德也安身之道在於得一若己能得一則可以安身故此節明得一之事也天地絪緼萬物化醇者絪緼相附著之義言天地无心自然得一唯二氣絪緼共相和會萬物感之變化而精醇也天地若有心爲二則不能使萬物化醇也男女構精萬物化生者構合也言男女陰陽相感任其自然得一之性故合其精則萬物化生也若男女无自然之性而各懷差二則萬物不化生也易曰三人行則損一人一人行則得其友者此損卦六三辭也言六三若更與二人同往承上則上所不納是三人俱行并六三不相納是則損一人也若六三獨行則上所容受故云一人行則得其友此言衆不如寡三不及一也言致一也者此夫子釋此爻之意謂此爻所論致其醇一也故一人獨行乃得其友也子曰君子安

其身而後動者此明致一之道致一者在身之謂若己之爲得則萬事得若己之爲失則萬事失也欲行於天下先在其身之一故先須安靜其身而後動和易其心而後語先以心選定其交而後求若其不然則傷之者至矣易曰莫益之或擊之立心勿恒凶者此益之上九爻辭在无位高亢獨唱无和是莫益之也衆怒難犯是或擊之也勿无也由己建立其心无能有恒故凶危也易之此言若虚己存誠則衆之所與躁以有求則物之所不與也

子曰乾坤其易至失得之報　正義曰此第五章也前章明安身崇德之道在於知幾得一也此明易之體用辭理遠大可以濟民之行以明失得之報也子曰乾坤其易之門邪者易之變化從乾坤而起猶人之興動從門而出故乾坤是易之門邪乾陽物也坤陰物也陰陽合德而剛柔有體者若陰陽不合則剛柔之體无從而生以陰陽相合乃生萬物或剛或柔各有其體陽多爲剛陰多爲柔也以體天地之撰者撰數也天地之内萬物之象非剛則柔或以剛柔體象天地之數也以通神明之德者萬物變化或生或成是神明之德易

則象其變化之理是其易以能通達神明之德也其稱名也雜而不越者易之其稱萬物之名萬事論說故辭理雜碎各有倫敘而不相乖越易之爻辭多載細小之物若見豕負塗之屬是雜碎也辭雖雜碎各依爻卦所宜而言之是不相踰越也於稽其類其衰世之意邪者稽考也類謂事類然考校易辭事類多有悔吝憂虞故云衰亂之世所陳情意也若盛德之時物皆遂性人悉懽娛无累於吉凶不憂於禍害今易所論則有亢龍有悔或稱龍戰于野或稱箕子明夷或稱不如西鄰之禴祭此皆論戰爭盛衰之理故云衰意也凡云邪者是疑而不定之辭也夫易彰往而察來者往事必載是彰往也來事豫占是察來也而微顯闡幽者闡明也謂微而之顯幽而闡明也言易之所說論其初微之事以至其終末顯著也論其初時幽闇以至終末闡明也皆從微以至顯從幽以至明觀其易辭是微而幽闇也演其義理則顯見著明也以體言之則云微顯也以理言之則云闡幽其義一也但以體以理故別言之開而當名者謂開釋爻卦之義使各當所象之名若乾卦當龍坤卦當馬也辨物正言者謂辨天下之

物各以類正定言之若辨健物正言其龍若辨順物正言其馬是辨物正言也斷辭則備矣者言開而當名及辨物正言凡此二事決斷於爻卦之辭則備具矣其稱名也小者言易辭所稱物名多細小若見豕負塗噬腊肉之屬是其辭碎小也其取類也大者言雖是小物而比喻大事是所取義類而廣大也其旨遠者近道此事遠明彼事是其旨意深遠若龍戰于野近言龍戰乃遠明陰陽鬬爭聖人變革是其旨遠也其辭文者不直言所論之事乃以義理明之是其辭文飾也若黃裳元吉不直言得中居職乃云黃裳是其辭文也其言曲而中者變化无恒不可爲體例其言隨物屈曲而各中其理也其事肆而隱者其易之所載之事其辭放肆顯露而所論義理深而幽隱也因貳以濟民行者貳二也謂吉凶二理言易因自然吉凶二理以濟民之行也欲令取吉而避凶行善而不行惡也以明失得之報者言易明人行失之與得所報應也失則報之以凶得則報之以吉是明失得之報也

易之興也至巽以行權　正義曰此第六章明所以作易爲其憂

患故作易既有憂患須脩德以避患故明九卦爲德之所用也其於
中古乎者謂易之爻卦之辭起於中古若易之爻卦之象則在上古
伏犧之時但其時理尚質素聖道凝寂直觀其象足以垂教矣但中
古之時事漸澆浮非象可以爲教又須繫以文辭示其變動吉凶故
爻卦之辭起於中古則連山起於神農歸藏起於黄帝周易起於文
王及周公也此之所論謂周易也作易者其有憂患乎者若无憂患
何思何慮不須營作今既作易故知有憂患也身既患憂須垂法以
示於後以防憂患之事故繫之以文辭明其失得與吉凶也其作易
憂患已於初卷詳之也是故履德之基者以爲憂患行德爲本也六
十四卦悉爲脩德防患之事但於此九卦最是脩德之甚故特擧以
言焉以防憂患之事故履卦爲德之初基欲爲德之時先須履踐其
禮敬事於上故履爲德之初基也謙德之柄也者言爲德之時以謙
爲用若行德不用謙則德不施用是謙爲德之柄猶斧刃以柯柄爲
用也復德之本者言爲德之時先從静默而來復是静默故爲德之
根本也恒德之固者言爲德之時恒能執守始終不變則德之堅固

故爲德之固也損德之脩者行德之時恒自降損則其德自益而增新故云損德之脩也謙者論其退下於人損者能自減損於己故謙損別言也益德之裕者裕寬大也能以利益於物則德更寬大也困德之辨者若遭困之時守操不移德乃可分辨也井德之地者改邑不改井井是所居之常處能守處不移是德之地也言德亦不移動也巽德之制者巽申明號令以示法制故能與德爲制度也自此已上明九卦各與德爲用也履和而至者自此已下明九卦之德也言履卦與物和諧而守其能至故可履踐也謙尊而光者以能謙卑故其德益尊而光明也復小而辨於物者言復卦於初細微小之時即能辨於物之吉凶不遠速復也恒雜而不厭者言恒卦雖與物雜碎並居而常執守其操不被物之厭薄也損先難而後易者先自減損是先難也後乃無患是後易也益長裕而不設者益是增益於物能長養寬裕於物皆因物性自然而長養不空虛妄設其法而无益也困窮而通者言困卦於困窮之時而能守節使道通行而不屈也井居其所而遷者言井卦居得其所恒住不移而能遷其潤澤施惠於

外也巽稱而隱者言巽稱揚號令而不自彰伐而幽隱也自此已上辨九卦性德也履以和行者自此已下論九卦各有施用而有利益也言履者以禮敬事於人是調和性行也謙以制禮者性能謙順可以裁制於禮復以自知者既能反復求身則自知得失也恒以一德者恒能終始不移是純一其德也損以遠害者自降損脩身无物害己故遠害也益以興利者既能益物物亦益己故興利也困以寡怨者遇困守節不移不怨天不尤人是无怨於物故寡怨也井以辨義者井能施而无私則是義之方所故辨明於義也巽以行權者巽順也既能順時合宜故可以行權也若不順時制變不可以行權也

易之爲書至思過半矣　正義曰此第七章明易書體用也不可遠者言易書之體皆倣法陰陽擬議而動不可遠離陰陽物象而妄爲也其爲道也屢遷者屢數也言易之爲道皆法象陰陽數數遷改若乾之初九則潛龍九二則見龍是屢遷也變動不居者言陰陽六爻更互變動不恒居一體也若一陽生爲復二陽生爲臨之屬是也周流六虚者言陰陽周徧流動在六位之虚六位言虚者位本无體

因爻始見故稱虚也上下无常者初居一位又居二位是上无常定
也既窮上位之極又下來居於初是上下无常定也若九月剥卦一
陽上極也十一月一陽下來歸初也剛柔相易不可爲典要者言陰
陽六爻兩相交易或以陰易陽或以陽易陰或在初位相易或在二
位相易六位錯綜上下所易皆不同是不可爲典常要會也唯變所
適者言剛柔相易之時既无定準唯隨應變之時所之適也其出入
以度者出入猶行藏也言行藏各有其度不可違失於時故韓氏云
豐以幽隱致凶明夷以處昧利貞是出入有度也外内使知懼者外
内猶隱顯言欲隱顯之人使知畏懼於易也若不應隱而隱不應顯
而顯必有凶咎使知畏懼凶咎而不爲也又明於憂患與故者故事
故也非但使人隱顯知懼又使人明曉於憂患并與萬事也无有師
保如臨父母者言使人畏懼此易歸行善道不須有師保教訓恒常
恭敬如父母臨之故云如臨父母也初率其辭而揆其方者率循也
揆度也方義也言人君若能初始依循其易之文辭而揆度其易之
義理則能知易有典常也故云既有典常易雖千變萬化不可爲典

要然循其辭度其義原尋其初要結其終皆唯變所適是其常典也言唯變是常既以變爲常其就變之中剛之與柔相易仍不常也故上云不可爲典要也苟非其人道不虛行者言若聖人則能循其文辭揆其義理知其典常是易道得行也若苟非通聖之人則不曉達易之道理則易之道不虛空得行也言有人則易道行若无人則易道不行无人而行是虛行也必不如此故云道不虛行也易之爲書原始要終以爲質也此以下亦明易辭體用尋其辭則吉凶可以知也原始要終以爲質者質體也言易之爲書原窮其事之初始乾初九潛龍勿用是原始也又要會其事之終末若上九亢龍有悔是要終也言易以原始要終以爲體質也此潛龍亢龍是一卦之始終也諸卦亦然若大畜初畜而後通皆是也亦有一爻之中原始要終也故坤卦之初六履霜堅冰至履霜是原始也堅冰至是要終也六爻相雜唯其時物者物事也一卦之中六爻交相雜錯唯各會其時唯各主其事若屯卦初九磐桓利居貞是居貞之時有居貞之事六二屯如邅如是乘陽屯邅之時是有屯邅之事也略舉一爻餘爻倣此

也其初難知者謂卦之初始起於微細始擬議其端緒事未顯著故難知也其上易知者其上謂卦之上爻事已終極成敗已見故易知也上云其上則其初宜云下也初既言初則上應稱末互文也以易經爻辭言初言上故此從經文也本末也者其初難知是本也其上易知是末也以事本故難知以事末故易知故云本末也初辭擬之者覆釋其初難知也以初時以辭擬議其始故難知也卒成之終者覆釋其上易知也言上是事之卒了而成就終竟故易知也若夫雜物撰德辨是與非則非其中爻不備者言雜聚天下之物撰數衆人之德辨定是之與非則非其中之一爻不能備具也謂一卦之內而有六爻各主其物各數其德欲辨定此六爻之是非則揔歸於中爻言中爻統攝一卦之義多也若非中爻則各守一爻不能盡統卦義以中爻居一无偏故能統卦義也猶乾之九二見龍在田利見大人九五飛龍在天利見大人是揔攝乾卦之義也乾是陽長是行利見大人之時二之與五統攝乾德又坤之六二云直方大攝坤卦地道之義六五黄裳元吉亦統攝坤之臣道之義也噫亦要存亡吉凶則

居可知矣者噫者發聲之辭卦爻雖衆意義必在其中爻噫乎發歎
要定或此卦存之與亡吉之與凶但觀其中爻則居然可知矣謂乎
居自知不須營爲也知者觀其彖辭則思過半矣者彖辭謂文王卦
下之辭言聰明知達之士觀此卦下彖辭則能思慮有益以過半矣
注夫彖者至不亦宜乎　正義曰云夫彖者舉立象之統者謂文
王卦下彖辭舉明立此卦象之綱統也云論中爻之義者言彖辭論
量此卦中爻義意也舉立象之統者若屯卦彖云利貞夫子釋云動
於險中大亨貞者是舉立象之統也論中爻之義者若蒙卦云蒙亨
初筮告注云能爲初噬其唯二乎是彖云初筮其在九二是論中爻
之義也云約以存博簡以兼衆者唯舉中爻是約是簡存備六爻之
義是存博兼衆也云雜物撰德而一以貫之者一卦六爻雜聚諸物
撰數諸德而用一道以貫穿之一謂中爻也以其居中於上於下无
有偏二故稱一也其事彌繁則愈滯乎形者愈益也滯謂陷滯也若
事務彌更繁多則轉益滯陷於形體言處處妨礙也云其理彌約則
轉近乎道者若理能簡約則轉轉附近於道道以約少无爲之稱故

少則近於道也

二與四至易之道也　正義曰此第八章也明諸卦二三四五爻之功用又明三才之道并明易興之時揔贊明易道之大也各隨文釋之柔之爲道不利遠者此覆釋上四多懼之意凡陰柔爲道當須親附於人以得濟今乃遠其親援而欲上逼於君所以多懼其不宜利於疎遠也其要无咎其用柔中者覆釋上二多譽也言二所多譽者言二所以要會无罪咎而多譽也所以然者以其用柔而居中也貴賤之等其柔危其剛勝邪者此釋三與五同功之義五爲貴三爲賤是貴賤之等也此並陽位若陰柔處之則傾危陽剛處之則剋勝其任故云其柔危其剛勝也諸本三多凶五多功之下竝有注今定本无也三居下卦之極故多凶五居中處尊故多功也易之爲書也吉凶生焉此節明三材之義六爻相雜之理也六者非他三材之道也者言六爻所效法者非更別有他義唯三材之道也道有變動故曰爻者言三材之道既有變化而移動故重畫以象之而曰爻也爻有等故曰物者物類也言爻有陰陽貴賤等級以象萬物之類故謂

之物也物相雜故曰文者言萬物遞相錯雜若玄黃相間故謂之文
也文不當故吉凶生焉者若相與聚居間雜成文不相妨害則吉凶
不生也由文之不當相與聚居不當於理故吉凶生也易之興也至
易之道也此一節明易之興起在紂之末世故其辭者憂其傾危也
以當紂世憂畏滅亡故作易辭多述憂危之事亦以垂法於後使保
身危懼避其患難也周氏云謂當紂時不敢指斥紂惡故其辭微危
而不正也今案康伯之注云文王與紂之事危其辭也則似周釋爲
得也案下覆云危者使平則似危謂憂危是非既未可明所以兩存
其釋也危者使平者既有傾危以蒙大難文王有天下是危者使平
也易者使傾者若其慢易不循易道者則使傾之傾覆若紂爲凶惡以
至誅滅也其道甚大百物不廢者言易道功用其大百種之物賴之
不有休廢也懼以終始者言恒能憂懼於終始能於始思終於終思
始也其要无咎者若能始終皆懼要會歸於无咎也此之謂易之道
者言易之爲道若能終始之懼則无凶咎此謂易之所用之道其大
體如此也

夫乾天下至其辭屈　正義曰此第九章自此已下終篇末揔明易道之美兼明易道愛惡相攻情僞相感吉凶悔吝由此而生人情不等制辭各異也德行恒易以知險者謂乾之德行恒易略不有艱難以此之故能知險之所興若不有易略則爲險也故行易以知險也德行恒簡以知阻者言坤之德行恒爲簡靜不有煩亂以此之故知阻之所興也若不簡則爲阻難故行簡靜以知阻也大難曰險乾以剛健故知其大難小難曰阻坤以柔順故知其小難知大難曰險者案坎卦彖云天險不可升地險山川丘陵言險不云阻故知險爲大難險既爲大明阻爲小也能說諸心者萬物之心皆患險阻今以阻險逆告於人則萬物之心无不喜說故曰能說諸心也能研諸侯之慮者研精也諸侯既有爲於萬物育養萬物使令得所易既能說諸物之心則能精妙諸侯之慮謂諸侯以此易之道思慮諸物轉益精粹故云研諸侯之慮也定天下之吉凶者言易道備載諸物得失依之則吉逆之則凶是易能定天下之吉凶也成天下之亹亹者亹亹勉也天下有所營爲皆勉勉不息若依此易道則所爲得成故云

成天下之亹亹也是故變化云爲者易既備含諸事以是之故物之
或以漸變改或頓從化易或口之所云或身之所爲也吉事有祥者
若行吉事則有嘉祥之應也象事知器者觀其所象之事則知作器
物之方也占事知來者言卜占之事則知未來之驗也言易之爲道
有此諸德也天地設位者言聖人乘天地之正設貴賤之位也聖人
成能者聖人因天地所生之性各成其能令皆得所也人謀鬼謀百
姓與能者謂聖人欲舉事之時先與人衆謀圖以定得失又卜筮於
鬼神以考其吉凶是與鬼爲謀也聖人既先與人謀鬼神謀不煩思
慮與探射自然能類萬物之情能通幽深之理是其能也則天下百
姓親與能人樂推爲主也自此已上論易道之大聖人法之而行自
此已下又明卦爻剛柔變動情僞相感之事也剛柔雜居而吉凶可
見矣者剛柔二爻相雜而居得理則吉失理則凶故吉凶可見也變
動以利言者若不變不動則於物有損有害今變而動之使和益於
物是變動以利而言說也吉凶以情遷者遷謂遷移凡得吉者由情
遷移於善也所得凶者由情遷於惡也是故愛惡相攻而吉凶生者

若泯然无心事无得失何吉凶之有由有所貪愛有所憎惡兩相攻擊或愛攻於惡或惡攻於愛或兩相攻擊事有得失故吉凶生也遠近相取而悔吝生者遠謂兩卦上下相應之類近謂比爻共聚迭相資取取之不以理故悔吝生也情僞相感而利害生者情謂實情僞謂虛僞虛實相感若以實情相感則利生若以虛僞相感則害生也凡易之情近而不相得則凶者近謂兩爻相近而不相得又各无外應則致凶咎若各有應雖近不相得不必皆凶也或害之悔且吝者言若能弘通不偏對於物盡竭順道物豈害之今既有心於物情意二三其外物則或欲害之則有凶禍假令自能免濟猶有悔及吝也故云或害之悔且吝也將叛者其辭慙者此已下說人情不同其辭各異將欲違叛己者貌雖相親辭不以實故其辭慙也中心疑者其辭枝者枝謂樹枝也中心於事疑惑則其心不定其辭分散若樹枝也吉人之辭寡者以其吉善辭直故辭寡也躁人之辭多者以其煩躁故其辭多也誣善之人其辭游者游謂浮游誣罔善人其辭虛漫故言其辭浮游也失其守者其辭屈者居不值時失其所守之志故

其辭屈橈不能申也凡此辭者皆論易經之中有此六種之辭謂作易之人述此六人之意各準望其意而制其辭也

周易正義卷第十三

周易正義卷第十四

國子祭酒上護軍曲阜縣開國子臣孔穎達奉
勑撰

周易說卦第九　　正義曰說卦者陳說八卦之德業變化及法象所爲也孔子以伏犧畫八卦後重爲六十四卦八卦爲六十四卦之本前繫辭中略明八卦小成引而伸之觸類而長之天下之能事畢矣又曰八卦成列象在其中矣因而重之爻在其中矣又云古者包犧氏之王天下也仰則觀象於天俯則觀法於地觀鳥獸之文與地之宜近取諸身遠取諸物於是始作八卦以通神明之德以類萬物之情然引而伸之重三成六之意猶自未明仰觀俯察近身遠物之象亦爲未見故孔子於此更備說重卦之由及八卦所爲之象故謂之說卦焉先儒以孔子十翼之次乾坤文言在二繫之後說卦之前以彖象附上下二經爲六卷則上繫第七下繫第八文言第九說卦第十輔嗣以文言分附乾坤二卦故說卦爲第九　　昔者聖人至以至於命　正義曰此一節將明聖人引伸因重　之意故先敘

聖人本制蓍數卦爻備明天道人事妙極之理據今而稱上世謂之昔者也聰明叡知謂之聖人此聖人即伏犧也不言伏犧而云聖人者明以聖知而制作也且下繫已云包犧氏之王天下也於是始作八卦今言作易明是伏犧非文王等凡言作者皆本其事之所由故云昔者聖人之作易也聖人作易其作如何以此聖知深明神明之道而生用蓍求卦之法故曰幽贊於神明而生蓍也倚立也既用蓍求卦其揲蓍所得取奇數於天取耦數於地而立七八九六之數故曰參天兩地而倚數也言其作易聖人本觀察變化之道象於天地陰陽而立乾坤等卦故曰觀變於陰陽而立卦也既觀象立卦又就卦發動揮散於剛柔兩畫而生變動之爻故曰發揮於剛柔而生爻也蓍數既生爻卦又立易道周備无理不盡聖人用之上以和協順成聖人之道德下以治理斷割人倫之正義又能窮極萬物深妙之理究盡生靈所稟之性物理既窮生性又盡至於一期所賦之命莫不窮其短長定其吉凶故曰和順於道德而理於義窮理盡性以至於命也　注幽深至而然也　正義曰幽者隱而難見故訓爲

深也贊者佐而助成而令微者得著故訓爲明也蓍受命如響不知所以然而然者釋聖人所以深明神明之道便能生用蓍之意以神道與用蓍相協之故也神之爲道陰陽不測妙而无方生成變化不知所以然而然者也蓍則受人命令告人吉凶應人如響亦不知所以然而然與神道爲一故繫辭云蓍之德圓而神其受命如響亦繫辭文也

注參奇至陰數　正義曰先儒馬融王肅等解此皆依繫辭云天數五地數五五位相得而各有合以爲五位相合以陰從陽天得三合謂一三與五也地得兩合謂二與四也鄭玄亦云天地之數備於十乃三之以天兩之以地而倚託大演之數五十也必三之以天兩之以地者天三覆地二載欲極於數庶得吉凶之審也其意皆以繫辭所云大演之數五十其用四十有九明用蓍之數下云天數五地數五五位相得而各有合天地之數五十有五以爲大演即天地之數又此上言幽贊於神明而生蓍便云參天兩地而倚數驗文準義故知如此韓康伯注繫辭云大演之數五十用王輔嗣意云易之所賴者五十其用四十有九則其一不用也不用而用以

之通非數而數以之成用與不用本末合數故五十也以大衍五十
非即天地之數故不用馬融鄭玄等說然此倚數生數在生蓍之後
立卦之前明用蓍得數而布以爲卦故以七八九六當之七九爲奇
天數也六八爲耦地數也故取奇於天取耦於地而立七八九六之
數也何以參兩爲目奇耦者蓋古之奇耦亦以三兩言之且以兩是
耦數之始三是奇數之初故也不以一目奇者張氏云以三中含兩
有一以包兩之義明天有包地之德陽有包陰之道故天舉其多地
言其少也　注卦象也至陰陽　正義曰卦則雷風相薄山澤
通氣擬象陰陽變化之體者此言六十四卦非小成之八卦也伏犧
初畫八卦以震象雷以巽象風以艮象山以兌象澤八卦未重則雷
風各異山澤不通於陰陽變化之理未爲周備故此下云八卦相錯
數往者順知來者逆注云八卦相錯變化理備於往則順而知之於來
則逆而數之是也知非八卦者先儒皆以繫辭論用蓍之法云四營
而成易十有八變而成卦者謂用蓍三扐而布一爻則十有八變爲六
爻也然則用蓍在六爻之後非三畫之時蓋伏犧之初直仰觀俯察

用陰陽兩爻而畫八卦後因而重之爲六十四卦然後天地變化人事吉凶莫不周備縕在爻卦之中矣文王又於爻卦之下繫之以辭明其爻卦之中吉凶之義著是數也傳稱物生而後有象象而後有滋滋而後有數然則數從象生故可用數求象於是幽贊於神明而生蓍用蓍之法求取卦爻以定吉凶繫辭曰天生神物聖人則之无有遠近幽深遂知來物是也繫辭言伏犧作易之初不假用蓍成卦故直言仰觀俯察此則論其既重之後端策布爻故先言生蓍後言立卦非是聖人幽贊元在觀變之前　注命者至其極也

正義曰命者人所稟受有其定分從生至終有長短之極故曰命者生之極也此所賦命乃自然之至理故窮理則盡其極也　昔者至成章　正義曰此一節就爻位明重卦之意八卦小成但有三畫於三才之道陰陽未備所以重三爲六然後周盡故云昔者聖人之畫卦作易也將以順性命之理者本意將此易卦以順從天地生成萬物性命之理也其天地生成萬物之理須在陰陽必備是以造化闢設之時其立天之道有二種之氣曰成物之陰與施生之陽也

其立地之道有二種之形曰順承之柔與持載之剛也天地既立人生其間立人之道有二種之性曰愛惠之仁與斷割之義也既兼備三才之道而皆兩之作易本順此道理須六畫成卦故作易者因而重之使六畫而成卦也六畫所處有其六位分二四爲陰位三五爲陽位迭用六八之柔爻七九之剛爻而來居之故作易者分布六位而成爻卦之文章也　注或有至其終也　正義曰在形而言陰陽者即坤象辭云履霜堅冰陰始凝是也在氣而言柔剛者即尚書云高明柔克及左傳云天爲剛德是也　注二四爲陰三五爲陽　正義曰王輔嗣以爲初上无陰陽定位此注用王之説也　天地至逆數也　正義曰此一節就卦象明重卦之意易以乾坤象天地艮兌象山澤震巽象雷風坎離象水火若使天地不交水火異處則庶類无生成之用品物无變化之理所以因而重之令八卦相錯則天地人事莫不備矣故云天地定位而合德山澤異體而通氣風各動而相薄水火不相入而相資既八卦之用變化如此故聖人重卦令八卦相錯乾坤震巽坎離艮兌莫不交互而相重以象天地

雷風水火山澤莫不交錯則易之爻卦與天地等成性命之理吉凶
之數既往之事將來之幾備在爻卦之中矣故易之爲用人欲數知
既往之事者易則順後而知之人欲數知將來之事者易則逆前而
數之是故聖人用此易道以逆數知來事也　注作易至民用
正義曰易雖備知來往之事莫不假象知之故聖人作易以逆覩來
事也以前民用者易占事在其民用之前此繫辭文引之以證逆數
來事也　雷以至藏之　正義曰此一節摠明八卦養物之功
烜乾也上四舉象下四舉卦者王肅云互相備也明雷風與震巽同
用乾坤與天地通功也帝出至乎艮　正義曰康伯於此无注然
益卦六二王用享于帝吉王輔嗣注云帝者生物之主興益之宗出
震而齊巽者也王之注意正引此文則輔嗣之意以此帝爲天帝也
帝若出萬物則在乎震絜齊萬物則在乎巽令萬物相見則在乎離
致役以養萬物則在乎坤説萬物而可言者則在乎兑陰陽相戰則
在乎乾受納萬物勤勞則在乎坎能成萬物而可定則在乎艮也萬
物出乎震震東方者解上帝出乎震以震是東方之卦斗柄指東爲

春春時萬物出生也齊乎巽巽東南也齊也者言萬物之絜齊也解
上齊乎巽以巽是東南之卦斗柄指東南之時萬物皆絜齊也離也
者明也萬物皆相見南方之卦也聖人南面而聽天下嚮明而治蓋
取諸此也者解上相見乎離因明聖人法離之事以離爲象日之卦
故爲明也日出而萬物皆相見也又位在南方故聖人法南面而聽
天下嚮明而治也故云蓋取諸此也坤也者地也萬物皆致養焉故
曰致役乎坤者解上致役乎坤以坤是象地之卦地能生養萬物是
有其勞役故云致役乎坤鄭云坤不言方者所言地之養物不專一
也兑正秋也萬物之所說也故曰說言乎兑者解上說言乎兑以兑
是象澤之卦說萬物者莫說乎澤又位是西方之卦斗柄指西是正
秋八月也正秋而萬物皆說成也戰乎乾乾西北之卦也言陰陽相
薄也者解上戰乎乾以乾是西北方之卦西北是陰地乾是純陽而
居之是陰陽相薄之象也故曰戰乎乾坎者水也正北方之卦也勞
卦也萬物之所歸也故曰勞乎坎者解上勞乎坎以坎是象水之卦
水行不舍晝夜所以爲勞卦又是正北方之卦斗柄指北於時爲冬

冬時萬物閉藏納受爲勞是坎爲勞卦也艮東北之卦也萬物之所成終而所成始也故曰成言乎艮者解上成言乎艮也以艮是東北方之卦也東北在寅丑之閒丑爲前歲之末寅爲後歲之初則是萬物之所成終而所成始也

神也至成萬物也　正義曰此一節別明八卦生成之用八卦運動萬物變化應時不失无所不成莫有使之然者而求其真宰无有遠近了无晦跡不知所以然而然況之曰神也然則神也者非物妙萬物而爲言者神既範圍天地故此之下不復別言乾坤直舉六子以明神之功用故曰鼓動萬物者莫疾乎震震象雷也橈散萬物者莫疾乎巽巽象風也乾燥萬物者莫熯乎離離象火也光說萬物者莫說乎兑兑象澤也潤濕萬物者莫潤乎坎坎象水也終萬物始萬物者莫盛乎艮艮東北方之卦也故水火雖不相入而相逮及雷風雖相薄而不相悖逆山澤雖相懸而能通氣然後能行變化而盡成萬物也艮不言山獨舉卦名者動橈燥潤之功是雷風水火至於終始萬物於山義爲微故言艮而不言山也上章言水火不相入此言水火相逮者既不相入又不相及則

无成物之功明性雖不相入而氣相逮及也上言雷風相薄此言不相悖者二象俱動動若相薄而相悖逆則相傷害亦无成物之功明雖相薄而不相逆也　乾健也至兌說也　正義曰此一節說八卦名訓乾象天天體運轉不息故爲健也坤順也坤象地地順承於天故爲順也震動也震象雷雷奮動萬物故爲動也巽入也巽象風風行无所不入故爲入也坎陷也坎象水水處險陷故爲陷也離麗也離象火火必著於物故爲麗也艮止也艮象山山體靜止故爲止也兌說也兌象澤澤潤萬物故爲說也　乾爲馬至兌爲羊　正義曰此一節說八卦畜獸之象略明遠取諸物也乾象天天行健故爲馬也坤爲牛坤象地任重而順故爲牛也震爲龍震動象龍動物故爲龍也巽爲雞巽主號令雞能知時故爲雞也坎爲豕坎主水瀆豕處汙濕故爲豕也離爲雉離爲文明雉有文章故爲雉也艮爲狗艮爲靜止狗能善守禁止外人故爲狗也兌爲羊兌說也王廙云羊者順從之畜故爲羊也　乾爲首至兌爲口　正義曰此一節說八卦人身之象略明近取諸身也乾尊而在上故爲首也坤爲

腹坤能包藏含容故爲腹也震爲足足能動用故爲足也巽爲股股隨於足則巽順之謂故爲股也坎爲耳坎北方之卦主聽故爲耳也離爲目南方之卦主視故爲目也艮爲手艮既爲止手亦能止持其物故爲手也兌爲口兌西方之卦主言語故爲口也　乾天至少女

正義曰此一節說乾坤六子明父子之道王氏云索求也以乾坤爲父母而求其子也得父氣者爲男得母氣者爲女坤初求得乾氣爲震故曰長男坤二求得乾氣爲坎故曰中男坤三求得乾氣爲艮故曰少男乾初求得坤氣爲巽故曰長女乾二求得坤氣爲離故曰中女乾三求得坤氣爲兌故曰少女　乾爲天至木果　正義曰

此下歷就八卦廣明卦象者也此一節廣明乾象乾既爲天天動運轉故爲圜也爲君爲父取其尊首而爲萬物之始也爲玉爲金取其剛而清明也爲寒爲冰取其西北寒冰之地也爲大赤取其盛陽之色也爲良馬取其行健之善也爲老馬取其行健之久也爲瘠馬取其行健之甚瘠馬骨多也爲駁馬言此馬有牙如倨能食虎豹爾雅云倨牙食虎豹此之謂也王廙云駁馬能食虎豹取其至健也爲木

果取其果實著木有似星之著天也　坤爲地至爲黑　正義
曰此一節廣明坤象坤既爲地地受任生育故謂之爲母也爲布取
其地廣載也爲釜取其化生成熟也爲吝嗇取其地生物不轉移也
爲均取其地道平均也爲子母牛取其多蕃育而順之也爲大輿取
其能載萬物也爲文取其萬物之色雜也爲衆取其地載物非一也
爲柄取其生物之本也其於地也爲黑取其極陰之色也　震爲
雷至蕃鮮　正義曰此一節廣明震象爲玄黄取其相雜而成蒼
色也爲旉取其春時氣至草木皆吐旉布而生也爲大塗取其萬物
之所生出也爲長子如上文釋震爲長子也爲決躁取其剛動也爲
蒼筤竹竹初生之時色蒼筤取其春生之美也爲萑葦萑葦竹之類
也其於馬也爲善鳴取其象雷聲之遠聞也爲馵足馬後足白爲馵
取其動而見也動而行健也爲的顙白顙爲的顙亦取
動而見也其於取其始生戴甲而出也其究爲健究極
也極於震動則鮮鮮明也取其春時草木蕃育而鮮明
巽爲木至躁卦此一節廣明巽象巽爲木木可以輮曲

直即巽順之謂也爲風取其陽在上摇木也爲長女如上釋巽爲長女也爲繩直取其號令齊物如繩之直木也爲工亦皆取繩直之類爲白取其風吹去塵故絜白也爲長取其風行之遠也爲高取其風性高遠又木生而上也爲進退取其風之性前却其物進退之義也爲不果取其風性前却不能果敢決斷亦皆進退之義也爲臭王肅作爲香臭也取其風所發也又取下風之遠聞其於人也爲寡髮寡少也風落樹之華葉則在樹者稀踈如人之少髮亦類於此故爲寡髮也爲廣顙額闊爲廣顙髮寡少之義故爲廣顙也爲多白眼取其躁人之眼其色多白也爲近利取其躁人之情多近於利也市三倍取其木生蕃盛於市則三倍之宜利也其究爲躁卦究極也取其風之勢極於躁急也

坎爲水至多心　正義曰此一節廣明坎象坎爲水取其北方之行也爲溝瀆取其水行无所不通也爲隱伏取其水藏地中也爲矯輮取其使曲者直爲矯使直者曲爲輮水流曲直故爲矯輮也爲弓輪弓者激矢取如水激射也輪者運行如水行也其於人也爲加憂取其憂險難也爲心病憂其險難故心病也

爲耳痛坎爲勞卦也又北方主聽聽勞則耳痛也爲血卦取其人之有血猶地有水也爲赤亦取血之色其於馬也爲美脊取其陽在中也爲亟心亟急也取其中堅内動也爲下首取其水流向下也爲薄蹄取其水流迫地而行也爲曳取其水磨地而行也其於輿也爲多眚取其表裏有陰力弱不能重載常憂災眚也爲通取其水行有孔穴也爲月取其月是水之精也爲盜取水行潛竊如盜賊也其於木也爲堅多心取剛在内也

離爲火至上槁　正義曰此一節廣明離象離爲火取南方之行也爲日取其日是火之精也爲電取其有明似火之類也爲中女如上釋離爲中女也爲甲冑取其剛在外也爲戈兵取其剛在於外以剛自捍也其於人也爲大腹取其懷陰氣也爲乾卦取其日所烜也爲鱉爲蟹爲蠃爲蚌爲龜皆取剛在外也其於木也爲科上槁科空也陰在内爲空木既空中者上必枯槁也

艮爲山至多節　正義曰此一節廣明艮象艮爲山取陰在於下爲止陽在於上爲高故艮象山也爲徑路取其山雖高有澗道也爲小石取其艮爲山又爲陽卦之小者故爲小石也爲門闕

取其有徑路又崇高也爲果蓏木實爲果草實爲蓏取其出於山谷之中也爲閽寺取其禁止人也爲指取其執止物也爲狗爲鼠取其皆止人家也爲黔喙之屬取其山居之獸也其於木也爲堅多節取其山之所生其堅勁故多節也

兌爲澤至爲羊　正義曰此一節廣明兌象兌爲澤取其陰卦之小地類卑也爲少女如上釋兌爲少女也爲巫取其口舌之官也爲口舌取西方於五事爲言取口舌爲言語之具也爲毁折爲附決兌西方之卦又兌主秋也取秋物成熟藁稈之屬則毁折也果蓏之屬則附決也其於地也爲剛鹵取水澤所停則鹹鹵也爲妾取少女從姊爲娣也爲羊如上釋取其羊性順也

周易序卦第十　正義曰序卦者文王既繇六十四卦分爲上下二篇其先後之次其理不見故孔子就上下二經各序其相次之義故謂之序卦焉其周氏就序卦以六門往攝第一天道門第二人事門第三相因門第四相反門第五相須門第六相病門如乾之次坤泰之次否等是天道運數門也如訟必有師師必有比等是人事門

也如因小畜生履因履故通等是相因門也如遯極反壯動竟歸止等是相反門也如大有須謙蒙穉待養等是相須門也如賁盡致剥進極致傷等是相病門也韓康伯云序卦之所明非易之緼也蓋因卦之次託象以明義不取深緼之義故云非易之緼故以取其人理也今驗六十四卦二二相耦非覆即變覆者表裏視之遂成兩卦屯蒙需訟師比之類是也變者反覆唯成一卦則變以對之乾坤坎離大過頤中孚小過之類是也且聖人本定先後若元用孔子序卦之意則不應非覆即變然則康伯所云因卦之次託象以明義蓋不虚矣故不用周氏之義注屯剛至始生也　正義曰王肅云屯剛柔始交而難生故爲物始生也盧氏云物之始生故屯難皆以物之始生釋屯難之義案上言屯者盈也釋屯次乾坤其言已畢更言屯者物之始生者開説下物生必蒙直取始生之意非重釋屯之名也故韓康伯直引剛柔始交以釋物之始生也　注順以至所隨

正義曰鄭玄云喜樂而出人則隨從孟子曰吾君不遊吾何以休吾君不豫吾何以助此之謂也王肅云歡豫人必有隨隨者皆以爲人

君喜樂歡豫則以爲人所隨案豫卦彖云豫剛應而志行順以動豫豫順以動故天地如之而況建侯行師乎天地以順動故日月不過而四時不忒聖人以順動則刑罰清而民服即此上云有大而能謙必豫故受之以豫其意以聖人順動能謙爲物所說所以爲豫人既說豫自然隨之則謙順在君說豫在人也若以人君喜樂游豫人則隨之紂作靡靡之樂長夜之飲何爲天下離叛乎故韓康伯云順以動者衆之所隨在於人君取致豫之義然後爲物所隨所以非斥先儒也　注不養至則厚　正義曰鄭玄云以養賢者宜過於厚王輔嗣注此卦云音相過之過韓氏云養過則厚與鄭玄輔嗣義同唯王肅云過莫大於不養則以爲過失之過案此序卦以大過次頤也明所過在養子雍以爲過在不養違經反義莫此之尤而周氏等不悟其非並以過失釋大過之名已具論之於經也　注言咸至遠矣　正義曰韓於此一節注破先儒上經明天道下經明人事於咸卦之初已論之矣

周易雜卦第十一

正義曰上序卦依文王上下而次序之此雜卦孔子更以意錯雜而對辨其次第不與序卦同故韓康伯云雜卦者雜糅衆卦錯綜其義或以同相類或以異相明也虞氏云雜卦者雜六十四卦以爲義其於序卦之外別言也此者聖人之興因時而作隨其事宜不必皆相因襲當有損益之意也故歸藏名卦之次亦多異於時王道踳駮聖人之意或欲錯綜以濟之故次序卦以其雜也

周易正義卷第十四

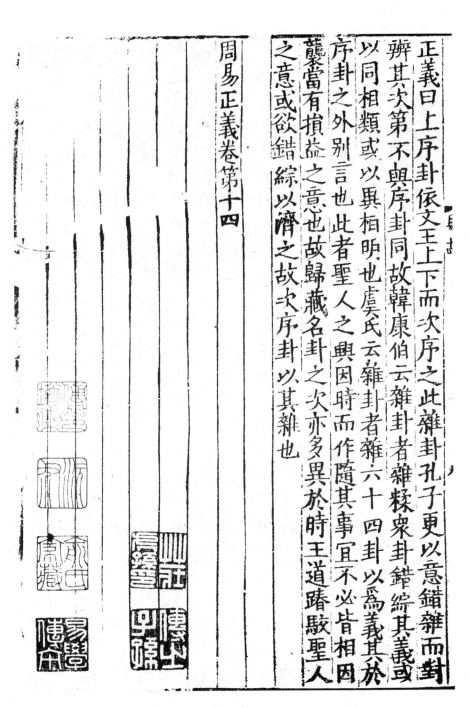

鄉貢進士臣張壽書
勘官承奉郎守大理評事臣秦奭
勘官衛事郎守太子右贊善大夫臣胡令問
勘官承奉郎守太子右贊善大夫柱國臣解貞吉
勘官朝奉郎守國子毛詩博士柱國賜緋魚袋臣解損
都勘官朝請大夫守國子司業柱國賜紫金魚袋臣孔維
詳勘官將仕郎守開封府雍丘縣主簿臣孫侅
詳勘官許州觀察支使登仕郎試大理司直兼監察御史臣王元貞
詳勘官文林郎守大理評事臣劉弼
詳勘官登仕郎守將作監丞臣尹文化
詳勘官登仕郎守光祿寺丞臣牛韶
詳勘官儒林郎守大理寺丞臣畢道昇
詳勘官宣奉郎守太子右贊善大夫臣李說
衛事郎守國子學丞臣劉弼再校
宣奉郎守大理寺丞臣畢道昇再校

御事郎守太子右贊善大夫臣胡　閤　再校

宣奉郎守太子右贊善大夫臣李　訦　再校

中散大夫守國子祭酒柱國賜紫金魚袋臣孔　維　都校

端拱元年戊子十月　臣推忠佐理功臣金紫光祿大夫行尚書戶部侍郎

參知政事柱國瑯琊縣開國伯食邑七百戶臣王　沔　等進

推忠佐理功臣金紫光祿大夫行尚書戶部侍郎參知政事

柱國隴西縣開國伯食邑七百戶臣辛　仲甫

推忠協謀佐理功臣光祿大夫中書侍郎兼戶部尚書同中書門下平章事

監修國史上柱國東陽郡開國侯食邑二千三百戶食實封貳佰戶臣呂　蒙正

推忠協謀同德佐理功臣開府儀同三司守太保兼侍中昭文館大

學士上柱國許國公食邑八千戶食實封壹阡陸佰戶臣　普

吳郡唐寅藏書

嘉慶丙寅冬十二月北平翁方綱校讀一過記

群經注疏以單疏本為最古八行注疏本次之顧單疏刊於北宋覆於南宋傳世乃絶罕就余所見者尚書正義二十卷藏日本帝國圖書寮毛詩正義四十卷藏日本内藤湖南家缺首七卷禮記正義殘本四卷藏日本身延山久遠寺公羊疏殘本九卷藏上海涵芬樓爾雅疏十卷二部一藏烏程蔣氏密韻樓一藏日本靜嘉堂文庫寶應劉氏藏半部五卷儀禮疏舊藏汪閬源家今不知何在合此周易計之存於天壤間者秖此七經而已易單疏本自清初以來相傳有錢孫保校宋本然其書藏於誰氏則不可知後閱程春海侍郎遺集乃知徐星伯家有之集中丙午七夕集蔡心友宅和吴荷屋詩有兔中徐公今漢儒手繪渤澥昆侖圖袖易孤本稱宋初注云是日星伯前輩攜宋槧單疏周易嗣歸道州何氏最後為臨清徐監丞梧生所得監丞藏書多異本然嚴扃深鐍祕不示人同時京曹官嗜古如

繆藝風窮經如柯鳳蓀与監丞號為石交亦未得寓目監丞逝世遺書漸出余偶訪令子聖與幸獲一覩驚為曠世奇寶時時往来於懷旋聞業已易主廉君南湖曾為作緣以未能諧價而罷昨歲殘臘忽聞有人求之甚急議垂成而中輟然其懸值高奇殊駭物聽余詗知怦然心動遂銳意舉債收之雖古人之割一莊以易漢書無此豪舉也雙鑑樓中藏書三萬卷宋刊秘籍且踰百帙一旦異寶来投遂巋然為群經之弁冕私衷榮幸如膺九錫顧竊自維念此書自端拱進御紹興覆雕存世本稀沿及今茲更成孤帙若復私諸帳秘使昔賢留貽之經訓前代守護之遺編將自我而沈埋何以對古人更何以慰来者爰郵致海東妙選良工精摹影印板式若一點畫無訛紙幅標題咸依舊貫與近歲覆印書疏聯為雙

壁從此數百年孤行之寶籍化爲百本流播無窮區區傳布之苦心庶爲海内外人士所同鑒乎

按易疏行世最少善本阮氏校刻十三經注疏論者以周易爲最劣瞿氏書目嘗深訾之緣其所據爲十行兼義本書屬晚印補刊已多訛奪自所不免自陳仲魚得八行注疏本撰爲跋文臚列勝異定爲注疏合刻之祖本其佳處自出閩中北監汲古各本之上今其書在常熟瞿氏然單疏原本終未嘗見也惟日本舊傳鈔本尚多如狩谷望之求古樓藏應永弘治天正三鈔本增島固竹蔭書屋藏永禄鈔本澁江全善容安書院藏元龜鈔本昌平學藏天正十年鈔本見經籍訪古志楊君惺吾隨使東邦曾收一本歸國後以贈繆蓺風甲寅二月吳興劉君翰怡爲刻入嘉業堂叢書中第以展轉傳鈔舛誤觸目

深以宋本錮藏不得校訂異同為恨是此書鈔本雖行而近世鴻生鉅儒想慕宋槧殆如飢渴之思飲食也余得書之後粗事披尋偶取北監本校之前四卷改訂一百七十餘字此外差失之甚者如觀卦脫二十四字咸卦脫八十九字遯卦脫七字艮卦脫六字皆賴以補完其關係最要者尤為本書卷第考孔氏序言為之正義凡十有四卷新唐志及郡齋讀書志同至直齋書錄解題乃作十三卷且引館閣書目言今本止十三卷殿本易疏朱良裘跋言廣羅舊本得文淵閣所藏易疏殘帙知孔疏王注分六卷為十卷合之韓注三卷而十三卷自備曰注疏合刻之始體例未定故尔乖違其說殊為未審至陳仲魚得八行祖本亦十三卷乃為之說曰原本祗十三卷今云十四卷者殆兼略例一卷而言其說益為差戾蓋孔氏為王注作正義

於略例邢璹注未嘗加以詮釋何緣併為一談今得宋本觀之第一為八論第二乾第三坤遞推至第十四為說卦序卦雜卦則十四卷之數犁然具在然後知朱陳諸氏自來懷疑不決者可以迎刃而解夫目不覩原刊而虛擬懸測以求合其數宜其言之無一當也至如嘉業刊本源出舊鈔又經藝風手勘宜可定可傳今開卷籤題大書周易正義十卷已為巨謬而跋尾敘述各卷編次復與宋本差違殊難索解若末卷所列銜名刊本失載諒為傳錄所遺無足詫也

又按此書雕刊年月取本書列銜與玉海證之正相符合玉海卷四十三云端拱元年三月司業孔維等奉敕校勘孔穎達五經正義百八十卷詔國子監鏤板行之易則維等四人校勘李說等六人詳勘又再校十月版成以獻今

檢視銜名勘官解損等四人詳勘官李説等七人而孔維實為都勘官且其後再列銜維已改書守國子祭酒疑數月之間校書官時有更迭而維至進書時已擢守祭酒故人數與官位咸有不同非玉海誤記也世傳此書為北宋初刊本乃據進書時題端拱元年而言茲詳檢各卷桓構等字悉已闕筆則為南渡覆雕可知攷玉海載紹興九年九月七日詔下諸郡索國子監元頒善本校對鏤板十五年閏十一月博士王之望請群經義疏未有板者令臨安府雕造二十一年五月詔令國子監訪尋五經三館舊監本刻板上曰其他闕書亦令次第雕雖重修所費亦不惜也由是經籍復全循是推之則五經正義再刊當在紹興九年以後二十一年以前再證以廟諱之闕避雕工之姓名刻書之風氣益足推勘得實正不必侈言北宋監本為重

也第有不可解者五經正義既為紹興中葉覆刊則當日頒行必徧布各州軍學以直齋之聞見博洽為時甫及百年顧於經籍之奉敕重刊者乃獨未之經眼其所著録仍循十三卷之失豈其本久佚已不可復得耶嗟乎以宋賢所未見之書而余得私諸篋笥蕘圃所謂奇中之奇寶中之寶者（蕘翁題儀禮單疏語）可移以謚之而無愧矣

若夫此書流傳之緒可以攷見者宋代藏俞玉吾家有林屋山人讀易樓易學傳家石澗諸印明代藏唐子畏家有墨識一行清代則歸於季滄葦有藏印二方延令書目中第三種題周易正義四冊者是也後歸於徐星伯有翁覃谿手跋一則題字一行別有高松堂莊虎孫二印其人無攷意當在季氏之後徐氏以前矣俟更攷之至其文字之異同當別撰校記訂正刊行就質方雅

歲在乙亥冬至後五日江安傅增湘識